# 重大工程应急管理数智化

王长峰　庄文英　史志武　编著

机械工业出版社
CHINA MACHINE PRESS

本书从钱学森的综合集成研讨厅理论体系，到提出大变革时代现代综合集成研讨厅理论体系；从基于钱学森的综合集成研讨厅理论体系解决传统的重大工程应急管理，到基于大变革时代现代综合集成研讨厅理论体系的重大工程智慧应急管理，再以"数据感知—交互信息—洞察分析—行动决策"为智慧化逻辑主线的数智化转型、智能化升级、智慧化攀升，层层剖析数智化转型之路，为读者详细解读重大工程应急管理数智化的实施路径。

本书旨在使得重大工程应急管理者、企业管理者、主管应急管理的政府主管部门等组织领导，以及高等院校相关专业教师和学生更清楚如何开展重大工程应急管理数智化转型，从而让中国企业在数智化转型上少走弯路，让研发人员、业务人员和广大数据从业者及数据技术爱好者了解数智化转型的落地路径与实施方法，知道如何配合高层执行转型方案。本书可以作为高等院校相关专业本科生、研究生的课程教材，也可作为企业和政府相关部门的培训教材和参考书籍。

**图书在版编目（CIP）数据**

重大工程应急管理数智化/王长峰编著. —北京：机械工业出版社，2022.7
ISBN 978-7-111-71237-4

Ⅰ.①重… Ⅱ.①王… Ⅲ.①重大建设项目 – 工程项目管理 – 风险管理 – 研究
Ⅳ.①F284②TU

中国版本图书馆 CIP 数据核字（2022）第 125548 号

机械工业出版社（北京市百万庄大街 22 号　邮政编码 100037）
策划编辑：汤　攀　责任编辑：汤　攀　关正美
责任校对：刘时光　封面设计：张　静
责任印制：单爱军
北京虎彩文化传播有限公司印刷
2022 年 9 月第 1 版第 1 次印刷
169mm×239mm · 16.25 印张 · 287 千字
标准书号：ISBN 978-7-111-71237-4
定价：88.00 元

电话服务　　　　　　　　网络服务
客服电话：010-88361066　机　工　官　网：www.cmpbook.com
　　　　　010-88379833　机　工　官　博：weibo.com/cmp1952
　　　　　010-68326294　金　书　网：www.golden-book.com
**封底无防伪标均为盗版**　机工教育服务网：www.cmpedu.com

# 序

当今世界正处在百年变局和世纪疫情交融的时代，我国也是世界上自然灾害严重的国家之一，灾害种类多、分布地域广、发生频率高、造成损失重，安全生产仍处于爬坡过坎期，各类安全风险隐患交织叠加，生产安全事故仍然易发多发。

目前，我国安全生产基础薄弱的现状短期内难以根本性改变，危险化学品、矿山、交通运输、建筑施工等传统高危行业和消防领域安全风险隐患仍然突出，各种公共服务设施、超大规模城市综合体、人员密集场所、高层建筑、地下空间、地下管网等大量建设，导致城市内涝、火灾、燃气泄漏爆炸等安全风险隐患日益凸显，重特大事故在地区和行业间呈现波动反弹态势。

如何借助新一代信息技术，快速精准防范和化解重大工程安全风险事件，快速精准监测、评估、预警和应急防控，快速精准应急决策和施策，以及快速精准恢复？已经成为各国政府和研究人员重点关注和亟待解决的关键问题。

我国高度重视信息化工作，强调没有信息化就没有现代化。重大工程应急管理数智化是国家治理体系和治理能力现代化的重要组成部分，为应急管理体系和能力现代化提供有力支撑和强大动力。建设重大工程应急管理现代化能力提升工程，以信息化、数字化、智能化推动重大工程应急管理现代化，提升快速精准监测预警能力、监管执法能力、指挥决策能力、救援实战能力和社会动员能力成为政府和研究人员的重要任务。

重大工程应急管理数智化是应急管理现代化的发展方向。当前，全球新一轮科技革命和产业变革加速推进，数智化转型日益凸显。重大工程应急管理体系和能力建设必须主动顺应、借助和引领新一轮信息革命浪潮，在新的历史起点上开创重大工程应急管理数智化发展新局面。新一代信息科技为重大工程应急管理数智化提供了历史机遇。新一轮科技革命和产业变革加速演进，以智能化为核心的人类第四次工业革命，正以前所未有的态势席卷而来。大数据、云计算、互联网、人工智能、机器深度学习、区块链、5G通信等新一代信息技术驱动万物互联，数字化、网络化、智能化、智慧化服务将无处不在，为加快重大工程应急管理数智化建设迎来了难得的历史机遇。智慧应急是提升重大工程应急管理能力的重要载体，是新一代信息技术与重大工程应急管理业务深度融合后形成的新业务形态。推进新一代信息技术与重大工程应急管理业务深度融合，提高快速精准的综合管理能力，改变传统经验式、粗放化的应急管理方式，向科学化、精准化和智能化转变，实现智慧应急。

作者正是在这样大背景下，以极大的热情和对应急管理事业的责任感，基于其多年的研究和咨询成果编写了《重大工程应急管理数智化》一书。本书内容具有针对性、实用性和可操作性，为读者详细学习重大工程应急管理数智化相关概念并实践应急管理数智化转型提供了重要参考。衷心希望有更多的应急管理实践者和专家学者们共同努力，不断地总结经验、把握规律、探索创新，使智慧应急管理有所发现，有所发明，有所创造，有所前进。

强茂力

清华大学国际工程项目管理研究院副院长、教授、博士生导师

中国管理科学学会项目管理专业委员会主任

前 言
FOREWORD

当前，数据智能服务已成为重大工程应急管理的共识，重大工程应急管理数智化转型已经迫在眉睫。2021 年，国务院印发了《"十四五"数字经济发展规划》（国发〔2021〕29 号），强调以数据为关键要素，以数字技术与实体经济深度融合为主线，加强数字基础设施建设，完善数字经济治理体系，协同推进数字产业化和产业数字化，赋能传统产业转型升级，培育新产业、新业态、新模式，不断做强、做优、做大我国数字经济，为构建数字中国提供有力支撑；明确坚持"创新引领、融合发展、应用牵引、数据赋能、公平竞争、安全有序，系统推进、协同高效"的原则；持续提升公共服务数字化水平，提高"互联网＋政务服务"效能，提升社会服务数字化普惠水平，推动数字城乡融合发展；着力强化数字经济安全体系，增强网络安全防护能力，提升数据安全保障水平，切实有效防范各类风险。

近年来，以大数据、互联网、物联网、云计算、人工智能技术为代表的现代数字技术正在颠覆传统重大工程应急管理发展模式。在数字化、智能化、智慧化的大变革时代，数字化转型、智能化提升、智慧化攀升正成为开启重大工程智慧应急管理发展瓶颈的密钥，成为加快重大工程智慧应急管理发展的重要手段和有效途径。

以重大工程应急管理过程数据为主要资源，以 5G/6G 互联网为大数据快速输送的载体，以云计算为快速处理大数据的算力，以智能技术为技术支撑，赋能重大工程应急管理具有人类"智慧"之"生命综合体"，实现基于新一代信息技术（N-IT）、应急运营技术（E-OT）与管理技术（MT）彼此融合（简称 IOM-3T）的"人—信息—物理—管理"复杂智能化生态系统 ［Human-Cyber Physical（Emergency）Management System，简称 H-CPeMS］，依据感知重大工程应急全过程中"万物"海量数据、交互存储海量信息、洞察认知机会与风险、敏捷决策行动新价值链，由 AI 或者云脑驱动模拟人类智慧，实现重大工程应急管理自动研判、自主决策、自我演进，达到重大工程智慧应急管理，最终完成重大工程应急管理的数智化转型。

本书旨在使得重大工程应急管理者、企业管理者、主管应急管理的政府主管部门等组织领导，以及高等院校相关专业教师和学生更清楚如何开展重大工程应急管理数智化转型，从而让中国企业在数智化转型上少走弯路，让研发人员、业务人员和广大数据从业者及数据技术爱好者了解数智化转型的落地路径与实施方法，知道如何配合高层执行转型方案。本书可以作为高等院校相关专业本科生、研究生的课程教材，也可作为企业和政府相关部门的培训教材和参考书籍。

本书内容分为 13 章，从钱学森的综合集成研讨厅理论体系，到提出大变革时代现代综合集成研讨厅理论体系；从基于钱学森的综合集成研讨厅理论体系解决传统的重大工程应急管理，到基于大变革时代现代综合集成研讨厅理论体系的重大工程智慧应急管理，再以"数据感知—交互信息—洞察分析—行动决策"为智慧化逻辑主线的数字化转型，智能化升级，智慧化攀升，层层剖析数智化转型之路，为读者详细解读重大工程应急管理数智化转型的实施路径。

本书得到"国家社科基金国家应急管理体系建设专项（20VYJ061）、国家自然科学基金项目（70972123）、教育部社会科学基金一般项目（09YJA630011）和 2021 年北京邮电大学研究生前沿课程"的资助；张晓航教授、刘永波高工、支俊辉高工和吴斌教授参与编写了本书部分内容，袁玉洁、任艳玲、郑秋爽、王堃参与了本书的整理工作，在此一并表示感谢。

北京邮电大学经济管理学院　　教授、博士生导师
中国通信学会通信建设工程技术委员会　　副主任
中国科学学与科技政策研究会科技项目管理专业委员会　　主任
国务院学位委员会全国工程管理专业学位研究生教育指导委员会　　委员

目　录
CONTENTS

序

前言


第1章　绪　论 ………………………………………………………………… 1

1.1　重大工程的基本概念 ………………………………………………… 1

1.2　重大工程的特征 ………………………………………………………… 3

1.3　重大系统工程概述 ……………………………………………………… 4

1.3.1　重大复杂系统工程的产生与发展 ……………………………… 4

1.3.2　重大复杂系统工程的定义与特征 ……………………………… 6

1.3.3　重大复杂系统科学的学科体系 ………………………………… 8

1.3.4　重大复杂系统工程的应用 ……………………………………… 9

1.4　重大工程复杂系统 …………………………………………………… 12

1.4.1　复杂性概念与复杂性系统的提法 …………………………… 12

1.4.2　复杂性系统的特点、研究对象及方法 ……………………… 13

1.5　重大工程应急管理 …………………………………………………… 15

1.5.1　突发事件的概念 ……………………………………………… 15

1.5.2　应急管理相关概念 …………………………………………… 16

1.5.3　工程项目管理相关概念 ……………………………………… 16

1.5.4　工程项目管理与应急管理关系分析 ………………………… 18

1.6　重大工程应急管理数智化转型 ……………………………………… 19

1.6.1　重大工程应急管理数智化转型升级 ………………………… 19

1.6.2　重大工程智慧应急管理 ……………………………………… 22

第2章　重大工程应急管理数智化综合集成管理方法论 ·············· 23

2.1　重大工程综合集成研讨厅理论体系 ······················· 23

2.1.1　综合集成研讨厅的概念 ························· 23

2.1.2　综合集成方法对复杂巨系统研究的指导作用 ········· 24

2.1.3　综合集成研讨厅的构成 ························· 25

2.2　重大工程现代综合集成研讨厅理论体系 ··················· 27

2.3　两种综合集成研讨厅理论体系的区别 ····················· 28

2.4　现代综合集成研讨厅理论体系的构成 ····················· 28

2.5　重大工程应急管理数智化的基础方法论 ··················· 30


第3章　重大工程系统过程风险识别 ··························· 32

3.1　概述 ··············································· 32

3.2　工程项目过程风险因素识别技术与方法 ··················· 33

3.2.1　工程项目过程风险识别概述 ····················· 33

3.2.2　工程项目过程风险识别依据 ····················· 34

3.2.3　工程项目过程风险识别步骤与流程 ··············· 35

3.2.4　工程项目过程风险识别技术与方法 ··············· 36

3.3　工程项目过程风险因素识别案例 ························· 36

3.3.1　通信施工项目风险潜在因素识别 ················· 36

3.3.2　某科技大厦工程项目风险潜在因素识别 ··········· 38


第4章　重大工程系统过程风险定性分析 ······················· 41

4.1　工程项目系统过程风险定性分析概述 ····················· 41

4.2　工程项目系统过程风险定性分析技术和方法 ··············· 43

4.2.1　安全检查表法 ······························· 43

4.2.2　危险性预先分析 ····························· 48

4.2.3　故障模式影响和危害性分析 ····················· 53

4.2.4　原因—结果分析 ····························· 61

4.2.5　对应工程子项目风险分析模型 ··················· 64

4.2.6 工程项目过程风险的"严重性—可能性"矩阵划分等级法······ 65

第5章 重大工程系统过程风险性定量分析 ················································· 68

5.1 事件树分析 ······································································· 68

5.1.1 事件树分析与决策论 ··············································· 68

5.1.2 事故的动态分析 ····················································· 68

5.1.3 特点及适用性 ························································· 69

5.1.4 应用实例 ······························································ 70

5.2 事故树（故障树）分析 ··············································· 70

5.2.1 概述 ······································································ 70

5.2.2 事故树的编制方法 ·················································· 74

5.2.3 事故树定性分析 ····················································· 75

5.2.4 事故树定量分析 ····················································· 87

5.2.5 事故树分析的局限性 ··············································· 88

5.2.6 应用实例 ······························································ 88

5.3 模糊—事件树—故障树集成分析方法 ···························· 94

5.3.1 模糊—事件树—故障树集成分析方法概述 ·················· 94

5.3.2 模糊—事件树—故障树集成定性分析方法研究 ············ 96

5.3.3 模糊—故障树集成定量分析方法 ······························ 98

5.3.4 模糊—事件树集成定量分析方法 ······························ 109

5.3.5 模糊—事件树与模糊—故障树集成定量分析方法 ········· 110

5.4 LEC 分析 ·········································································· 114

5.4.1 基本原理 ······························································ 114

5.4.2 LEC 的取值标准 ···················································· 114

5.4.3 评价过程 ······························································ 116

5.4.4 方法的优缺点 ························································ 117

5.4.5 应用实例 ······························································ 117

5.5 AHP 层次分析法 ································································ 118

5.5.1 AHP 层次分析法原理 ·············································· 118

5.5.2 AHP 层次分析法模型 ·················· 118

5.5.3 AHP 层次分析法步骤 ·················· 118

## 第6章 重大工程风险预警指标确立与构建 ·················· 121

6.1 安全风险指标体系构建的流程与思路 ·················· 121

6.2 指标体系建立的原则 ·················· 122

6.3 安全风险指标体系 ·················· 123

6.3.1 外部环境下的安全风险指标 ·················· 123

6.3.2 内部环境下的安全风险指标 ·················· 126

6.4 基于德尔菲法的风险指标量化 ·················· 129

6.4.1 德尔菲法 ·················· 129

6.4.2 风险指标量化 ·················· 130

6.5 基于改进 k-means 算法的指标优化 ·················· 132

6.6 修改后的安全风险指标体系 ·················· 138

## 第7章 重大工程安全风险评价和预警模型 ·················· 141

7.1 安全风险评价预警的目标和假设 ·················· 141

7.1.1 安全风险评价预警的目标 ·················· 141

7.1.2 安全风险评价预警的假设 ·················· 141

7.2 安全风险评价预警方法——BP 神经网络算法 ·················· 142

7.3 基于神经网络模型的大型工程项目安全风险预警模型 ·················· 144

7.3.1 大型工程项目安全风险预警体系框架 ·················· 144

7.3.2 基于神经网络模型的大型工程项目安全风险预警模型 ·················· 146

7.4 神经网络模型的配置及训练 ·················· 147

7.4.1 神经网络模型的配置 ·················· 147

7.4.2 神经网络模型的训练 ·················· 148

## 第8章 重大工程应急管理中的博弈关系分析 ·················· 151

8.1 工程项目应急管理系统 ·················· 151

8.2　突发事件风险演化模式 ·············· *153*

8.3　应急管理中各组织实体之间的博弈关系分析 ·········· *154*

8.4　系统动力学分析（SD） ·············· *156*

第9章　重大工程离散模型研究 ················ *158*

9.1　离散模型常用方法 ················ *158*

9.1.1　决策树概述 ················ *158*

9.1.2　动态规划理论概述 ·············· *159*

9.1.3　图论方法 ················· *159*

9.1.4　启发式算法简述 ··············· *159*

9.2　模型建立与分析 ················· *160*

9.2.1　博弈关系描述 ··············· *160*

9.2.2　博弈关系分析 ··············· *161*

9.3　离散模型 ··················· *162*

9.3.1　模型设定 ················· *163*

9.3.2　方法步骤 ················· *164*

第10章　重大工程动态微分博弈模型及优化求解 ········· *166*

10.1　动态微分博弈模型 ··············· *166*

10.2　最优性条件讨论 ················ *167*

10.3　模型建立 ·················· *169*

10.3.1　模型假设 ················ *169*

10.3.2　模型目标函数分析 ············· *171*

10.3.3　模型约束条件分析 ············· *171*

10.3.4　模型建立 ················ *172*

10.4　模型求解 ·················· *172*

10.4.1　模型最优条件 ·············· *172*

10.4.2　数值算法概述 ·············· *173*

10.4.3　模型求解与分析 ············· *174*

10.5　灵敏度分析 ·················································· *178*

10.5.1　应急管理侧重程度 ································· *178*

10.5.2　应急管理效率 ····································· *180*

10.5.3　风险控制收益参数 ································· *182*

第11章　重大工程事故应急救援 ··························· *183*

11.1　重大事故应急救援体系 ································ *183*

11.1.1　重大事故应急救援的基本任务 ··················· *183*

11.1.2　重大事故应急救援的特点 ······················· *184*

11.1.3　事故应急救援的相关法律法规要求 ··············· *184*

11.1.4　重大事故的应急管理 ··························· *185*

11.1.5　重大事故应急救援体系的构成 ··················· *186*

11.2　重大事故应急预案的策划与编制 ······················ *190*

11.2.1　编制事故应急预案的作用 ······················· *190*

11.2.2　重大事故应急预案的层次 ······················· *191*

11.2.3　应急预案的文件体系 ··························· *192*

11.2.4　应急预案的编制过程 ··························· *193*

11.2.5　重大事故应急预案核心要素及编制要求 ··········· *193*

11.3　应急演练的组织与实施 ································ *199*

11.3.1　演练类型 ··································· *199*

11.3.2　演练的参与人员 ····························· *201*

11.3.3　演练实施的基本过程 ··························· *202*

11.3.4　演练结果评价 ······························· *203*

第12章　重大工程应急快速精准决策平台 ················· *204*

12.1　重大工程应急管理快速精准决策平台 ·················· *204*

12.1.1　重大工程应急数据平台总体技术体系架构 ········· *204*

12.1.2　重大工程应急数据整合和开放机制 ··············· *207*

12.1.3　重大工程应急防控精准感知的跨域多源大数据融合方法 ······ *207*

12.1.4 重大工程应急防控精准感知的领域知识图谱构建方法 ········ 207

12.1.5 重大工程应急防控精准感知的模型、度量与计算分析的

新方法 ············································································· 208

12.2 重大工程应急管理快速精准感知技术方法 ···························· 208

第13章 重大工程应急管理数智化转型升级 ···································· 210

13.1 重大工程应急管理数据监测 ·············································· 210

13.1.1 风险监测指标体系构建 ············································· 210

13.1.2 风险监测方案制订 ················································· 211

13.1.3 风险监测实施 ······················································ 213

13.1.4 风险监测数据质量评估 ············································· 214

13.1.5 风险监测数据存储 ················································· 217

13.2 应急管理数智化转型升级的智慧逻辑过程 ··························· 218

13.2.1 感知数据 ···························································· 218

13.2.2 交互信息 ···························································· 222

13.2.3 洞察分析 ···························································· 223

13.2.4 决策行动 ···························································· 227

附录 ········································································· 234

附录A 工程项目安全风险指标调查问卷（一）························· 234

附录B 工程项目安全风险指标调查问卷（二）························· 237

参考文献 ········································································· 243

# 第1章 绪 论

## 1.1 重大工程的基本概念

工程是科学和数学的某种应用，通过这一应用，使自然界的物质和能源的特性能够通过各种结构、机器、产品、系统和过程，以最短的时间和精而少的人力做出高效、可靠且对人类有用的东西。

18 世纪，欧洲创造了"工程"一词，其本来含义是兵器制造、军事目的的各项劳作，后扩展到许多领域中，如建筑屋宇、制造机器、架桥修路等。

随着人类文明的发展，人们可以建造出比单一产品更大、更复杂的产品，这些产品不再是结构或功能单一的东西，而是各种各样的所谓"人造系统"，比如建筑物、轮船、铁路工程、海上工程、飞机等，于是工程的概念就产生了，并且逐渐发展为一门独立的学科和技艺。

在现代社会中，"工程"一词有广义和狭义之分。就狭义而言，工程被定义为"以某组设想的目标为依据，应用有关的科学知识和技术手段，通过一群人的有组织活动将某个（或某些）现有实体（自然的或人造的）转化为具有预期使用价值的人造产品的过程"。就广义而言，工程则被定义为由一群人为达到某种目的，在一个较长时间周期内进行协作活动的过程。

工程的主要依据是数学、物理学、化学，以及由此产生的材料科学、固体力学、流体力学、热力学、输运过程和系统分析等。依照工程与科学的关系，工程的所有分支领域都有如下主要职能：

（1）研究。应用数学和自然科学概念、原理、试验技术等，探求新的工作原理和方法。

（2）开发。解决把研究成果应用于实际过程中所遇到的各种问题。

（3）设计。选择不同的方法、特定的材料并确定符合技术要求和性能规格的设计方案，以满足结构或产品的要求。

（4）施工。准备场地、材料存放、选定既经济又安全并能达到质量要求的工作步骤，以及人员的组织和设备利用。

（5）生产。在考虑人和经济因素的情况下，选择工厂布局、生产设备、工具、材料、元件和工艺流程，进行产品的试验和检查。

（6）操作。管理机器、设备以及动力供应、运输和通信，使各类设备经济可靠地运行。

（7）管理及其他职能。

通常，工程分为以下几类：

（1）指将自然科学的理论应用到具体工农业生产部门中形成的各学科的总称。如水利工程、化学工程、土木建筑工程、遗传工程、系统工程、生物工程、海洋工程、环境微生物工程。

（2）指需较多的人力、物力来进行较大规模而复杂的工作，需要一个较长时间周期内来完成。如城市改建工程、京九铁路工程、菜蓝子工程。

（3）关于工程的研究，称为"工程学"。

（4）关于工程的立项，称为"工程项目"。

（5）一个全面、大型、复杂的包含各子项目的工程，称为"系统工程"。

因此，所谓重大工程一般是指规模庞大、涉及因素众多、后果影响重大而且深远的工程项目。这里工程具有较广泛的含义，它可以是矿山、油气田的开发，也可以是大型联合企业如钢铁、石油、化工等的建设，大型设备的引进和制造，运输网络的规划和建设，大型复杂系统的管理控制，复杂问题的分析研究等。这里仅对各个行业领域的大型工程列出了其目前的基本标准，以便确认。

重大工程一般都构成一个非常复杂的大系统，这个系统不仅内部结构复杂，而且外部联系广泛，常具有如下特点：

（1）工程系统是由多个相互制约和相互影响的子系统（子工程）有机结合的整体。要使系统效益全面发挥，必须全部完成各子工程和相应的配套工程，有时甚至还涉及系统外一些工程。

（2）工程建设可能产生的许多后果，影响深远重大，稍有疏忽，就会造成难以弥补的损失。但这些后果、影响往往又是可以预测和估价的。

（3）由于工程规模庞大，一般来说工程结构复杂，建设周期长，投资额大，相对来说效益也比较大。但另一方面，工程对政治、社会和生态系统的影响也很大，这一方面与小型工程相比有质的变化，工程系统往往不只是一个自然的物理系统，而是一个物理系统和事理系统的综合体。

（4）由于工程规模庞大、结构复杂、涉及面广、影响深远，所以，与小型工程相比，工程建设风险大，而且非常集中，这使决策的难度和压力大大增加。

## 1.2　重大工程的特征

由于重大工程规模宏大、投资规模巨大、建设周期比较长、建设风险比较大，并且是跨学科、跨部门的交叉作业，因此，其成功与否对我国的科技发展具有较大的影响，并且具有如下特征：

（1）高难度。重大工程一般是高新技术项目，高新技术一般是指带有突破性、前沿性的尖端技术领域，是技术领域中高层次的技术。

（2）高新技术密集。高新技术产品的开发本身，往往需要高级的技术设备、测试设备、试验装备、生产设备和管理水平。

（3）高资金密集。业主或者投资者对重大工程投入巨额资金，用于研究与开发项目。

（4）高知识密集。重大工程的重大特点之一是多学科的横向渗透、交错与综合。高新技术更具有这一特点，需要有多种知识的融合，多学科的知识人才共同合作，进行创造性的劳动。

（5）高速度。高新技术开发在前期阶段是科技人员埋头钻研，一旦有所突破与成功，其发展势头很猛、速度很快。

（6）高风险。重大工程的投资往往是高风险的，实施周期长、不确定性因素较多、随机性较大、经济风险和技术风险较大。据资料统计，美国高新技术企业成功者只有15%~20%，有60%受挫，有20%以上倒闭破产。

（7）高竞争。由于高新技术产品更换周期短，加剧了市场竞争的气氛。

（8）高效益。一般来说，对于重大工程的管理得当，可获得的利润高，并取得较高的建设效益。

风险是重大工程过程管理的一个重要内容，重大工程的特征使得工程项目涉及面广、环节多、耗费资金多、研制和生产周期长、不确定性因素多、经济风险和技术风险大、系统操作复杂等，所面临的风险种类繁多、各种风险之间的相互关系错综复杂。因此，在重大研发项目从计划实施开始，经过研制、试验、检测，再到创造科技成果成功并交付业主整个周期内的过程风险无处不在、无时不有，具有如下特征：

（1）客观性和普遍性。由于研发项目过程的不确定性，经常出现人们意想不到的损失，风险不以人的意志为转移而客观存在的，并且伴随项目的全生命周期。

（2）偶然性和必然性。诸多风险因素和相互作用的结果是随机现象，风险事故的发生是偶然、杂乱无章的，但大量风险事故资料观察和统计分析呈现明显的运动规律，可用概率统计方法及其他现代风险分析方法来研究。

（3）可变性。在研发项目的整个周期过程中，各种风险在质和量上随着项目而变化，并且在不同的周期其风险类型是不一样的。

（4）多样性和多层次性。多样性和多层次性是重大工程中风险的主要特点。由于重大研发项目周期长、规模大、涉及范围广、风险因素数量多且种类繁杂，致使在项目的不同阶段面临的风险多种多样，而且大量风险因素之间的内在关系错综复杂、各风险因素与外界交叉影响又使风险显示出多层次性。

综上所述，从系统的观点出发，重大工程的特征决定了重大工程从计划实施开始，经过研制、试验、检测，再到创造科技成果成功并交付业主的过程管理（简称"重大工程过程管理"）是一个存在诸多不确定性影响因素的开放、复杂巨系统，以关键路径法 CPM 和计划评审技术 PERT 为代表的网络计划硬技术并不足以控制项目的全过程；其研究方向是向综合集成、智能化方向发展；"综合集成，整体优化"是重大工程过程管理发展的必然趋势，解决过程管理问题的唯一有效方法就是从定性到定量的综合集成方法，其宗旨充分体现了"以人为本"的思想。

重大工程过程管理向综合集成发展是过程系统发展的最高层次，运用综合集成的思想，来指导重大工程过程管理是工程管理学科发展的需要，旨在发挥过程系统的整体优势和综合优势，加强过程系统的整体功能倍增性，取得更大的建设效益，创造高水平的科研成果。

## 1.3 重大系统工程概述

### 1.3.1 重大复杂系统工程的产生与发展

从宏观上，一切将系统作为研究对象，对系统进行规划、研究、设计、评价、改造、运行的工程实践活动均可被视为系统工程。纵观系统工程的产生和发展，这是一个由系统理论、运筹学、经济控制论、管理科学等学科相互渗透、交叉发展的历程。

20世纪40年代，美国贝尔电话公司在发展通信网络时，为缩短科学技术从发明到投入使用的时间，认识到不能只注意电话机和交换台站等设备，更需要研究整个系统，于是采用了一套新方法，并首次提出"系统工程"一词。

第二次世界大战期间，由于战争的需要，产生和发展了运筹学。运筹学的广泛应用是系统工程产生和发展的重要因素。美国在研制原子弹"曼哈顿计划"的实践中，运用系统工程方法取得显著成效，对推动军事系统工程的发展起到了一定的作用。

第二次世界大战以后，定量化系统方法广泛地被用来对工程、经济、社会领域的大型复杂系统问题进行分析，突破了第二次世界大战前着重对军事系统问题进行定量化系统分析的应用。很多横向联系的学科分支，如信息论、控制论等为系统工程的发展奠定了理论基础。而电子计算机的出现和应用，则为系统工程的实施提供了重要的技术基础。在这些因素的作用下，系统工程作为面向实践应用的工程技术呼之欲出。

1957年，美国密歇根大学的哥德（A. H. Goode）和麦科尔（R. E. Machal）两位教授合作出版了第一部以《系统工程》命名的图书，标志着系统工程学科的正式形成。1958年，美国海军特种计划局在研制"北极星"导弹的实践中，用到了系统技术、系统数学、系统环境等内容。至此，系统工程初步形成了一个较为完整的理论体系。

1969年，"阿波罗登月计划"的实现是系统工程的光辉成就，它标志着人类在组织管理技术上迎来了一个新时代。在实施此计划的过程中，提出并采用了"计划评审技术"（PERT），从而把系统工程引进到管理领域之中。1965年，麦科尔（R. E. Machal）又编写了《系统工程手册》一书，比较完整地阐述了系统工程理论和系统方法。

20世纪70年代以后，系统工程发展到解决大系统的最优化问题阶段，其应用范围已超出了传统工程的概念。从社会科学到自然科学，从经济基础到上层建筑，从城市规划到生态环境，从生物科学到军事科学，无不涉及系统工程。至此，系统工程经历了产生、发展和初步形成阶段。但是，系统工程作为一门新兴的、综合性的边缘科学，无论在理论上、方法上、体系上都处于发展之中，它必将随着生产技术、基础理论、计算工具的发展而不断发展。

系统工程在我国的应用始于20世纪60年代初期。当时，在著名科学家钱学森院士的倡导和支持下，我国在国防尖端技术方面应用系统工程方法，并取得了显著成效。自20世纪70年代后期以来，系统工程在我国的研究和应用进入了一个前所未有的新时期：系统工程作为重点学科被列入全国科学技术发展规划；在高等学校设置系统工程专业，培养本科生、硕士和博士研究生；中国自动化学会系统工程专业委员会和中国系统工程学会相继成立。从此，系统工程在我国的研究工作便由初期的传播系统工程的理论、方法发展到独立开展系统工程的理论方法研究。在系统工程的应用方面，注重结合我国实际情况，其应用研究已在能源系统工程、军事系统工程、社会系统工程、人口系统工程、农业系统工程取得了一定的成效。目前，系统工程与我国现代化建设的关系日益密切，必将在我国的现代化建设中发挥越来越大的作用。

## 1.3.2 重大复杂系统工程的定义与特征

### 1. 重大复杂系统工程的定义

系统工程作为一门新兴学科，与其他学科相互渗透、相互影响，不同专业领域的人对它的理解不尽相同。因此，要给出一个统一的定义比较困难。下面列举国内外学术和工程界对系统工程的一些较有代表性的定义。

1967年，美国著名学者切斯纳（H. Chesthut）指出"系统工程是按照各个目标进行权衡，全面求得最优解（或满意解）的方法，并使整体的各组成部分能够最大限度地互相适应"。

1967年，日本工业标准JIS定义"系统工程是为了更好地达到系统目标，而对系统的构成要素、组织机构、信息流动和控制机构等进行分析与设计的技术"。

1978年，我国著名科学家钱学森院士指出"系统工程是组织管理系统的规划、研究、设计、制造、试验和使用的科学方法，是一种对所有系统都具有普遍意义的科学方法"。

1993年出版的《中国大百科全书·自动控制与系统工程》指出"系统工程是从整体出发合理开发、设计、实施和运用系统的工程技术。它是系统科学中直接改造世界的工程技术"。

我国汪应洛院士主编的《系统工程》一书中给出的宏观定义：系统工程是从总体出发，合理开发、运行和革新一个大规模复杂系统所需的思想、理论、方法论、方法和技术的总称，属于一门综合性的工程技术。它把自然科学和社会科学中的某些思想、理论、方法、策略和手段等根据总体协调的需要有机地联系起来，把人们的生产、科研或经济活动有效地组织起来，应用定量分析和定性分析相结合的方法和电子计算机等工具，对系统的构成要素、组织结构、信息交换和反馈控制等功能进行分析、设计、制造和服务，从而达到最优设计、最优控制和最优管理的目标，以便最充分地发挥人力、物力的潜力，并且通过各种组织管理技术，使局部和整体之间的关系协调配合，以实现系统的综合最优化。

**2. 重大系统工程的特点**

（1）系统性。系统性是系统工程最基本的特点。系统工程把所研究的对象看成是一个整体系统，这个整体系统又是由若干部分（要素与子系统）有机结合形成的。在分析和解决复杂实际系统问题时，需要从整体性出发，从整体与部分之间相互依赖、相互制约的关系中去揭示系统的特征和规律，从整体最优化出发去实现系统各组成部分的有效运转。系统工程的系统性强调系统总体最优及平衡协调，强调综合运用各种方法与技术、问题导向和反馈控制等系统观念及技术方法。

（2）交叉性与综合性。首先，系统工程的交叉性体现在其理论基础上，它是在一般系统理论、大系统理论、经济控制论、运筹学、管理科学等学科相互渗透、交叉发展的基础上产生的，并在自然科学、社会科学、数学之间架设了一座沟通的桥梁。其次，系统工程以大型复杂的人工系统和复合系统为研究对象，这些系统涉及的因素很多，涉及的学科领域也非常广泛。最后，参与系统工程项目的成员来自多学科，从各学科的专业角度对系统进行协作研究。因此，系统工程是综合研究各种因素，综合运用各学科和技术领域的成就，从整体目标出发使各学科、各种技术有机地配合、综合运用，以达到整体最优化的交叉性与综合性学科。

（3）实践性。系统工程既有广泛而厚实的理论和方法论基础，又有很强的实践性。系统工程强调针对实际问题进行系统分析，所提出的问题解决方案必须接受实践检验，不能脱离实际，只有这样，系统工程才能服务并造福于现实社会。

（4）系统工程的专业特点。系统工程作为新兴的一大类工程技术，与其他工程技术具有共性，即直接与改造世界的社会实践相联系。但与各类专门的工程技术相比，系统工程在内容和方法上表现出以下明显的专业特点：

①系统工程一般采用先决定整体框架，后进入内部详细设计的程序。

②系统工程试图通过将构成事物要素的程序加以适当配置来提高整体功能，强调多领域和多学科的理论、方法与技术的集成，其核心思想是"综合即创造"。

③系统工程属于"软科学"，强调人（决策者、分析人员等）和信息的重要作用、多次反馈和反复协商、科学性与艺术性以及定性分析与定量分析的有机结合。

为了对系统工程的方法特点有一个更深入的理解，下面以企业的新产品研发为例来分析说明。企业要研发一种新产品，首先，必须从系统的角度设定产品研发的整体目标，包括市场目标和产品的功能目标，再确定研发项目涉及的研发人员、设计技术、开发资源、组织模式、研发流程等各种系统要素及其联系。其次，在研发过程中，需要将产品专业技术、市场情报、计算机建模及仿真技术、最优化技术、多目标群体决策等多专业和多学科的内容综合，结合思维的综合性才能保证产品创新的实现。最后，整个研发过程针对市场需求，以顾客为中心，研制出的产品最终要服务于消费者并促进人类社会的进步，这反映了系统工程的实践性。因此，新产品开发过程是一个典型的制造系统工程问题，体现了系统工程方法的全部特点。

## 1.3.3　重大复杂系统科学的学科体系

系统工程是从总体上改造客观世界的工程技术实践。如同其他工程技术的发展一样，系统工程也有自己的科学理论基础——系统科学。系统科学是由系统工程这一工程技术、系统工程的理论方法（如运筹学、大系统理论）这一技术科学（统称为系统学），以及它们的理论基础和哲学层面的科学所组成的一类新兴科学。按照钱学森院士所提出的现代科学技术的体系结构，系统科学的学科体系如图1-1所示。其中，系统科学主要研究系统的普遍属性和运动规律；研究系统演化、转化、协同和控制的一般规律；系统间复杂关系的形成法则；结构和功能的关系，有序、无序状态的形成规律；以及系统仿真的基本原理等。随着科学的发展，系统科学的内容也在不断丰富。系统工程在系统科学中属于工程技术层次，直接作用于工程实践中，以实现系统的综合优化。现代数学方法等自然科学技术，通过系统工程为社会科学研究提供了极为有用的定量方法（如模型方法、仿真试验方法和优化方法），系统工程也为从事自然科学的工程技术人员和从事社会科学的研究人员相互合作和系统创新开辟了广阔的道路。

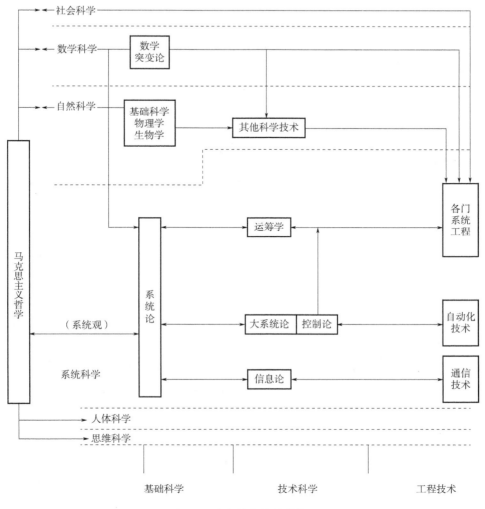

图 1-1 系统科学的学科体系

## 1.3.4 重大复杂系统工程的应用

### 1. 重大复杂系统工程的应用领域

在人类发展史上,系统思想被不断地应用于社会活动和生产活动中,其中领域几乎遍及工程技术和社会经济的各个方面。

(1)社会系统工程。它的研究对象是整个社会,研究范畴包括社会发展目标、社会指标体系、社会发展模型、社会发展战略、综合发展规划、社会预测、宏观控制和调节、人口系统工程等问题。

（2）经济系统工程。运用系统工程的方法研究宏观经济系统的问题，如国家的经济发展战略、综合发展规划、经济指标体系、投入产出分析、积累与消费分析、产业结构分析、消费结构分析、价格系统分析、投资决策分析、资源合理配置、经济政策分析、综合国力分析、世界经济模型等。

（3）区域规划系统工程。运用系统工程的原理和方法研究区域发展战略、区域综合发展规划、区域投入产出分析、区域城镇布局、区域资源合理配置、城市资源规划、城市公共交通规划与管理等。

（4）环境生态系统工程。研究大气生态系统、大地生态系统、流域生态系统、森林与生物生态系统、城市生态系统等分析、规划、建设、防治等方面的问题，以及环境检测系统、环境计量预测模型等问题。

（5）能源系统工程。研究能源合理结构、能源需求预测、能源开发规模预测、能源生产优化模型、能源合理利用模型、电力系统规划、节能规划、能源数据库等问题。

（6）水资源系统工程。研究河流综合利用规划、流域发展战略规划、农田灌溉系统规划与设计、城市供水系统优化模型、水能利用规划、防污指挥调度、水污染控制等问题。

（7）交通运输系统工程。研究铁路、公路、航运、航空综合运输规划及其发展战略、铁路调度系统、公路运输调度系统、航运调度系统、空运调度系统、综合运输优化模型、综合运输效益分析等。

（8）农业系统工程。研究农业发展战略、大农业及立体农业的战略规划、农业投资规划、农业综合规划、农业区域规划、农业政策分析、农产品需求预测、农业产品发展速度预测、农业投入产出分析、农作物合理布局、农作物栽培技术规划、农业系统多层次开发模型等。

（9）企业系统工程。研究市场预测、新产品开发、CIMS及并行工程、计算机辅助设计与制造、生产管理系统、计划管理系统、库存控制、全面质量管理、成本核算系统、成本效益分析、财务分析、组织系统等。

（10）工程项目管理系统工程。研究工程项目的总体设计、可行性、国民经济评价、工程进度管理、工程质量管理、风险投资分析、可靠性分析、工程成本—效益分析等。

（11）科技管理系统工程。研究科学技术发展战略、科学技术预测、优先发展领域分析、科学技术评价、科技人才规划、科学管理系统等。

（12）教育系统工程。研究人才需求预测、人才与教育规划、人才结构分析、教育政策分析等。

（13）人口系统工程。研究人口总目标、人口参数、人口指标体系、人口系统数学模型、人口系统动态特性分析、人口政策分析、人口区域规划、人口系统稳定性等。

（14）军事系统工程。研究国防战略、作战模拟、情报、通信与指挥自动化系统、先进武器装备发展规划、综合保障系统、国防经济学、军事运筹学等。

### 2. 重大系统工程的应用范例

（1）都江堰工程。四川省灌县都江堰工程是公元前250年前后，由当时秦蜀郡太守李冰率领当地百姓修筑起来的。都江堰工程是人类将自然系统进行系统改造的典范，它由"鱼嘴"岷江分水工程、"飞沙堰"分洪排沙工程、"宝瓶口"引水工程和一系列灌溉渠道网构成，形成了一个完整的巨型系统，成功地解决了成都平原的灌溉问题。这是我国古代一项杰出的大型系统工程建设，即使是今天的中外专家，也惊叹不已。它历经2000多年的自然洗涤，仍然保持其原貌及原有功能，造福于四川人民，堪称全球系统工程为数不多的历史硕果。

（2）三峡工程。三峡工程全称为长江三峡水利枢纽工程。整个工程包括一座混凝土重力式大坝、泄水闸、一座堤后式水电站、一座永久性通航船闸和一架升船机。三峡工程建筑由大坝、水电站厂房和通航建筑物三大部分组成，同样是人类将自然系统进行系统改造的典范。三峡工程综合开发成功后，能够调水抗洪、蓄水通航、泄水发电，还能够保证城市用水，提高农业灌溉面积等，这对保护长江中下游人民生命财产安全、缓解能源紧张状况、促进社会经济发展都将产生重大的积极作用。三峡工程是跨世纪的系统工程，是历史的创举，是人类的奇迹。

（3）神舟载人航天工程。1992年，我国载人飞船正式列入国家计划进行研制，这项工程后来被定名为"神舟号飞船载人航天工程"，由神舟号载人飞船系统、长征运载火箭系统、酒泉卫星发射中心飞船发射场系统、飞船测控与通信系统、航天员系统、空间应用系统、着陆场系统和空间实验室八大系统组成，是我国在20世纪末期至21世纪初期规模最庞大、系统组成最复杂、技术难度和安全可靠性要求最高的跨世纪国家重点工程。其中，神舟号载人飞船系统的主要任务是实现自主飞行、出舱活动和交会对接；长征运载火箭系统的主要任务是采用大推力长征二号F型运载火箭实现载人航天；酒泉卫星发射中心飞船发射场系统的主要任务是负责火箭、飞船和应用有效载荷在发射场的测试和发射；飞船测控与通信系统的主要任务是完成飞行试验的地面测量和控制；航天员系统的主要任务是选拔、训练航天员，实施太空科学试验及行走；空间应用系统的主要任务是研制空间对地观测和空间科学试验装置；着陆场系统的主要任务是搜救航天员和回收飞船返回舱；科学研究和技术试验系统的主要任务是为开展短期有人照料的空间科学试验提供基本平台。我国载人航天工程的八大系统涉及学科领域广泛、技术含量高度密集，全国100多个研究院所、3000多个协作单位和数十万工作人员承担了研制建设任务。

上述实例都有力地证明了系统工程的重要作用与广泛应用。

## 1.4 重大工程复杂系统

### 1.4.1 复杂性概念与复杂性系统的提法

1928年，路德维希·冯·贝塔朗菲（Karl Ludwig Von Bertalanffy）在他撰写有关生物有机体系统论文中首次提出了复杂性问题。随之，阿弗烈·诺夫·怀海德（Alfred North Whitehead）有关有机体的哲学论文也发表了类似观点。此后，许多科学家和学者，对此进行了多方面研究，做出了重要贡献。

复杂性概念被不断明朗化，到目前为止人们至少已认识到：复杂性是决定复杂系统本质特征的诸多因素和组分之间的相互作用而产生的一系列复杂、多样性现象及特性，它不能用传统进化论及还原论方法来分析、处理和研究。至今，复杂性尚无统一定义，只能相对于简单性而言，概括起来，可作如下理解：

（1）复杂性出现在混沌的边缘，介于随机和有序之间。

（2）复杂性寓于系统之中，是系统复杂性，是开放的复杂巨系统的动力学特性。

（3）复杂系统演化过程中和环境交互作用，将呈现出复杂的动态行为特性和实现的整体特性，这些特性具有变化莫测和意想不到的特点，因此一般难以应用已有系统特性描述理论来解释和确定。

（4）复杂性形式是多样的，主要表现为：结构复杂性、功能复杂性和组织复杂性；算法复杂性、确定复杂性和集成复杂性；物理复杂性、生物复杂性及经济社会复杂性等；其中，集成复杂性又称集聚复杂性，它反映了组分及组分之间相互作用对系统新信息产生、演化和进化的本质影响。

复杂系统至今没有明确的严格定义，而只有以下几个共识的提法：

①自然界和人类社会广泛存在着由无数个体组合而成的无限多样性和复杂性的

事物，被人们统称为复杂系统。

②一般认为，复杂系统可以从系统内部结构、外部表征、行为及环境的复杂性来认识。

③初看起来，复杂系统区别于一般简单系统的本质特征在于它的复杂性。

④复杂系统是相对于线性系统（简单系统）与非线性系统、确定性系统与不确定性系统而言的，复杂系统内包含着许多复杂性。

⑤有巨大变化性的系统统称为复杂系统。

⑥复杂系统是指许多部件组成的系统，这些部件之间有许多相互作用，但不是简单的。在这些系统中，整体大于部分之和。

⑦复杂系统是由多个因素构成的，要素之间具有复杂的非线性关系的系统。

此外，复杂性科学还对复杂系统做出了描述性定义：复杂系统是具有相当多并基于局部信息做出行动的智能性、自适应性主体的系统。

综上所述，复杂系统是由相当多具有智能性、自适应性主体构成的大系统，系统中没有中央控制，内部存在着许多复杂性，并具有巨大变化性，从而决定了系统主体间及与环境间复杂的相互作用，使得复杂系统涌现出所有单独主体或部分主体不具有的整体行为（特性）——涌现性。

## 1.4.2　复杂性系统的特点、研究对象及方法

### 1. 复杂性系统的特点

根据上述提法和描述性定义，不难总结出复杂性系统区别于一般（简单）系统的如下显著特点：

从定量上讲，复杂性系统具有高阶次、高维数、多回路、多输入、多输出和层次性等特点；从定性上讲，复杂系统具有非线性、不确定性、内外部扰动、多时空、开放性、自相似性、病态结构及混沌现象等特点；所有这些特点可综合为适应性、自治性、非线性、涌现性、演化性和进化性。其中，涌现性和非线性是复杂性系统最本质的特点。所谓涌现性是指构成复杂性系统的组分之间存在着相互作用而形成复杂结构，在表现组分特性的同时，还传递着作为整体而产生的新特性。也就是说，诸多部分一旦按照某些方式（或规律）形成系统，就会产生系统整体具有而部分与部分总和不具有的属性、特征、行为及功能等，而一旦把整体还原为不相干的各部分，则这些属性、特征、行为和功能等便不复存在。简而言之，把这些高层

次具有而还原到低层次不复存在的特点称为复杂性系统的涌现性。涌现性是复杂性系统演化过程中呈现出来的一种整体特性。非线性是指不能用线性数学模型描述的系统特性，构成复杂系统的必要部分、大部分乃至所有部分都存在着非线性，且组分间存在着非线性相互作用，而这种相互作用是产生复杂性的根源。不满足叠加原理，整体作用大于部分作用之和是非线性的基本特点，基于这种特点而产生了复杂系统动态过程的多样化和多尺度性，并使得复杂性系统的演化变得丰富多彩。因此，许多学者认为，非线性是复杂性系统的首要特征；非线性相互作用是区别于简单系统与复杂性系统的本质标志。最能够体现上述特点的典型复杂性系统有现代复杂工程系统、社会系统、人体系统和宇宙系统。

（1）复杂工程系统（如载人宇宙飞船）通常具有复杂的非线性、内外部随机扰动、结构和参数的不确定性和时变性，以及数学模型上的高阶、多维、多层次、多输入和多输出特性等。

（2）社会系统（如经济系统）是一个由简到繁、从低级到高级不断演化和进化的、开放的复杂巨系统，内部充满着层次性、自治性、不确定性、非线性、开放性、时空多变性及涌现性等。

（3）人体系统是一个极其复杂的生命体系统，具有多层次、多形态网络结构的适应性器官，自组织调节的非线性动力学系统，不断完善逐渐进化的生命信息系统，生老病死过程的不确定性及混沌现象等。

（4）宇宙系统是一个充满异彩和惊奇的胀观复杂系统，其非线性、多样性、混沌现象、多层次性、不可逆性、自适应性、开放性、自相似性、自治性、演化性和涌现性等所有的复杂性系统特点都在该系统上呈现得淋漓尽致。

2. 复杂性系统的研究对象

复杂性系统的研究对象是十分广泛的，可概括如下：

（1）就其特性研究而言，包括：系统组分的功能、行为及其相互关系；系统整体行为和功能；系统的涌现性、自治性、演化性和进化性等。

（2）从研究领域讲，今后更多研究的是大量灰盒问题和黑盒问题，它们主要包括地球物理系统、深太空系统、生物与生态系统、人工生命系统、自适应进化系统、人工智能系统、社会自组织系统、经济管理系统、军事作战系统以及复杂工程系统（如航天、航空、海洋、能源、材料、环保等）。

3. 复杂性系统的研究方法

复杂性系统的研究方法取决于上述特点和研究对象，它本质地区别于对简单系统或白盒问题的传统研究方法。在此不能不指出，在 20 世纪 80 年代初，钱学森院士就发表了"系统科学、思维科学与人体科学"的论文，明确提出"系统学是研究复杂系统结构与功能一般规律的科学"。接着，1990 年又在《自然杂志》上发表了"一个科学新领域——开放的复杂巨系统及其方法"的论文，提出了"开放的复杂巨系统"概念及处理这类系统的方法论。他指出，简单大系统可用控制论的方法，简单巨系统可用还原论范畴的统计物理方法，而开放的复杂巨系统不能用还原论及其派生方法，只能采用本体论方法。这种复杂性系统研究方法的新思想，时隔 10 年后才被西方学术界所认识。这就是 1999 年美国《科学》杂志发表的"复杂系统"专辑，明确提出了"超越还原论"的口号。

哈尔滨工业大学李士勇教授在长期研究非线性科学与复杂性系统理论的基础上，提出了 6 个相结合的复杂性系统综合研究方法，即定性判断和定量计算相结合、微观分析和宏观综合相结合、还原论与整体论相结合、确定性描述与不确定性描述相结合、科学推理与哲学思想相结合以及计算机模拟与专家智能相结合。我们认为，6 个相结合的研究方法正确地体现了钱学森院士所倡导的"系统科学、思维科学与人体科学"相结合的本体论综合研究方法。

## 1.5　重大工程应急管理

对于突发事件的应急管理，迄今国内外的研究者从不同角度、不同侧重点进行了各类研究，取得了一定的研究成果。

总体来说，国外对于突发事件危机管理的研究相对起步较早，对于突发事件特点的分析、应急管理系统的建立、群体特征的描述等方面都有了较为成熟的体系。国内对于突发事件起初往往是定性的研究应急管理体系构建与理论，直至 21 世纪初，我国研究者找到了突发事件应急管理研究的方向，产出了许多优秀的成果。

### 1.5.1　突发事件的概念

学术界对于突发事件的定义暂未形成一个统一的界定。根据突发事件发生的频率和危害性，可将其分为两类：常规突发事件和非常规突发事件。非常规突发事件在日常生活中较少发生，危害较大、波及范围广而可控性较小，预防难度大，是应急管理的难点，例如地震等自然灾害。

突发事件的发展演化具有一定的规律，而且适当的人为干预可影响突发事件的演化过程，其作用表现主要为物质作用、能量作用、信息作用和耦合作用四种形式。这些特点导致了突发事件的发展趋势及其危害往往不可测，这就需要决策部门基于对突发事件规律的认识，根据既有的经验和预案，采取有效的措施和手段，正确决策规避风险，减小风险损失和次生、衍生危害。这也是突发事件应急管理研究的必要性和难点所在。

## 1.5.2 应急管理相关概念

应急管理是指管理主体对于突发事件的事前预防、事中应对和善后恢复的总过程。应急管理工作内容可以概括为"一案三制"，即应急预案、运行机制、管理体制和法制。简而言之，应急管理工作既包含体制建设，又包含了管理过程中预警、决策及各个方面资源的具体配置。

## 1.5.3 工程项目管理相关概念

### 1. 工程项目

工程项目是一个有时间限定的，满足一定资源、成本约束的，多参与者相互协调的过程。从项目的确定到项目的完工是一个复杂的、多元化的过程，其中充满了各种不确定因素，需要项目各参与方的通力合作来完成。以工程建设项目为例，可将工程项目的生命周期进行归纳，如图 1-2 所示。

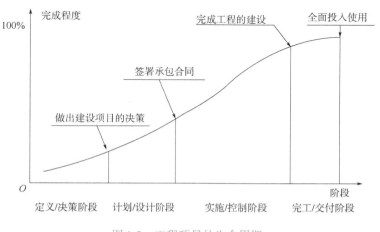

图 1-2　工程项目的生命周期

## 2. 工程项目管理

工程项目管理是指为实现项目期望与目标，综合运用各种知识、技能、方法与工具所开展的一系列项目计划、组织、领导和控制活动。它不同于其他一般的管理，更加注重综合管理。项目管理过程一般包括多个相对独立的体系，各体系相互影响、协调、制约，共同完成项目的管理过程，保证项目的按时完工。

目前，随着工程项目管理的全球化趋势，其理论、方法、手段趋于科学化、多元化，现代项目管理更加专业化、规范化。

### 3. 工程项目风险相关概念

以突发事件应急管理为主要研究对象，以工程项目风险的控制和规避为主要目标进行研究，即讨论突发事件发生后，系统风险发生异常，此时如何通过应急管理决策，将系统风险进行有效的规避和控制。

（1）基本概念。风险一词源于法文（Risqué），此后才引入英文（Risk）和中文。风险的产生主要是由于人们认识客观事物的能力有限，以及信息的不对称性和相对滞后性导致的。

对于工程项目的管理，特别是重大工程项目，是极其复杂系统的工作，其实施过程是一个机遇与风险并存的过程。它由若干阶段组成，而每一个阶段又包含着许多子过程组。一方面，这些确定的子过程的实现一般都有特定的程序、规范的工作规程、检查标准等，对于这类工作，属于程序化和结构化的管理问题，复杂度并不大；另一方面，因其不确定性，工程项目不可避免地会受到外因、不确定因素的影响，引发各类突发事件，即必然存在不确定性和风险性的问题，而对这类问题的处理方法一般无章可循，使得应急管理成为项目风险管理的难点。

（2）工程项目风险的特性。

①客观性与必然性。工程项目实施过程中，不仅有机遇，风险也会并行，其中既有客观因素的影响，也有工程项目参与者的主观因素的影响，这些因素的影响必然引发一定的突发事件，因此工程项目风险具有一定的客观性与必然性。

②不确定性。工程项目实施过程中，必然会受到各种外界因素或是外力的影响，因而引发突发事件的产生，这些因素一般是不确定的，因此引发的工程项目风险也必然具有不确定性。

③可变性。突发事件发生后，风险是一个不断演化的过程。在一定条件下，工程项目风险也会相应发展、变化，不同的风险之间可能发生转化。

④相对性。一方面，风险主体的不同其对于风险程度的感知也不同；另一方面，不同的公司规模对于风险的承载能力也各不相同。一般可将工程项目管理者按照风险的承受能力大致分为以下三类：冒险型、中庸型和保守型。如图1-3所示。

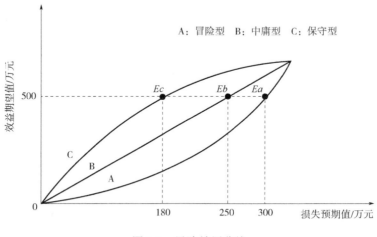

图1-3 风险效用曲线

⑤阶段性。工程项目风险的演化过程一般可分为：潜在阶段、发生阶段和后果阶段。

（3）工程项目风险应对。

风险被识别、分析、评价之后，需要综合考虑项目的目标、规模和风险承受能力，以一定的方法和原则为指导，对项目面临的风险采取适当的措施，以降低风险发生的概率或者风险事故发生所带来的损失程度。风险应对措施一般分为风险回避、风险减轻与分散、风险自留与利用、风险转移等。

工程项目风险管理过程是一个系统的过程，其中涵盖对系统风险的识别、评价、预案生成、预案执行、反馈，是一个不断往复的过程，通过动态地调整预案和应急措施，达到对风险合理和有效的控制。

## 1.5.4 工程项目管理与应急管理关系分析

通过理论阐释与分析，可以看出工程项目管理与应急管理都有广泛的内涵，其关系如图1-4所示，本书主要以两者的公共部分工程项目应急管理为主要研究对象，进行后续的理论分析与系统建模。

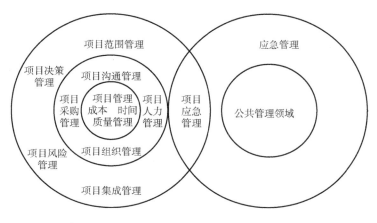

图 1-4　应急管理与工程项目管理

## 1.6　重大工程应急管理数智化转型

### 1.6.1　重大工程应急管理数智化转型升级

"应急管理"一词来源于英文 Emergency management，是指政府、企业以及其他公共组织，为了保护公众生命财产安全，维护公共安全、环境安全和社会秩序，在突发事件事前、事发、事中、事后所进行的预防、响应、处置、恢复等活动的总称。应急管理就是围绕突发事件而展开的预防、响应、处置、恢复的活动。然而，随着大数据技术、互联网技术、区块链技术、人工智能技术等新一代信息技术的快速发展，重大工程应急管理数智化转型必然要经过感知数据、交互信息、洞察分析、行动决策等由数据转型，向着智能化提升、智慧化攀升的递进过程，进而最终达到重大工程智慧应急管理。

重大工程智慧应急管理是指智能技术赋能重大工程应急管理，具有人类"智慧"之"生命综合体"，实则是基于新一代信息技术（N-IT）、重大工程应急运营技术（E-OT）与管理技术（MT）彼此融合（简称 IOM-3T）的"人—信息—物理—管理"复杂智能化生态系统［Human-Cyber Physical Emergency（Management）System，简称 H-CPeMS］，依据感知应急全过程中"万物"海量数据、交互存储海量信息、洞察认知机会与风险、敏捷决策行动新价值链，由 AI 或者云脑驱动模拟人类智慧，实现自动研判、自主决策、自我演进。如图 1-5 和图 1-6 所示。

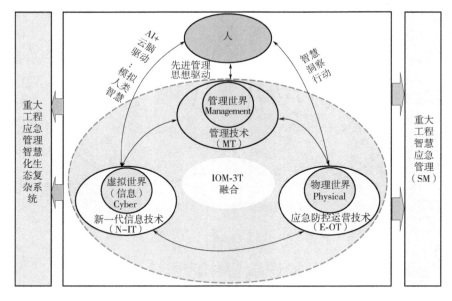

图 1-5　基于 IOM-3T 融合"人—信息—物理—管理"系统

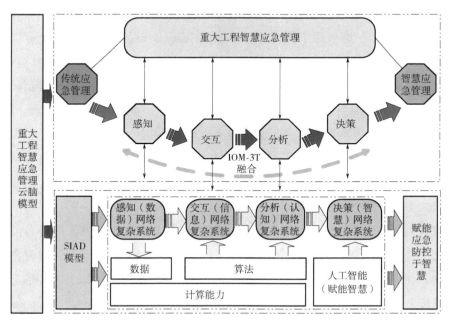

图 1-6　智慧应急防控云脑模型

综上所述，在突发事件智慧应急管理过程中，由"感知数据"驱动，向"感知数据＋AI/云脑"驱动，实现智能化突发事件应急管理，提升我国重大工程突发事件应急管理体系和能力现代化水平。

与传统突发事件应急管理相比，本书旨在实现将传统化突发事件应急管理逐渐向数字化驱动转型，智能化升级，智慧化攀升，实现传统应急管理的"大防范、大检测、大救援、大决策"的数字应急大生态体系，形成三精（精确、精细、精准）、三预（预测、预警、预案）的突发事件智慧应急新型管理模式和管理范式。而"应急智脑"是突发事件智慧应急管理指挥的核心。因此，"智慧"是实现智慧应急管理的特色，直接影响到我国重大工程突发事件智慧应对突发事件的能力，直接影响到提升智慧应急防控风险感知与研判的效率和准确性，直接影响到其应急防控向智能化、科学化、精细化的有效转型。如图 1-7 所示。

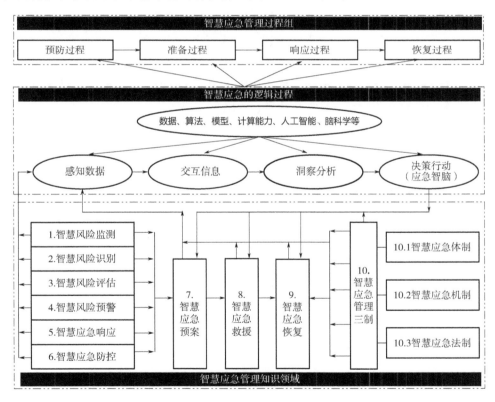

图 1-7　智慧应急管理逻辑图示

大数据正在颠覆传统重大工程应急管理的管理模式和管理范式，正在驱动传统应急管理的组织变革。从应急管理过程角度来看，数据旨在推动重大工程应急管理组织从一个平时状态转到另一个战时状态，从而达成特定的安全目标。在应急预警开始之前，通常将此时的组织描述为"平时状态"，大数据驱动传统应急管理组织变革旨在确保"总体性"社会安全，实现"战时状态"，达到安全目标。

## 1.6.2 重大工程智慧应急管理

建立健全社会预警体系，有效应对各种风险，预防和减少自然灾害、事故灾难、公共卫生和社会安全事件及其造成的损失，保障人民群众生命财产安全、维护社会稳定，既是人民政府根本宗旨的必然要求，也是全面提高政府管理和服务社会能力的重要任务。树立应急管理理念、夯实应急管理基础、建立应急管理机制、做好重大工程突发公共事件的预防和处置工作显得尤为重要和紧迫。

因此，提升我国重大工程突发事件"应急管理精准感知体系和精准感知能力"现代化，实现其应急管理的"循数治理、全域监测、多元协同、智能研判"，其关键问题是如何从多维度、多空间视角，"精准感知"多警源数据信息，通过提高高效的智能化技术、算法、方法和工具的优化整合，进而提高计算能力，推进重大工程应急管理的精细化管理、精准化预警、精确化。

# 第2章　重大工程应急管理数智化
# 综合集成管理方法论

## 2.1　重大工程综合集成研讨厅理论体系

### 2.1.1　综合集成研讨厅的概念

1990年，钱学森、于景元和戴汝为等人首次把处理开放的复杂巨系统的方法定名为从定性到定量的综合集成方法。他们把社会系统、人体系统、地理系统和军事系统这四个系统作为开放的复杂巨系统的重要例子，并区别于其他简单系统、简单巨系统或一般复杂系统。综合集成是从整体上考虑并解决问题的系统方法论。这个方法不同于近代科学一直沿用的培根式的还原论方法，是现代科学条件下认识方法论上的一次飞跃。综合集成方法是思维科学的应用技术，既要用到思维科学成果，又会促进思维科学的发展。它向计算机技术、网络和通信技术、人工智能技术、知识工程等提出了高新技术问题。它还可用来整理千千万万零散的群众意见、提案和专家见解以及个别领导的判断，真正做到"集腋成裘"。

在一般科学研究中，通常是科学理论、经验知识和专家判断相结合，形成和提出经验性假设（判断或猜想），但这些经验性假设有时难以用严谨的科学方式加以证明，需借助现代计算机技术，基于各种统计数据和信息资料，建立起包括大量参数的模型，而这些模型应建立在经验和对系统的理解上并经过真实性检验。这里包括了感性的、理性的、经验的、科学的、定性的和定量的知识综合集成，通过人—机交互，反复对比逐次逼近，最后形成结论。其实质是将专家群体、统计数据和信息知识有机结合起来，构成一个高度智能化的人机交互系统，它具有综合集成的各种知识，从感性上升到理性，实现从定性到定量的功能转化。

综合集成方法论的主要特点如下：

①定性研究与定量研究有机结合，贯穿全过程。

②科学理论与经验知识结合，将人们对客观事物的点滴知识综合集成解决问题。

③应用系统思想把多种学科结合起来进行综合研究。

④根据复杂巨系统的层次结构，把宏观研究与微观研究统一起来。

⑤必须有大型计算机系统支持，不仅要有管理信息系统、决策支持系统等功能，而且还要有综合集成的功能。

1992年，钱学森又提出综合集成研讨厅体系的思想。研讨厅由专家体系、知识体系和机器体系三大部分组成，它是实现综合集成方法的工具。主要包括讨论班、I3C及作战模拟、综合集成方法、人工智能、灵境、系统学和各种先进的信息技术。

应用综合集成方法对开放的复杂巨系统进行探索研究，开辟了一个新的科学领域，它在理论和实践上都具有重大的战略意义。综合集成方法是研究复杂系统和复杂巨系统（包括社会系统）的方法论。在应用中，将这套方法结合到具体的复杂系统或复杂巨系统，便可以开发出一套方法体系。不同的复杂系统或复杂巨系统，方法体系可能是不同的，但方法论却是相同的。如同物理学有物理学方法，生物学有生物学方法，但方法论是相同的，即还原论方法。

钱学森提出，"从定性到定量综合集成研讨厅"和"从定性到定量综合集成研讨厅体系"是实现综合集成方法的实践形式，并把运用这套方法的集体，称为总体设计部。它是将有关的理论方法与技术集成起来，构成一个供专家群体研讨问题时的工作平台。

## 2.1.2 综合集成方法对复杂巨系统研究的指导作用

从方法论层次来看，综合集成方法对复杂系统或复杂巨系统研究的指导作用主要体现在以下几个方面：

（1）研究路线。综合集成方法采取了自上而下和由下而上的研究路线，从整体到部分再由部分到整体，把宏观和微观研究统一起来，最终是从整体上研究和解决问题。例如在研究大型复杂课题时，从总体出发可将课题分解成几个子课题，在对每个子课题仔细研究的基础上，再综合集成到整体，这是很重要的一步。并不是简单地将每个子课题的研究结论拼凑起来，这样的"拼盘"至多是"$1+1=2$"的效果，不会涌现出新思想、新结果，也回答不了整体问题。这里需要的是综合集成，实现"$1+1>2$"的飞跃。否则，就会不自觉地陷入到还原论方法中。

（2）技术路线。综合集成方法采取的是人、机结合，人、网结合，以人为主的技术路线。这个技术路线是以思维科学为基础的。从思维科学角度来看，人脑和计算机都能有效处理信息，但两者有极大的差别。从信息处理来看，人脑思维一种是逻辑思维（抽象思维），它是定量、微观的信息处理方法；另一种是形象思维，它是定性、宏观的信息处理方式，而人的创造性主要来自创造思维，创造思维是逻辑思维和形象思维的结合，也就是定性与定量相结合，宏观与微观相结合，它是人脑创造性的源泉。今天的计算机在逻辑思维方面，确实能做很多事情，甚至比人脑做得还好、还快，善于信息的精确处理。已有许多科学成就证明了这一点，如著名数学家吴文俊先生的关于几何定理机器证明的方法。但在形象思维方面，现在的计算机还不能给我们以任何帮助，创造思维只能依靠人脑。从这个角度来看，期望完全依靠机器来解决复杂系统或复杂巨系统问题，至少目前是行不通的。但计算机毕竟在逻辑思维方面有其优势，如果把人脑和机器结合起来，以人为主，就更有优势。人和计算机各有所长，相辅相成、和谐地工作在一起形成"人帮机、机帮人"的合作方式。这种人、机结合的思维方式和研究方式就具有更强的创造性和认识客观事物的能力。

（3）实现信息、知识和智慧的综合集成。人、机结合，人、网结合，以人为主，实现信息、知识和智慧的综合集成。信息、知识和智慧这是三个不同层次的问题。有了信息未必有知识，有了信息和知识也未必就有智慧。信息的综合集成可以获得知识，信息、知识的综合集成可以获得智慧。人类有史以来，是通过人脑获得知识和智慧的，现在由于计算机科学与技术的发展，可以通过人、机结合，人、网结合的方式来获得知识和智慧，在人类发展史上，这是具有重大意义的进步。综合集成方法就是这种人、机结合，人、网结合获得知识和智慧的方法。

## 2.1.3　综合集成研讨厅的构成

综合集成研讨厅体系是处理开放的复杂巨系统的方法论，从思维科学的层次来看，它又是思维科学的一项应用技术。其构思是把专家们和知识库、信息系统、各种人工智能系统、计算机像作战指挥厅那样组织起来，形成一个巨型的人机结合的智能系统，共同作用于复杂问题的求解。从对综合集成研讨厅体系的构思可以看出，与历史上其他方法论不同的是，综合集成研讨厅体系不是一系列公式的汇总，也不是以某几条公理为基础搭建起来的抽象框架。它的实质是指导人们在处理复杂问题时，把专家的智慧、计算机的高性能和各种数据、信息有机地结合起来，构成一个统一的强大的问题求解系统。因此，从软硬件体系上和组织结构上实现该系统，使之能真正应用于复杂问题的研究实践显得尤为重要。

综合集成研讨厅是专家们同计算机和信息资料情报系统一起工作的"厅"，是把专家们和知识库、信息系统、各种人工智能系统、每秒几十亿次的计算机等像作战指挥厅那样组织起来，成为"人机结合"的巨型智能系统。"组织"二字代表了逻辑、理性，而专家们和"人工智能专家"系统代表了以实践经验为基础的非逻辑、非理性智能。所以这个"厅"是辩证思维的体现。

从综合集成研讨厅的理论框架与思维科学的关系可以看出，人脑与计算机相结合的信息处理在这个方法论中居于核心地位。因此，在构建实际的综合集成研讨厅系统的时候，必须以此为首要指导原则，一方面为人的信息处理和计算机的信息处理提供沟通路径和接口；另一方面从各种途径获取尽可能丰富的信息，使系统变得"聪明"。而与这些需求相适应的是，信息技术尤其是网络技术的最新进展使得构建这样一个智能系统成为可能。蓬勃发展的 Internet 不但是构建和实施综合集成研讨厅体系的理想场所，其丰富的信息资源和有序的内部结构为研讨厅综合集成数以百万计的人脑智慧，进而为"集智慧之大成"创造了条件。同时计算机软、硬件技术的发展也为实现这一复杂的智能系统提供了必需的工具。

（1）专家体系由参与研讨的专家组成，它是研讨厅的主体，是复杂问题求解任务的主要承担者，专家体系作用的发挥主要体现在各个专家"心智"的运用上，尤其是其中的"性智"，是计算机所不具备的，但这是问题求解的关键所在。

（2）机器体系由专家所使用的计算机软、硬件以及为整个专家群体提供各种服务的服务器组成，机器体系的作用在于它高性能的计算能力，包括数据运算和逻辑运算能力，它在定量分析阶段发挥着重要作用。

（3）知识/信息体系则由各种形式的信息和知识组成，它包括与问题相关的领域知识、信息，问题求解知识、信息等，专家体系和机器体系是这些信息和知识的载体。

综合集成法把这三个部分连接成为一个整体，形成一个统一的、人机结合的巨型智能系统和问题求解系统。综合集成研讨厅的成功应用就是要发挥这个系统的整体优势和综合优势。因此，要讨论综合集成研讨厅体系的实现问题，需要逐个考虑这三个体系的实现问题。其中：

①专家体系的建设涉及专家群体的角色划分问题、专家群体不良思维模式的预防及纠正、专家个体之间的有效交互方式、研讨过程的组织形式问题等。

②机器体系的建设涉及基本系统（包括软、硬件）框架的设计、功能模块和软

件模块的分析与综合，软件系统开发方法的选择等问题。

③知识、信息体系的建设则涉及知识，尤其是定性知识和非结构化知识的表达与抽取问题，知识的共享、重用和管理问题，信息的获取和推荐问题等。

## 2.2　重大工程现代综合集成研讨厅理论体系

20 世纪 60 年代，钱学森提出：解决复杂巨系统问题的有效方法是综合集成理论体系，这种"理论体系"主要由专家体系、知识体系和机器体系三个部分组成。核心思想：主要从特定的工程实践管理问题出发（以问题为驱动），借助组织知识和专家智慧，利用定性分析或定性与定量相结合的方法，找到解决问题的途径，其创新过程是有限生态下的协同管理、科学决策，其创新的环境和条件犹如"池塘捕鱼"。此时，重大项目复杂系统向综合集成发展是系统过程发展的最高层次，是有效处理重大项目复杂巨系统问题的唯一方法。

然而，随着（移动）互联网、大数据等新一代信息技术快速发展，有限生态下的"池塘捕鱼"创新环境和条件突变为无限生态下的"大海捕鱼"，从而核心思想转变为以特定的工程实践管理问题、大数据和数据分析发现作为管理理论和模式创新的源动力，借助组织知识、专家智慧、大数据及其数据发现，利用定性分析或定性与定量分析相结合，或先有数据后有模式等方法，找到解决问题的途径，其创新过程是无限生态下的协同管理、科学决策，其创新的环境和条件犹如无限生态下的"大海捕鱼"。而此时基于传统综合集成理论体系的解决重大工程项目复杂系统问题方法论也必然受到颠覆式冲击，并衍生（扩展）出基于互联网和大数据新一代信息技术的综合集成理论体系，简称为"现代综合集成研讨厅理论"体系。

本书基于综合集成研讨厅理论体系，以及互联网和大数据对经典管理理论的颠覆式冲击，提出了扩展综合集成理论，简称为"现代综合集成研讨厅理论"。该综合集成理论主要由专家决策体系、协同管理体系、"数据—信息—知识"体系、新一代信息技术体系和应用体系组成。核心思想：主要以特定的工程实践管理问题、大数据和数据分析发现作为管理理论和模式创新的源动力（数据驱动），借助组织知识、专家智慧、大数据及其数据发现，利用定性分析或定性与定量分析相结合，或先有数据后有模式等方法，找到解决问题的途径，其创新过程犹如无限生态下的"大海捕鱼"。

## 2.3　两种综合集成研讨厅理论体系的区别

"综合集成研讨厅理论体系"与"现代综合集成研讨厅理论体系"的本质区别："池塘"和"大海"是创新的环境和条件，"鱼"代表的是可能存在的重大项目管理创新选择，而"捕鱼"的过程就是实现重大工程项目管理创新的方法和路径。环境和条件的变化必然影响到重大工程项目管理理论和管理模式创新实现的途径和结果。其本质区别见表2-1。

表2-1　传统工程项目管理创新与大数据驱动的项目管理创新本质区别

| 创新模式 | 驱动因素 | 环境与条件 | 创新途径 | 创新方法 | 成功关键因素 |
|---|---|---|---|---|---|
| 传统工程项目管理创新 | 问题驱动 | 同构组织生态内资源 | 科层制（自上而下） | 德尔菲法决策树法等 | 专家知识 |
| 大数据驱动的工程项目管理创新 | 问题或（和）数据驱动 | 同构、异构组织生态内大数据 | 去中心、去中介、去边界、自组织化（自上而下、自下而上、网络式协同） | 云计算数据挖掘分布式计算等 | 数据的可得性、数据分析结果以及解读的准确性 |

因此，在互联网和大数据时代，重大工程项目管理要以大数据为纽带，以极低的管理成本迅速实施"大平台化＋小前端"多源跨域异构联盟，形成一个基于现代综合集成理论的"大数据驱动的重大工程项目协同管理决策平台"，构建一个集集成化、协同化、智能化、生态化为一体的重大工程项目协同管理决策创新生态体系，实现"创新链条—产业链条"的对接，达到"全链条组织设计、一体化组织实施、智能化交互探讨、平台化协同决策、企业化需求导向、绿色化有机生态"的科学决策方式，加速颠覆和改变传统的重大工程项目管理模式。

## 2.4　现代综合集成研讨厅理论体系的构成

在大数据、互联网和人工智能背景下，本书基于钱学森的综合集成研讨厅理论而提出了现代综合集成研讨厅理论，用于研究构建"大数据背景下的重大工程项目协同管理决策平台"管理模式。

自2002年以来，作者基于钱学森教授解决复杂巨系统问题的有效方法论——

综合集成理论体系，针对重大工程项目管理开展了多项国家级、省部级、大型央企集团公司级的课题研究，取得了一些水平较高的科研成果，并进行了多项企业工程化实践研究。随着互联网、移动互联网、大数据、云计算、物联网等新一代信息技术的快速发展和影响，互联网和大数据的"去中心、去中介、去边界、自组织化"，以及"平等、开放、协作、共享、分布式"颠覆了 19 世纪形成的经典管理理论、传统的重大工程项目管理理论和传统的信息技术，传统的重大工程项目管理理论、传统的大数据技术以及两者的深度融合已经不完全适用于急剧变化的移动互联网时代（大数据时代），不足以完全支撑在移动互联网时代（大数据时代）的"互联网 +"的转型和发展。

毫无疑问，以集专家体系、知识体系、机器体系为一体的钱学森教授的解决复杂巨系统问题的有效的方法论——综合集成研讨厅理论体系也受到了颠覆式的挑战，原有的有限生态下的"池塘捕鱼"断崖式突变成了无限生态下的"大海捕鱼"，环境和条件的断崖式突变必然要颠覆原有的综合集成理论体系。

现代综合集成的理论体系构成主要由专家决策体系、协同管理体系、"数据—信息—知识"体系、新一代信息技术体系和应用体系组成。

核心思想：主要以特定的工程实践管理问题、大数据和数据分析发现作为管理理论和模式创新的源动力（数据驱动），借助组织知识、专家智慧、大数据及其数据发现，利用定性分析或定性与定量相结合，或先有数据后有模式等的方法，找到解决问题的途径，其创新过程犹如无限生态下的"大海捕鱼"。

体系实质：智能技术赋能重大工程管理具有人类"智慧"的"生命综合体"，实则是基于新一代信息技术（N-IT）、工程运营技术（E-OT）与管理技术（MT）彼此融合（简称 IOM-3T）的"人—信息—物理—管理"复杂智能化生态系统，依据感知应急全过程中"万物"海量数据、交互存储海量信息、洞察认知机会与风险、敏捷决策行动新价值链，由 AI 或者云脑驱动模拟人类智慧，实现重大工程管理的自动研判、自主决策、自我演进。

其中：

专家决策体系：该体系在决策平台中起到关键性的作用，专家（专业专家 + 管理专家 + 客户）基于问题和大数据及两者结合，发挥专家的"性智"决策咨询求解任务。

协同管理体系：以"数据—信息—知识"为主线，提供工程项目的纵向链条、横向链条，以及"创新链条—产业链条"的协同管理理论体系、模型和方法论。

"数据—信息—知识"体系：该体系由各种形式的数据、信息、知识组成。包括数据、信息、知识的变化过程，其认识不断深化，同时内涵不断扩大，信息量不断增加，价值不断增加。

新一代信息技术体系：该体系由互联网、移动互联网、大数据、物联网、云计算等新一代信息技术组成，为决策平台提供数据采集、数据存储、数据挖掘和数据分析等服务，以及分布计算技术、并行算法技术等。

应用体系：从实际项目的纵向链条（上中下游）—横向链条综合提供数据、信息和知识，使项目实际工程化，实现"创新链条—产业链条"的对接。

## 2.5 重大工程应急管理数智化的基础方法论

改革开放40多年以来，随着我国经济的快速发展，青藏铁路工程、长江三峡工程、2008年奥运工程、2010年上海世博会工程、西气东输工程等重大工程相继问世。大变革时代背景下的"基于非常规突发事件的重大工程应急决策理论和方法研究"已经成为21世纪应急管理学术界重点的研究领域和实践领域。

如何对大变革时代背景下基于非常规突发事件重大工程进行应急管理，消除安全隐患，制定有效的应急管理预案，提供高效的预警信息知识，进行科学应急决策，取得预期的目标和综合效益，达到整体优化，已经越来越受到领导、投资者和管理者的高度重视。

重大工程的复杂性主要体现在大型工程实施地域广阔、建设规模庞大、参与方众多、管理界面接口众多等方面，因此应急管理是一个开放的复杂、动态巨系统。有效解决处理开放的复杂、动态巨系统问题的唯一方法是综合集成方法。重大工程应急管理系统向综合集成发展是系统发展的最高层次，运用现代综合集成研讨厅理论来指导应急管理是重大工程应急管理学科发展的需要，旨在发挥应急管理的整体优势和综合优势，加强系统的整体功能倍增性，取得更大的建设效益。

现代综合集成研讨厅理论体系是处理大变革时代和复杂动态环境下重大工程应急管理数智化综合集成开放复杂巨系统的方法论，它是由应急管理的专家决策体系、协同管理体系、"数据—信息—知识"体系、新一代信息技术体系和应用体系组成的职能系统，其成效性主要依赖于系统的整体优势和综合优势。其实质是指导人们在处理复杂动态过程应急管理的问题时，把应急管理专家的智慧、信息技术的高性能和各种数据、信息、知识有机地结合起来，构成一个统一的、强大的应急管理问题决策的求解系统。

　　大变革时代和复杂动态环境下重大工程应急管理综合集成研讨厅是有效进行组织及跨组织多平台（甲方、乙方和第三方）、主管部门、政府、消防部门、医疗卫生部门、公安部门、环保部门等相关应急组织之间进行应急决策策划活动的重要"场所"。在研讨厅体系中，应急管理专家群体来自多个应急组织，是综合集成研讨厅重要的组成部分，他们对解决应急管理出现的问题，以及设想的提出、研讨、建模、最终进行决策起着关键性的作用。

# 第3章  重大工程系统过程风险识别

风险因素识别是重大工程过程风险管理的基础，也是重大工程过程风险管理的良好的开端。只有全面了解、正确掌握和识别重大工程过程中的风险因素和引起风险因素的原因，过程风险因素的分析、评估和控制才能具有真正的现实意义。目前，对于风险识别大多采用传统的头脑风暴法、德尔菲法、专家个人判断法等十余种方法，本章根据重大工程的过程风险特征和舰船建造过程风险的特征，研究、分析和探索了过程风险因素识别的新技术和新方法，制订一套完整的识别过程风险的技术参考模板，改善原来从不同侧面识别和分析风险不足的地方，揭示过程风险的本质属性。最后，根据这些技术和方法，研究和识别了舰船建造过程中的主要过程风险源，以及可能发生的风险结果，解决了我国舰船建造过程中的风险识别问题，奠定了分析和评估舰船建造过程风险的基础。

## 3.1  概述

重大工程过程风险因素识别旨在对尚未发生的、潜在的、客观存在的各类过程风险进行全面、系统、连续的识别、推断和归类，并分析过程风险因素以及发生这种因素的原因。有哪些关键阶段可以考虑，有哪些关键过程风险因素值得考虑，造成某种事故的关键因素和主要因素是什么，这些因素的特性是什么，由这些因素造成的后果以及严重程度如何，所有上述问题都是工程过程风险识别中应该而且必须要回答的问题。

在重大工程过程风险因素识别中，通过对工程的实地考察，了解和掌握项目具有风险性，进而通过分析工程的过程风险，可以推断出工程过程风险产生的原因和发生这种原因而产生的条件并分类，以及发生过程风险所具有的特性。了解和掌握工程的过程风险是工程过程风险识别的基础和前提条件，分析工程过程风险产生的原因和条件是工程过程风险识别的关键环节，而研究、分析和探讨过程风险的识别技术和方法则是关键中的重中之重。

过程风险识别是重大工程过程风险管理过程中最基本、最重要的环节，同时也是一项非常复杂、艰巨的工作。所以，不管在重大工程项目风险管理过程中过程风险控制和管理得如何完美，只要在工程项目实施过程中有某种过程风险被忽视，或者遗漏，甚至没有引起高度的重视，那么这种过程风险就有可能对研发项目的实施造成较大的冲击，甚至整个工程项目就会彻底失败，造成不可估量的重大经济损失。因此，一定要高度重视过程风险的识别工作，做到万无一失，防止"千里之堤，溃于蚁穴"的重大过程风险和高过程风险事故的出现。

## 3.2　工程项目过程风险因素识别技术与方法

### 3.2.1　工程项目过程风险识别概述

过程风险识别是工程项目过程风险管理的第一步，其识别的过程是用于发现过程风险的活动和方法。以下从两个不同的角度来描述过程风险识别过程：一方面从外部角度来说明过程控制、输入、输出和识别机制；另一方面从内部角度说明用识别机制将输入转变为输出的过程风险识别过程活动。

过程风险识别的过程模型用于为可预测的风险识别描述可用的过程部件。过程模型通过过程控制条件、过程输入、过程输出和过程运作机制描述了过程风险的管理过程。过程控制条件决定过程何时和如何执行；过程输入是指一个过程转变为过程中所需要的项，其输入必须满足过程入口的标准；过程输出是过程转变的结果，其输出结果要通过过程出口标准而进行评审；过程运作机制决定过程所用的技术和方法。过程风险识别的过程模型如图 3-1 所示。

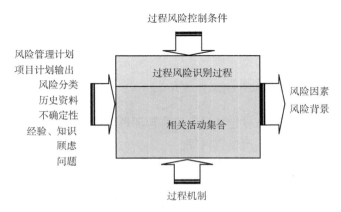

图 3-1　过程风险识别的过程模型

过程风险识别的过程描述了从输入转变为输出的过程风险识别的一切过程活

动。过程风险控制条件位于顶部，是项目风险识别的调节过程，过程输入位于左侧进入风险识别的过程，过程输出位于右侧出于风险识别的过程，过程机制位于过程底部，是项目风险识别的支持过程。

（1）过程输入。过程风险识别过程的输入包括风险管理计划，项目计划输出，风险分类，历史资料、不确定性、经验、知识，顾虑和问题。不确定性是对过程风险识别过程的假定和怀疑的一部分。知识是工作人员已经掌握的理论知识，利用以前在项目工程系统方面的经验和当前的项目知识来识别过程风险。顾虑是过程风险识别中所担心的事情，经常与过程风险有关。问题是尚未解决的事情，过程风险因素往往与问题有关，而问题常常演变成过程风险，过程风险又常常对项目的实施造成巨大的损失。

（2）过程输出。过程风险识别过程的输出是过程风险因素陈述和与之相关的过程风险情景描述。过程风险因素陈述是用标准的表示法对过程风险进行简要的说明，其表示方法是由过程风险因素而带来的问题、发生的可能性和对项目的实施而造成的结果。风险场景提供了过程风险因素陈述周围的间接信息，包括故障事件、发生的条件、约束、假定、发生的环境、影响的因素和相关问题等。

（3）过程控制条件。项目资源、项目要求和过程风险管理计划调节过程风险识别过程。项目资源用成本、质量、时间和人员限制风险识别的范围。项目要求是项目业主对项目的具体要求，其用合同的形式和组织来对项目的实施加以要求。过程风险管理计划详细说明了过程风险的责任和权利，以及进行过程风险的管理活动，并且记录了说明过程风险实施过程中项目有条不紊的程序化过程。

（4）过程机制。过程风险的过程机制是为识别过程风险提供的方法、技术、工具，主要包括过程风险事件调研议题、过程风险排序表、WBS-RBS 矩阵、RBS-T 矩阵和事件树分析等。

## 3.2.2　工程项目过程风险识别依据

过程风险识别的主要依据包括过程风险管理规划或者项目计划、项目规划、项目说明书、过程风险种类、历史资料等。

（1）过程风险管理规划。它是工程项目组进行过程风险识别的重要依据，是规划和设计如何进行过程风险管理的过程，其定义了项目组织和成员过程风险管理的行动方案和方式，指导项目如何选择过程风险管理方法，是过程风险管理的基准。过程风险管理规划是针对从项目启动、可研、计划、实施、验收、交接等整个项目生命周期制定如何组织和管理进行过程风险识别、过程风险分析与评估、过程风险量化、过程风险应对和过程风险监控的规划。从过程风险管理规划中可以确定：过程风险识别的范围；过程风险信息获取的渠道和方式；了解过程风险分解结构，也就是项目组成员在过程风险识别中的分工和责任分配；重点调查的项目相关方；项目组在识别过程风险过程中可以应用的方法以及规范；在过程风险管理的过程中应该何时进行、由谁进行、哪些过程风险重新识别；过程风险识别结果的形式、信息通报和处理程序。

（2）项目计划。项目规划中的项目目标、任务、范围、进度计划、费用计划、资源计划、采购计划以及项目承担方、业主方和其他利益相关者对项目的期望值等都是项目过程风险识别的依据。

（3）过程风险种类。过程风险种类是指那些可能对项目产生正负影响的过程风险源。一般来讲，过程风险类型包括技术风险、质量风险、过程风险、管理风险、组织结构风险、合同法规风险等。

（4）历史资料。项目过程的历史资料可以从项目或相关项目的历史文档以及公共信息渠道中获取。

## 3.2.3 工程项目过程风险识别步骤与流程

### 1. 项目过程风险识别步骤

（1）确定过程风险识别的目标和任务。

（2）明确进行过程风险识别的参与者和相关者。

（3）收集和整理过程风险相关资料和文件。

（4）估计项目过程风险表现趋势。

（5）根据过程风险症状将潜在的过程风险和风险因素识别出来。

### 2. 项目过程风险识别流程（图 3-2）

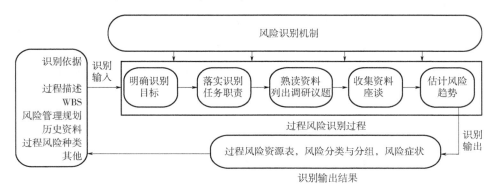

图 3-2 项目过程风险识别流程

## 3.2.4　工程项目过程风险识别技术与方法

在以往的研发项目风险识别中，人们常常采用传统的风险识别技术和方法，这些技术和方法包括头脑风暴法、德尔菲法、专家个人判断法、多重情景分析法和外推法等十余种方法，然而，本书在分析重大工程项目过程特征和舰船建造过程特征的基础上，研究、分析和提出了适合于重大工程项目过程特征和舰船建造过程特征的过程风险识别的新技术和方法，制定出了适宜识别舰船建造过程的过程风险因素的过程风险参考模板，从而识别出了影响舰船建造过程的过程风险因素，以及可能得出的过程风险结果，为进一步分析和评估过程风险提供了坚实的基础。

# 3.3　工程项目过程风险因素识别案例

## 3.3.1　通信施工项目风险潜在因素识别

通信施工项目危险源的识别应考虑人的因素、财产损失和环境破坏三个方面，同时应考虑第一类和第二类危险源。通信工程各专业危险源的识别应按施工工序顺序考虑，一般通信工程的危险源识别有以下要求：

1. 线路工程潜在的危险源

（1）路由复测：可能造成人身伤害的山路及河流。

（2）挖沟（含通信管道沟、顶管）：爆破作业，可能造成塌方的松软土质，未设警示标志的沟坑。

（3）作业坑、拉线洞：塌方造成的人身伤害，损坏直埋电力电缆，带电导线。

（4）立、换、拆电杆：未立起的电杆，杆位附近带强电的设施。

（5）新设、更换拉线：作业点附近带强电的设施，未加固好的绷紧的钢绞线。

（6）铺管、顶管：公路、铁路附近施工时，行驶的车辆。

（7）敷设直埋光（电）缆：可能使人摔伤的山路及沟坎。

（8）清刷管道及铺放管道：落井的重物。

（9）敷设、接续管道光（电）缆：安全警示不清，井下废气，带强电导体，坠井重物，喷灯。

（10）架设、接续架空光（电）缆：距离人体过近的强电导体，高处作业人员所使用的登高工具，坠落的重物。

（11）安装杆上支持物、分电设备，架设吊线：可能断落的强电导体，高处的重物，高处作业人员所使用的登高工具；掉落在路上的吊线及光（电）缆。

（12）敷设水底光（电）缆：有问题的潜水设备。

（13）安装局内光（电）缆：可能碰伤人体的物体。

（14）敷设通信管道：市内车辆，重物（水泥管块）。

（15）吹缆：高压空气。

（16）埋设标石：重物（标石）。

（17）电路割接：距离人体过近的带强电导体，可能引起在用设备短路的导体。

（18）安装终端设备：重物（机架设备），距离人体过近的带强电导体。

（19）调测：重物（仪表），带电导体。

（20）高原地区施工：高原，湿地沼泽，严寒。

2. 装机（微波、地面站、移动、设备安装）工程潜在的危险源

（1）开箱：带钉子、铁皮的箱板。

（2）搬运：可能坠落的天线。

（3）吊装天线：可能坠落的油丝绳、麻绳、滑轮，制动失灵的吊装设备。

（4）铁塔楼房上安装天馈线：高处违章作业；掉落的工具、材料。

（5）避雷针焊接：漏电的电焊机。

（6）组立机架：漏电的电钻，未扶稳的机架。

（7）安装走线架（道）、布放电缆：高处作业。

（8）不停电电源线连接：电源。

（9）调测：微波辐射。

（10）吊装卫星通信地球站天线：作业点附近带强电的导体，未支稳的吊装设备。

以上识别的潜在危险源仅为第一类危险源，在施工前还应注意从人的心理、生理、行为等方面识别违规操作、违章指挥等第二类危险源。在施工现场应当根据具体的实际情况，充分识别施工现场的危险源。

以某架空线路工程为例，施工地点位于山区，施工主要内容包括立杆、架设吊线、敷设电缆、电缆接续、缩封热缩管、测试等。其施工工程中潜在的危险源有以下几个：

（1）立电线杆时，使用有断股的绳索。

（2）制装拉线、收紧吊线时紧线工具（倒链、葫芦、紧线器等）制动装置失灵。

（3）固定不牢或不符合要求的油丝绳、麻绳、滑轮。

（4）无防护装置、警示牌，以及防护有缺陷的杆坑或拉线坑。

（5）与电力线交越时，裸露的电力线。

（6）临时断电作业时，无人看管的电源闸箱。

（7）杆上作业时，掉落的工具、材料等。

（8）装卸材料、工具、施工机械时坠落的物体。

（9）施工驻地码放过高的材料。

（10）使用喷灯时产生的明火。

（11）野外施工时异常的气温和强烈的紫外线。

（12）山区险要地段作业。

（13）公路旁施工，施工人员穿越公路时，机动车辆行驶。

（14）无标志或标志不清楚、标志不规范、标志选用不当、标志位置不醒目的公路或危险区。

（15）施工人员长期超时间工作，体力负荷超限、视力负荷超限。

（16）施工人员异常的情绪，过度紧张的状态。

（17）外线施工人员异常的身体状况，登高作业人员血压高或不足的睡眠。

（18）施工现场领导对现场情况缺乏全面了解，指挥失误，对规章制度细节了解不够，违章指挥。

（19）操作人员对操作规程不熟悉，误操作、违章作业。

（20）登高作业人员、电工、电焊作业人员未参加特种作业培训，对参加特种作业应注意的事项心中无底。

（21）不符合要求的安全帽、安全带。

（22）不按照安全操作规程施工。

（23）未进行对作业人员相应的安全生产培训。

## 3.3.2 某科技大厦工程项目风险潜在因素识别

### 1. 工程概况

某科技大厦工程位于中关村科技园丰台园区。周边无其他建筑物相邻，属独立性建筑。框架剪力墙结构，总建筑面积 98252.82m²，地下 3 层，地上 26 层，高为 97.5m，钢筋混凝土结构，全现浇，采用现场搅拌及商品混凝土泵送。工程质量目标：结构长城杯，装修鲁班奖。

2. 项目安全管理的风险识别

项目开始初期，采用专家调查法、头脑风暴法、事故分类法、历史信息法、统计数据法得出两级 WBS。基本情况如下：一级风险因子分 4 大类，主要为来自外施队、来自内部、来自外协作单位和不可预见风险，见表 3-1。

表 3-1　一级风险因子及二级风险因子

| 序号 | 一级风险因子 | 二级风险因子 |
|------|--------------|--------------|
| 1 | | 组织风险 |
| 2 | | 管理人员素质 |
| 3 | | 个人安全意识 |
| 4 | | 现场安全管理 |
| 5 | | 特殊工种 |
| 6 | 来自外施队（12 项） | 起重伤害 |
| 7 | | 触电 |
| 8 | | 行为风险 |
| 9 | | 高处坠落 |
| 10 | | 物体打击 |
| 11 | | 经济风险 |
| 12 | | 食物中毒 |
| 13 | | 组织风险 |
| 14 | | 现场安全管理 |
| 15 | | 技术风险 |
| 16 | | 进度风险 |
| 17 | 来自内部（9 项） | 经济风险 |
| 18 | | 行为风险 |
| 19 | | 食物中毒 |
| 20 | | 交通安全 |
| 21 | | 消防、保卫 |
| 22 | 来自外协作单位（1 项） | 车辆、塔式起重机等 |

（续）

| 序号 | 一级风险因子 | 二级风险因子 |
|------|-------------|-------------|
| 23 | 不可预见风险（2项） | 社会风险 |
| 24 | | 自然风险 |

注：1. 行为风险是指由于个人或组织的过失、疏忽、侥幸、恶意等不当行为造成财产毁损、人员伤亡的风险。

2. 内部经济风险本处特指缺少安全资金投入、安全物资不充足、安全物资不合格造成的安全风险。

3. 外施队经济风险本处特指由于小型材料、机械、电缆、安全带、安全帽、绝缘鞋等应由外施队提供而不及时提供或数量不够、质量较差等造成的风险。

4. 现场安全管理风险是指内部的安全交底是否完善，是否有针对性，安全教育、管理措施是否到位；外施队是否进行"三工"教育，是否严格按照安全交底执行。

# 第4章 重大工程系统过程风险定性分析

## 4.1 工程项目系统过程风险定性分析概述

项目系统过程风险分析与评估是继项目过程风险识别之后的第二步，也是项目过程风险管理的关键步骤，其过程风险分析与评估过程是用于采取风险分析技术、方法和工具有效地帮助人们进行项目风险过程管理的不确定性因素，据此，可以对项目的实施和风险过程管理制定出有效的控制措施、过程风险管理计划和做出切实可行的项目过程风险管理决策。

从过程理念出发，本书从两个视角来描述过程风险分析的过程，一是外部视角，说明过程控制条件、输入、输出和过程风险分析机制；二是内部视角，说明用过程风险分析机制将输入转变为输出的风险分析过程活动。过程风险分析过程描述了人们开展项目过程风险管理应该遵循的项目过程风险分析的逻辑步骤。其逻辑步骤具体如下：

①描述了项目过程风险分析的过程，规划和定义了过程风险评估和开展评估项目过程风险的一系列重要活动、技术、方法和工具。

②采用上述技术、方法和工具，根据项目的实际情况计算导致项目过程风险的因素（底事件）模糊概率和顶事件模糊概率（过程风险模糊概率）。

③再根据上述技术、方法和工具，计算出导致项目过程风险的底事件（影响因素）重要度和关键重要度，并以此进行项目过程风险因素的优先排序，从而得到项目过程风险的输出列表，以为下一步制定项目过程风险管理计划、过程风险控制措施、过程风险应对计划提供重要的理论根据。

过程风险分析的过程模型用于为可预测的过程风险分析描述可用的过程组件。过程模型通过过程控制条件、过程输入、过程输出和过程运作机制描述了过程风险分析的过程。项目过程风险分析过程模型如图4-1所示。

过程风险分析的过程描述了从输入转变为输出的过程风险分析的过程活动和过程组件。过程控制条件位于顶部，是项目过程风险分析的调节过程，过程输入位于

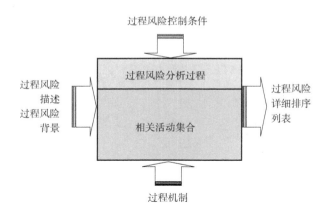

图 4-1 过程风险分析过程模型

左侧进入过程风险分析的过程，过程输出位于右侧流出过程风险分析的过程，过程风险的机制位于项目过程风险控制过程的底部，是项目过程风险控制的支持过程。

过程风险分析的目标是确定项目过程关键过程风险、重要过程风险、次要过程风险和一般过程风险，以及确定影响和导致相应过程风险的关键因素、次要因素和一般因素。

采用模糊—事件树—故障树综合集成分析方法确定相关过程风险因素的模糊概率，也就是相对应的底事件和顶事件概率；确定每个过程风险底事件和顶事件的模糊隶属度函数；确定并计算底事件的模糊概率重要度，并根据项目过程风险的评价标准，确定项目过程风险的详细排序，最后以列表的形式提交有关方面；根据有关结果找出相应的关键部件或者薄弱环节。

过程风险分析的活动主要包括确定项目过程风险的来源、过程风险的影响因素（关键因素、重要因素、次要因素和一般因素）、采用计算和评价过程风险的有效技术和方法、分析和评估过程风险和影响，并且依据标准对项目过程风险依次排序，输出排序结果。

（1）过程输入。过程风险分析过程的输入包括过程风险描述和过程风险背景。过程风险描述的依据为来自现场人员对故障事件的可能性自然语言的模糊描述，如较小、小、较大、大、最大等，以及由现场人员提供的基于自信度的模糊概率区间，也就是底事件的模糊隶属度函数的 $\lambda$ -截集；过程风险背景为过程风险的描述提供了相关事件、发生的条件（包括事件发生的约束条件和各种假设条件）、事件发生的环境、事件发生的诱发因素等。过程风险描述可以结合过程风险背景产生出更加合理、实际的结果。

（2）过程输出。过程风险分析过程的输出是过程风险详细排序列表。过程风险详细排序列表的内容是过程风险输入经过过程风险过程控制条件和过程风险机制，输出一种比较符合实际情况、比较详细的过程风险排序的结果，是一个详细的过程风险目录。

（3）过程控制条件。过程风险的过程控制条件包括项目过程资源和项目过程要求。项目过程资源和项目过程要求对项目过程风险的约束、激励和控制起到了强制的作用。

（4）过程机制。过程风险的过程机制包括过程风险评价标准，过程风险分析技术、方法和工具，以及过程风险数据库。过程机制主要是为过程风险提供分析的方法、技术、工具。这种过程机制包括过程风险定性和定量分析的技术、方法和工具，本书主要采用的过程风险定性技术、方法和工具包括建立对应子项目风险分析模型、项目风险划分等级表、项目风险排序表、项目过程风险关键事件（顶事件）调研表、事件树法等；其定量技术、方法和工具主要包括模糊—事件树—故障树分析综合集成方法。

# 4.2　工程项目系统过程风险定性分析技术和方法

## 4.2.1　安全检查表法

安全检查表（Safety Check List，简记为 SCL）是进行安全检查，发现潜在危险，督促各项安全法规、制度、标准实施的一个较为有效的工具，是安全系统工程中最基本且最初步的形式之一。

### 1. 概述

1970 年之前，日本交通事故发生频率很高，交通事故随着机动车辆的增加而直线上升。1970 年之后，日本将安全检查表运用到交通安全管理工作中，对交通安全进行严格管理。当时一旦发生交通事故，运用安全检查表要填写的原始表格有 500 多项，天气情况、驾驶员年龄、驾驶员毕业学校、道路情况、汽车牌号、轮胎花纹等都要进行调查统计填报，然后进行事故统计分析和预测。根据统计结果分析事故规律，采取相应措施，如某弯道事故多，坡度不安全，车辆零件有问题，就相应地改进；是驾驶员素质问题，就加强培训等。通过系统地整改，并用安全检查表指导交通安全工作，如此反复、循序渐进，收到了显著效果。1970 年之后机动车辆大量增加而交通事故仍基本控制在 1970 年的水平，安全检查表法成为日本交通安全管理的秘诀，随之在日本得到认可和推广。

20 世纪 70 年代末至 80 年代初，安全检查表法传到中国，由于此种方法简单，故在国内得到推广运用且收到了较好的效果。

安全检查表实际上就是一份实施安全检查和诊断的项目明细表，是安全检查结果的备忘录。通常为检查某一系统、设备以及各种操作管理和组织措施中的不安全因素，事先对检查对象加以剖析、分解，查明问题所在，并根据理论知识、实践经验、有关标准、规范和事故情报等进行周密细致的思考，确定检查的项目和要点，以提问方式，将检查项目和要点按系统编制成表，以备在设计或检查时，按规定的项目进行检查和诊断。

### 2. 编制和格式

（1）编制的原则。

①编制工作要具有科学性。传统管理往往凭经验办事，不能真正体现"预防为主"的管理思想。重大（工程、研究开发）项目是一个人、机、料、法、环、仪"六方共系"的复杂巨系统，要识别、控制、预防系统中的危险性，首先必须对巨系统进行充分的认识，运用的安全检查表应具有科学性，其次要在编制之前充分揭示特定系统中的危险性及危险发生的可能性。既要重视"人的不安全行为"，也要重视"物的不安全状态"对企业安全生产的影响，着重在物的本质安全化方面下功夫。

安全检查表具有科学性，还包括表中的内容和条目顺序必须与技术规范、安全技术规程、工艺要求等相匹配。例如在编制企业"气密性试验作业安全检查表"时，必须先把强度试验（水压试验）这一条目放在前面，把有关气密试验作业安全检查的条目放在后面，如果不优先编制水压试验条目（即构成漏项），即使其他所有子条目经检查都符合安全要求，因没有做水压试验，在气压试验时或在用户手中还可能发生重大意外事故，这充分说明安全检查表的科学性丝毫不能忽视。在编制"气密性试验安全检查表"时，如把"运用观察镜去观察气压试验装置上的压力表读数"列入"气密性试验安全检查表"子条目，这种检查表就更加具有特定内涵，加大了检查表从技术角度、科学预防事故方面的技术含量。

②简单明了，便于使用。安全检查表是发现问题和危险的统一"标尺"，它的"刻度"既要"精密"，又要适度；既要便于"测量"，又要便于使用。所谓"精密"，是指表中的项目应包括所有检查点。但检查点一多，往往又会掩盖重点。因此，检查表应高度概括众多的检查点，做到简单明了，便于使用，既全面又突出重点，具有适度性。

③共同编制，不断完善。安全检查表编制宜采取"三结合"的方法，由工程技术人员、管理人员和操作工人共同编制，并在实践中不断修改补充，逐步完善。编制要与本单位实际情况相结合，不要生搬硬套。

（2）编制的过程。

安全检查表看似简单，但要使其在使用中能切合实际、真正起到全面系统地辨识危险性的作用，则需要其具有高质量。要编制这样的检查表，需要做好如下几项工作。

①组织编写组，其成员应是熟悉该系统的专业人员、管理人员和实际操作者。

②对系统进行全面细致的了解，包括系统的结构、功能、工艺条件等基本情况和有关安全的详细情况。例如，系统发生过的事故，事故原因、影响和后果等。还要收集系统的说明书、布置图、结构图等。

③收集与系统有关的国家法规、制度、标准及得到公认的安全要求等，作为安全检查表的编制依据。

④按照系统的结构或功能进行分割、剖析，逐一审查每个单元或元素，找出一切影响系统安全的危险因素，列出清单。

⑤针对危险因素清单，从有关法规、制度、标准及技术说明书等文件资料中，逐个找出对应的安全要求及避免或减少危险因素发展为事故应采取的安全措施，形成对应危险因素的安全要求与安全措施清单。

⑥综合上述两个清单，按系统列出应检查问题的清单。每个检查问题应包括是否存在危险因素，应达到的安全指标，应采取的安全措施。这种检查问题的清单就是最初编制的安全检查表。

⑦检查表编制后，要经过多次实践检验，不断修改完善后，才能成为标准的安全检查表。

（3）编制的格式。

安全检查表的格式见表4-1。

表4-1　安全检查表

| 序号 | 项目名称 | 检查内容 | 检查结果 | 备注 | 检查时间和检查人 |
|---|---|---|---|---|---|
|  |  |  |  |  |  |

安全检查表必须包括以下内容：

①序号。统一编号。

②项目名称。例如分系统、子系统，车间、工段、设备，项目、条款等。

③检查内容。在修辞上可以用直接陈述句，也可以用疑问句。

④检查结果。即回答栏，有的采用"是"或"否"符号，即"√"或"×"表示，有的打分。

⑤备注。可以注明建议改进的措施或情况反馈等事项。

⑥检查时间和检查人。如实及时填写。

为了使安全检查表进一步细化，还可以根据实际情况和需要增添栏目，如将各项检查内容的标准或参考标准列出，或对各个项目的重要程度做出标记等。

3. 种类

安全检查表按其应用范围划分，大致分为以下五类，可根据不同用途提出要求。

（1）设计审查用安全检查表。

据统计，单纯由设计失误造成的事故次数占所有事故的比例为25%～30%。如果把设计缺陷和人为失误共同引起的事故也计算在内，则可达80%以上。因此，有必要在一项工程项目的设计工作开始之前就为工程设计人员提供一个包括对该项工程项目的所有安全要求及有关标准的清单，以便使其依照标准要求来实现系统安全的目标，达到安全部门的要求。这样就可以避免因设计不周而使系统安全性存在先天不足；同时也可在工程设计审查、验收阶段，为安全审查人员提供依据，防止设计人员和审查人员发生不必要的争执。

我国对新建、扩建、改建项目历来坚持"三同时"原则，即要求安全设施要与主体工程同时设计、同时施工、同时投产。如果在"三同时"审查验收过程中，能有一个"三同时"安全检查表，必将使"三同时"的内容得到充实，减少许多不必要的麻烦，也能使安全审查验收人员逐条逐项目全面系统地审查工程设计、施工、投产等工作的安全状况。

设计用的安全检查表应有系统、全面的内容。主要用于厂区规划、工艺装置布置、运输道路、材料贮运、消防急救等方面。

（2）企业级项目安全检查表。

这种检查表包括全面评价现有企业级项目安全状况的企业级安全检查表，又包括日常安全管理工作使用的企业级项目巡回安全检查表。这种检查表包含内容广泛、详细，是一种为了定期掌握企业级项目安全状况，提高企业安全管理水平而进行的规模较大的全面检查评价工作的标准。其中，日常安全管理使用的企业级项目巡回安全检查表，如某些企业安全部门应用的、以重点危险部位为检查对象的日报巡回安全检查表，往往根据检查对象危险等级与各级领导责任的不同而制定不同的内容。

这类检查表主要供全企业级安全检查时使用，也可供安全技术管理、防火等部门进行日常巡回检查时使用。

（3）项目级安全检查表。

该表供项目级进行定期安全检查或预防性检查时使用。主要集中在防止人身、设备、机械加工等事故方面，其内容包括工艺安全、设备布置、安全通道、通风照明、噪声振动、安全标记、尘毒及有害气体浓度、消防设施及操作管理等。

（4）项目作业级安全检查表。

这是供作业级进行自查、互查或进行安全教育用的安全检查表。主要集中在防止误操作而引起的事故，其内容应根据岗位的工艺与设备的预防事故的控制要点确定，应具体、易行。

（5）专业性安全检查表。

该表由专业机构或职能部门编制和使用。主要用于定期的安全检查或季节性检查，如对电气设备、压力容器、特殊装置或设施的专业检查。

4. 优缺点

（1）优点。

①能根据预定的目标要求进行检查，做到突出重点、避免遗漏，便于发现和查明各种危险及隐患。

②可针对不同对象编制各种安全检查表，使安全检查和事故分析标准化、规范化。

③可作为安全检查人员履行职责的凭据，有利于落实安全生产责任制，并有利于安全人员提高现场安全检查水平。

④安全检查表关系到每位从业人员的切身利益，它能将安全工作推向从业人员，做到人人关心项目安全生产，个个参加项目安全管理，达到"群查群治"的目的。

（2）缺点。

主要缺点是不能进行定量评价。

5. 应用实例

表4-2是某厂的"放射性射线探伤作业安全检查表"，是由企业有关人员根据实

际情况编制的，既有针对性，又有科学性，在长期使用中收到了良好的效果。

表 4-2    放射性射线探伤作业安全检查表

| 序号 | 检查内容 | 检查周期 | 检查结果 | |
|------|----------|----------|----------|----------|
| | | | 是（√） | 否（×） |
| 1 | 探伤设备是否安全可靠 | 1次/班 | | |
| 2 | 源导管是否尽量保持平直，不打卷 | 1次/班 | | |
| 3 | 源导管弯曲半径是否大于500mm | 每次使用 | | |
| 4 | 源导管爬坡时与水平面角度不超过30° | 每次使用 | | |
| 5 | 源导管长度必须小于驱动缆长度 | 每次使用 | | |
| 6 | 摇源时是否均匀用力 | 每次使用 | | |
| 7 | 在确认源头返回后才能关闭快门，锁上安全锁，拿下钥匙 | 每次使用 | | |
| 8 | 源导管是否妥善摆放 | 1次/周 | | |
| 9 | 安全钥匙是否有专人保管 | 1次/周 | | |
| 10 | 操作工是否随身携带报警器 | 1次/周 | | |
| 11 | 用伽马射线机探伤必须在屏蔽门关严后方可进行 | 班中检查 | | |
| 12 | 在现场探伤必须经过批准并有专人监护 | 班中检查 | | |
| 13 | 放射源脱落后立即进行安全警戒，严防他人误入 | 班中检查 | | |

注：运用检查表时，主要检查条目内容是否符合风险安全要求的相应要求、处于正常安全状态，做到了条目中的相应要求，在检查结果栏内画"√"，反之画"×"。

检查人：　　　　　　　　　　　检查时间：　　年　月　日

审核人：　　　　　　　　　　　审核时间：　　年　月　日

## 4.2.2    危险性预先分析

危险性预先分析（Preliminary Hazard Analysis，简记为 PHA），又称预先危险分析，是一种定性分析评价系统内危险因素和危险程度的方法。

危险性预先分析是在每项工程项目活动之前，如设计、施工、生产之前，或技术改造后制定操作规程和使用新工艺等情况之前，对系统存在的危险性类型、来源、出现条件、导致事故的后果以及有关措施等，进行概略分析。其目的是辨识系统中存在的潜在危险，确定其危险等级，防止这些危险发展成事故。

危险性预先分析方法对固有系统中采取新的操作方法，接触新的危险性物质、工具和设备时进行分析也比较合适，这是一种简单易行、经济、有效的定性分析方法。

### 1. 危险性的辨识

要对项目系统进行危险性分析，首先要找出系统可能存在的所有危险因素，也就是危险性辨识要解决的问题。所谓危险因素，就是在一定条件下能够导致事故发生的潜在因素。既然危险因素有一定的潜在性，辨识危险因素就需要有丰富的知识和实践经验。为了迅速查出危险因素，可以从以下几方面入手：

（1）从能量转移概念出发。

能量转移论的基本观点是：人的生产活动和生活实践都离不开能量，能量在受控情况下可以做有用功，制造产品或提供服务。一旦失控，能量就会做破坏功，转移到人就造成人员伤亡，转移到物就造成财产损失或环境破坏。能量转移论者认为，事故就是不希望的能量转移的结果。

该理论的原始出发点是防止人身伤害事故。他们认为："生物体（人）受伤害只能是某种能量的转移"，并提出了"根据有关能量对伤亡事故加以分类的方法"。哈登（Haddon）将伤亡分为两类：第一类伤害是由于施加了超过局部或全身性损伤的能量引起的，第二类伤害是由于影响了局部或全身性能量交换引起的。

既然事故来自于能量的非正常转移，那么在对一个系统进行危险因素辨识的时候，首先就要确定系统内存在的各种类型的能源，以及它们存在的部位，正常或不正常转移的方式，从而确定各种危险因素。这就是按第一类伤害的能量类型确定危险因素。其次，还要按第二类伤害考察影响人体内部能量交换的危险因素，如引起窒息、中毒、冻伤等的致害因素。

（2）从人的操作失误考虑。

一个项目系统运行的好坏和安全状况如何，除了机械设备本身的性能、工艺条件外，很重要的因素就是人的可靠性。由于受科技水平和经济状况的限制，多数机械设备还达不到本质安全的要求，因此，在系统运行过程中必然存在不同程度的危险性。这样，人的操作行为的可靠度对系统安全性有着更加重要的影响。然而，人作为系统的组成部分，其失误概率要比机械、电气、电子元件高几个数量级。这就要求在辨识系统可能存在的危险性时，还要从操作标准查找可能偏离正常损伤的危险。在这方面，人机工程、行为科学都有成熟的经验，系统安全分析方法中也有人的差错分析、可操作性研究等可供借鉴。

（3）从外界危险因素考虑。

系统安全不仅取决于系统内部人、机、环境因素及其配合状况，有时还要受系统以外其他危险因素的影响。其中有外界发生事故对系统的影响，如火灾、爆炸；

也有自然灾害对系统的影响，如地震、洪水、雷击、飓风等。尽管外界危险因素发生的可能性很小，但危害却很大。因此，在辨识系统危险性时也应考虑这些因素，特别是处于设计阶段的系统。

2. 危险性等级

在分析系统危险性时，为了衡量危险性的大小及其对系统破坏性的影响程度，可以将各类危险性划分为 4 个等级，见表4-3。

表4-3　危险等级划分

| 级别 | 危险程度 | 可能导致的后果 |
|---|---|---|
| I | 安全的 | 不会造成人员伤亡及系统损坏 |
| II | 临界的 | 处于事故的边缘状态，暂时还不会造成人员伤亡、系统损坏或降低系统性能，但应予以排除或采取控制措施 |
| III | 危险的 | 会造成人员伤亡和系统损坏，要立即采取防范对策措施 |
| IV | 灾难性的 | 造成人员重大伤亡及系统严重破坏的灾难性事故，必须予以果断排除并进行重点防范 |

3. 分析步骤

进行危险性预先分析，一般采取以下几个步骤：

（1）通过经验判断、技术诊断或其他方法调查确定危险源（即危险因素存在于项目哪个子系统中），对所需分析项目系统的制造（生产、实施）目的、物料、装置及设备、工艺过程、操作条件以及周围环境等进行充分详细的调查了解。

（2）根据过去的经验教训及同类行业项目系统的制造（生产、实施）中发生的事故（或灾害）情况，以及对系统的影响、损坏程度，类比判断所要分析的系统中可能会出现的情况，查找能够造成系统故障、物质损失和人员伤害的危险性，分析事故（或灾害）的可能类型。

（3）对确定的危险源分类，制成预先危险性分析表。

（4）识别转化条件。即研究危险因素转变为危险状态的触发条件和危险状态转变为事故（或灾害）的必要条件，并进一步寻求对策措施，检验对策措施的有效性。

（5）进行危险性分级，排列出重点和轻、重、缓、急次序，以便处理。

（6）制定事故（或灾害）的预防性对策措施。

4. 应用实例

危险性预先分析的结果，可直观地列在同一个表格中。以液化石油气火灾、爆炸为例列出危险性预先分析表，见表 4-4。

表 4-4　液化石油气火灾、爆炸危险性预先分析

| 危险因素 | 液化石油气及其残液泄漏，压力容器爆炸 |
|---|---|
| 触发事件（一） | （1）故障泄漏<br>①贮罐、汽化器、管线、阀门、法兰等泄漏或破裂。<br>②贮罐等超装溢出。<br>③机、泵破裂或转动设备、泵密封处泄漏。<br>④罐、器、机、泵、阀门、管道、流量计、仪表等连接处泄漏。<br>⑤罐、器、机、泵、阀门、管道等因质量不好（如制造加工质量、材质、焊接等）或安装不当泄漏。<br>⑥撞击（如车辆撞击、物体掉落）或人为破坏造成罐、器及管线等破裂而泄漏。<br>⑦由自然灾害造成的破裂泄漏，如雷击、台风等。<br>（2）运行泄漏<br>①超温、超压造成破裂、泄漏。<br>②安全阀等安全附件失灵、损坏或操作不当。<br>③垫片撕裂造成泄漏。<br>④骤冷、急热造成罐、器等破裂、泄漏。<br>⑤液化石油气瓶等压力容器未按有关规定及操作规程操作。<br>⑥转动部分不洁摩擦产生高温及高温物件遇易燃物品 |
| 发生条件 | （1）液化石油气浓度达到爆炸极限。<br>（2）液化石油气及其残液遇明火。<br>（3）存在点火源、静电火花、高温物体等引燃、引爆能量 |
| 触发事件（二） | （1）明火<br>①点火吸烟。<br>②烟火。<br>③抢修、检修时违章动火，焊接时未按"十不烧"及有关规定动火。<br>④外来人员带入火种。<br>⑤物质过热引起燃烧。<br>⑥其他火源，如电动机不洁、轴承冒烟着火。<br>⑦其他火灾引发二次火灾等。<br>（2）火花<br>①穿带钉皮鞋。<br>②击打管道、设备产生撞击火花。<br>③电器火花。 |

（续）

| 危险因素 | 液化石油气及其残液泄漏，压力容器爆炸 |
| --- | --- |
| 触发事件（二） | ④电器线路陈旧老化或受到损坏产生短路火花，以及因超载、绝缘烧坏引起明火。<br>⑤静电放电。<br>⑥雷击（直接雷击、雷电二次作用、沿着电气线路或金属管道侵入）。<br>⑦进入车辆未带阻火器等（一般要禁止驶入）。<br>⑧焊、割、打磨产生火花等 |
| 危险因素 | 液化石油气及其残液泄漏，压力容器爆炸 |
| 事故后果 | 液化石油气跑损，人员伤亡，停产，造成严重经济损失 |
| 危险等级 | Ⅳ |
| 防范措施 | （1）控制与消除火源<br>①严禁吸烟、携带火种、穿带钉皮鞋进入易燃易爆区。<br>②动火必须严格按动火手续办理动火证，并采取有效防范措施。<br>③易燃易爆场所使用防爆型电器。<br>④使用不发火的工具，严禁钢质工具敲打、撞击、抛掷。<br>⑤按规定安装避雷装置，并定期进行检测。<br>⑥按规定采取防静电措施。<br>⑦加强门卫，严禁机动车辆进入火灾、爆炸危险区，运送液化石油气的车辆必须配备完好的阻火器，正确行驶，杜绝发生任何故障和车祸。<br>（2）严格控制设备质量及其安装<br>①罐、器、管线、机、泵、阀等设备及其配套仪表要选用质量好的合格产品，并把好质量关、安装关。<br>②管道、压力容器及其仪表等有关设施要按要求进行定期检验、检测、试压。<br>③对设备、管线、机、泵、阀、仪表、报警器、监测装置等要定期进行检查、保养、维修，保持完好状态。<br>④按规定安装电气线路，定期进行检查、维修、保养，保持完好状态。<br>⑤有液化石油气泄漏的场所，高温部件要采取隔热、密闭措施。<br>（3）防止液化石油气及其残液的跑、冒、滴、漏<br>（4）加强管理、严格工艺纪律<br>①禁火区内根据"170号国际公约"和危险化学品安全管理条例张贴作业场所危险化学品安全标签。<br>②杜绝"三违"（违章作业、违章指挥、违反劳动纪律），严守工艺纪律，防止生产控制参数发生变化。<br>③坚持巡回检查，发现问题及时处理，如液位报警器、呼吸阀、压力表、安全阀、防寒保 |

（续）

| 危险因素 | 液化石油气及其残液泄漏，压力容器爆炸 |
|---|---|
| 防范措施 | 温、防腐、联锁仪表、消防及救护设施是否完好，液位报警器是否正常，贮罐、管线、截止阀、自动调节阀等有否泄漏，消防通道、地沟是否畅通等。<br><br>④检修时，特别是液化石油气及其残液贮罐，必须做好与其他部分的隔离（如安装盲板等），并且要彻底清理干净，分析合格后，在有现场监护及通风良好的条件下，方能进行动火等作业。<br><br>⑤检查有否违章、违纪现象。<br><br>⑥加强培训、教育、考核工作。<br><br>⑦防止车辆撞坏管线等设施。<br><br>（5）安全设施要齐全完好<br><br>①安全设施（如消防设施、遥控装置）齐全并保持完好。<br><br>②贮罐安装高、低液位报警器。<br><br>③易燃、易爆场所安装可燃气体检测报警装置 |

为了准确地进行危险性预先分析，对表 4-4 有关栏目的含义及其相互关系予以说明：

（1）危险因素。在一定条件下能够导致事故发生的潜在因素。它是"事故情况"的原因。一般情况下，它不能单独引起事故发生。

（2）触发事件。促使形成危险因素的原因事件。促使某一危险因素形成，可以有若干触发事件，它与事故发生没有直接关系。

（3）发生条件。它是指危险因素形成事故的条件。也就是说，危险因素和形成事故的原因事件都存在的情况下才会发生事故。

## 4.2.3　故障模式影响和危害性分析

故障模式影响分析（Failure Mode Effect Analysis，简记为 FMEA）是项目系统风险分析中重要的分析方法之一。它是由可靠性工程发展起来的，主要分析系统、产品的可靠性和安全性。在项目产品设计过程中，通过对产品各组成单元潜在的各种故障模式及其对产品功能的影响进行分析，并把每一个潜在故障模式按它的严酷程度予以分类，提出可以采取的预防改进措施，以提高产品的可靠性。故障模式影响和危害性分析（Failure Mode Effect and Criticality Analysis，FMECA）是在 FMEA 的基础上再增加一层任务，即判断这种故障模式影响的致命程度有多大，使分析量化。因此，FMECA 可以看成是 FMEA 的扩展与深化。

与 FMECA 相比，可靠性预计和分配是为了使设计的产品满足可靠度要求。但对于所设计的产品是否有潜藏严重的故障并未进行评价，因此需要在可靠性预计和分配基础上进行 FMECA，这样可使设计更合理，考虑更全面。FMECA 是可靠性设计的重要内容，无论在方案论证阶段还是在技术设计阶段都应进行 FMECA。通过 FMECA 可以达到如下目的：

（1）能帮助设计者和决策者从各种方案中选择满足可靠性要求的最佳方案。

（2）保证所有元器件的各种故障模式及影响都经过周密考虑。

（3）能找出对系统故障有重大影响的元器件和故障模式，并分析其影响程度。

（4）有助于在设计审议中对有关措施（如冗余措施）、检测设备等做出客观的评价。

（5）能为进一步定量分析提供基础。

（6）能为进一步更改产品设计提供资料。

1. 故障模式影响分析

（1）分析方法。

FMEA 有以下两种基本方法：

①硬件法。根据产品的功能对每个故障模式进行评价，并对可能发生的故障模式及其影响进行分析。当产品可按设计图及其他工程设计资料明确确定时，一般采用硬件法。

②功能法。认为每个产品可以完成若干功能，而功能可以按输出分类。当产品构成不能明确时，如在产品研制初期，各个部件的设计尚未完成，得不到详细的部件清单、产品原理图及产品装配图，或当产品的复杂程度要求自上而下分析时，一般采用功能法。

具体采用哪一种方法进行分析，取决于设计的复杂程度和可利用信息的多少。对复杂系统进行分析，可以考虑综合采用功能法和硬件法。在此主要讨论硬件法。

（2）FMEA 工作程序。

①FMEA 的列表分析法步骤。

a. 明确系统组成、任务、功能、工作过程和各种工作方法及其使用环境；明确系统可能失效的全部故障（失效）模式，并对系统故障（失效）进行分类、分级。

b. 画出可靠性结构框图。这种框图自系统、子系统一直往下，逐级细分。

c. 列出所有元器件、零部件的各种失效形式（模式）。

d. 填写失效模式影响分析表。表 4-5 为一种典型的 FMEA 表，列出了 FMEA 的基本内容，根据分析的需要可对其进行增补。

表 4-5　　　故障模式影响分析表

初始约定层次　　　　　　　　　任务　　　　　　审核　　　　　　第　页/共　页

约定层次　　　　　　　　　　　分析人员　　　　批准　　　　　　填表日期

| 代码 | 产品或功能标志 | 功能 | 故障模式 | 故障原因 | 任务阶段与工作方式 | 故障影响 | | | 补偿措施 | 严酷度类别 | 发生概率 | 备注 |
| --- | --- | --- | --- | --- | --- | --- | --- | --- | --- | --- | --- | --- |
| | | | | | | 局部影响 | 高一层次影响 | 最终影响 | | | | |
| | | | | | | | | | | | | |

②FMEA 表中各栏目的说明。

a. 代码。被分析产品的代码。

b. 产品或功能标志。记入被分析产品或系统功能的名称。

c. 功能。简要填写产品所需完成的功能。

d. 故障模式。分析人员应确定并说明各产品约定层次中，所有可预测的故障模式，并通过相应框图中给定的功能输出，来确定潜在故障模式。

e. 故障原因。确定并说明与假设的故障模式有关的各种原因。

f. 任务阶段与工作方式。简要说明发生故障的任务阶段与工作方式。当任务阶段可以进一步划分为分阶段时，则应记录更详细的时间，作为故障发生的假设时间。

g. 故障影响。是指每个假设的故障模式对产品使用、功能或状态所导致的后果。除被分析的产品层次外，所分析的故障还可能影响到几个约定的层次。因此，应该评价每一个故障模式对局部的、高一层次的和最终的影响。

h. 故障检测方法。操作人员或维修人员用以检测故障模式的方法。

i. 补偿措施。指出并评价那些能够用来消除或减轻故障影响的补偿措施。

j. 严酷度类别。根据故障影响确定每一故障模式及产品的严酷度类别。

严酷度类别是产品故障造成的最坏潜在后果的度量表示。严酷度一般分为下列四类：

Ⅰ类（灾难的）——是一种会引起人员死亡或系统（设备）毁坏的故障。

Ⅱ类（致命的）——会引起人员的严重伤害、重大经济损失或导致任务失效的系统（设备）严重损坏。

Ⅲ类（临界的）——会引起人员的轻度损害、一定的经济损失或导致任务延迟或降级的系统（设备）轻度损坏。

Ⅳ类（轻度的）——不足以导致人员伤害、一定的经济损失或系统（设备）损坏的故障，但它会导致非计划性维修。

k. 备注。该栏主要记述与其他栏有关的注释及说明。

（3）FMEA 实例分析。

以运载火箭助推器捆绑结构进行 FMEA 分析为例。

①捆绑结构的组成。

运载火箭助推器捆绑结构如图 4-2 所示。主要包括三根前联结杆（CBEO—10，CBEO—20，CBEO—30），一根后联结杆（CBEO—50）。在每根前联结杆中包含两个爆炸螺栓（CBEO—100），后捆绑联结结构中包含一个分离螺母（CBEO—51）。

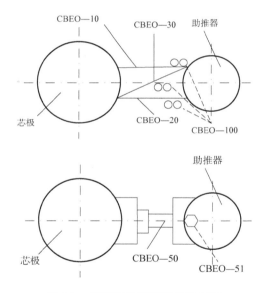

图 4-2　捆绑联结结构组成示意图

②捆绑结构的功能。

a. 功能 1。从运载火箭助推器树立、停放、起飞，直到助推器发动机关机这段任务时间内，保证助推器与芯极的联结，使两者的相对位置符合规定要求，并传递助推器的推力。

b. 功能 2。当接到控制系统发出的分离信号时，三根前联结杆及后捆绑联结结构上的分离装置，应该在规定的时间内爆炸分离，即保证助推器与芯极的分离。

③故障意义：不能按规定的要求完成上述任一项功能均为故障。

④捆绑联结结构的功能图及可靠性框图如图 4-3 和图 4-4 所示。

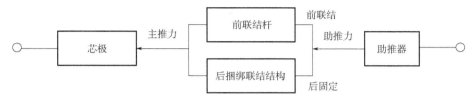

图 4-3　捆绑联结结构的功能图

图 4-4　捆绑联结结构的可靠性框图

⑤捆绑联结结构的前联结杆 FMEA 结果：见表 4-6。由表 4-6 可以看出，联杆断裂、联结杆受压失稳、联结杆提前炸断等故障模式，危害性很大，在设计过程中应该采取有效的措施，以避免火箭发射过程中出现致命的危险。

### 2. 危害性分析

（1）分析方法。

危害性分析（Criticality Analysis，简记为 CA）是按每一故障模式的严酷度类别及故障模式的发生概率所产生的影响对其分类，以便全面地评价各种可能的故障模式的影响。危害性分析是 FMEA 的补充和扩展，没有进行 FMEA，就不能进行危害性分析。

危害性分析有定性分析和定量分析两种方法。定性分析是绘制危害性矩阵；定量分析是计算故障模式危害度 $C_m$ 和产品危害度 $C_r$，并填写危害性分析表。

①定性分析方法。在得不到产品技术状态数据或故障率数据的情况下，可以按故障模式发生的概率来评价 FMEA 中确定的故障模式，将各故障模式的发生概率按规定分成不同的等级。通常按产品工作期间内某一故障模式的发生概率与产品在该期间内总的故障概率的比值 $K$ 的大小来划分：A 级是经常发生的，$K > 20\%$；B 级是有时发生的，$10\% < K < 20\%$；C 级是偶然发生的，$1\% < K < 10\%$；D 级是很少发生的，$K < 0$。

所谓危害性矩阵，就是横坐标为严酷度类别，纵坐标为故障模式发生概率等级或危害度的矩阵图。通过绘制危害性矩阵，可以确定和比较每一种故障模式的危害程度，进而为确定改进措施的先后顺序提供依据。

初始约定层次:运载火箭
约定层次:捆绑结构

任务
分析人员

第 页共 页
填表日期

审核
批准

表 4-6 捆绑联结结构的前联结杆 FMEA 结果

| 代码 | 产品或功能标志 | 功能 | 故障模式 | 故障原因 | 任务阶段与工作方式 | 故障影响 | | | 补偿措施 | 严酷度类别 | 发生概率 | 备注 |
|---|---|---|---|---|---|---|---|---|---|---|---|---|
| | | | | | | 局部影响 | 高一层次影响 | 最终影响 | | | | |
| 23110 | 前联结杆(CBEO—10) | 保证助推器与芯级的联结,传递助推器的分离推力;分离时保证助推器与芯级故障开 | 联结杆断裂 | 材料有严重缺陷或强度不合适 | 起飞阶段 | 联结杆断裂 | 助推器与芯级联结断裂 | 运载火箭发射失败 | 设计中留有足够的安全系数,生产中对材料强度及缺陷要求严格检查 | I(灾难的) | 极少 | |
| | | | 联结杆松动 | 联结螺母松动紧锁不起作用 | 发射飞行阶段 | 联结杆松动 | 助推器有轻微扰动 | 运载火箭有轻微扰动 | 设计上采取防松动措施 | IV(轻微的) | 极少 | |
| | | | 接到分离信号后在规定时间内联结杆没有断开 | 爆炸螺栓未炸开 | 助推器与芯级分离阶段 | 接到分离信号后在规定时间内联结杆没有断开 | 影响推器与芯级正常分离 | 影响将有效载荷送入预定轨道 | 设计上采用冗余措施(每根联结杆上有2个爆炸螺栓) | II(致命的) | 极少 | |
| | | | 联结杆受压失稳 | 材料性能不合格 | 发射飞行阶段 | 联结失稳 | 影响助推器与芯级联结 | 运载火箭发射失败 | 设计中留有足够的安全系数,生产应有严格质量保证及检验 | I(灾难的) | 极少 | |
| | | | 联结杆提前炸断 | 分离筒因静电或雷击误炸 | 飞行阶段 | 联结杆误炸 | 推动助推失去前联结推力不能传输 | 影响火箭飞行任务的完成 | 设计上采取防雷击防静电措施 | II(致命的) | 极少 | |
| | | | 联结杆分离后与芯级箭体残留段与箭体撞击 | 联结杆与连接耳片卡死 | 助推器与芯级分离后阶段 | 联结杆残留段与箭体撞击 | 无影响 | 轻微碰撞箭前壳,降低其承载能力,对完成飞行任务影响不大 | 设计上有卡死装置,总装后应仔细检查 | IV(轻微的) | 极少 | 措施有效性尚待验证 |

②定量分析方法。在具备产品的技术状态数据和故障数据的情况下，采用定量的方法，可以得到更为有效的分析结果。在此主要讨论定量分析的工作程序。

（2）危害性分析工作程序。

危害性分析表的示例见表4-7。表4-7中各栏应按规定填写。

表 4-7　　危害性分析表

初始约定层次　　　　　　　　　　　任　务　　　　审　核　　　　　　　　第　页/共　页
约定层次　　　　　　　　　　　分析人员　　　　批　准　　　　　　　　填表日期

| 代码(1) | 产品或功能标志(2) | 功能(3) | 故障模式(4) | 故障原因(5) | 任务阶段与工作方式(6) | 严酷度类别(7) | 故障概率或故障率数据源(8) | 故障率 $\lambda_p$ (9) | 故障模式频数比 $\alpha_j$ (10) | 故障影响概率 $\beta_j$ (11) | 工作时间 $t$ (12) | 故障模式危害度 $C_{mj}$ (13) | 产品危害度 $C_r$ (14) | 备注(15) |
|---|---|---|---|---|---|---|---|---|---|---|---|---|---|---|
|  |  |  |  |  |  |  |  |  |  |  |  |  |  |  |
|  |  |  |  |  |  |  |  |  |  |  |  |  |  |  |

对表4-7中各栏目的说明如下：

①第（1）～（7）栏。各栏内容与 FMEA 表格中对应栏的内容相同，可把 FMEA 表格中对应栏的内容直接填入危害性分析表中。

②第（8）栏（故障概率或故障率数据源）。当进行定性分析时，应列出故障模式发生概率的等级。若使用故障率数据来计算危害度，则应当列出计算时所使用的故障率数据的来源。当进行定性分析时，则不考虑其余各栏内容，可直接绘制危害性矩阵。

③第（9）栏（故障率 $\lambda_p$）。$\lambda_p$ 可通过可靠性预计得到，或从有关手册及其他参考资料得到。

④第（10）栏（故障模式频数比 $\alpha_j$）。$\alpha_j$ 表示产品将以故障模式 $j$ 发生故障的百分比。如果采用某产品所有（$N$ 个）故障模式，则这些故障模式所对应的各 $\alpha_j$（$j = 1, 2, \cdots, N$）的总和等于1。各故障模式频数比可根据故障率原始数据或试验及使用数据推出。如果没有可利用的故障模式数据，则 $\alpha_j$ 值可由分析人员根据产品功能分析判断得到。

⑤第（11）栏（故障影响概率 $\beta_j$）。$\beta_j$ 是分析人员根据经验判断得到的，它是产品以故障模式 $j$ 发生故障而导致系统任务丧失的条件概率。$\beta_j$ 的值可按以下规定进行定量估计：故障影响为实际丧失，则 $\beta_j = 1$；故障影响为很可能丧失，$0.1 < \beta_j < 1$；故障影响为有可能丧失，$0 < \beta_j < 0.1$；故障影响为无，$\beta_j = 0$。

⑥第（12）栏（工作时间 $t$）。工作时间 $t$ 可以从系统定义导出，通常以产品每次任务的工作小时数或工作循环次数表示。

⑦第（13）栏（故障模式危害度 $C_{mj}$）：$C_{mj}$ 是产品危害度的一部分。对给定的严酷度类别和任务阶段而言，产品的第 $j$ 个故障模式危害度 $C_{mj}$ 的计算公式为

$$C_{mj} = \lambda_p \alpha_j \beta_j t$$

⑧第（14）栏（产品危害度 $C_r$）。一个产品的危害度 $C_r$，是该产品在某一特定的严酷度类别和任务阶段，各种故障模式危害度 $C_{mj}$ 的总和，可按下式计算：

$$C_r = \sum_{j=1}^{n} C_{mj} = \sum_{j=1}^{n} \lambda_p \alpha_j \beta_j t$$

式中　$n$——产品在相应严酷度类别下的故障模式数。

⑨第（15）栏（备注）。该栏记入与各栏有关的补充与说明、有关改进产品质量与可靠件的建议等。

（3）危害性分析实例。

危害度计算要求使用特定的故障率数据和产品技术状态数据。当获得了故障率数据时，产品的危害度是某一特定类型（以严酷度类别表示）的产品故障数。以火箭上某一电子产品为例，其危害度计算如下：

查相应的手册可获得其故障率为 $\lambda_p = 0.3 \times 10^{-6}/h$。

就某一特定任务阶段而言，该产品有两个故障模式属于Ⅱ类严酷度，有一个故障模式属于Ⅲ类严酷度。其故障模式频数比分别为 $\alpha_1 = 0.3$（严酷度为Ⅱ类的第一个故障模式）；$\alpha_2 = 0.2$（严酷度为Ⅱ类的第二个故障模式）；$\alpha_3 = 0.5$（严酷度为Ⅲ类的故障模式）。

假设该任务阶段故障影响概率为 $\beta_1 = \beta_2 = \beta_3 = 1.0$，$t = 10.0h$。求解该任务阶段严酷度为Ⅱ类的 $C_{mj}$ 和 $C_r$。

因为

$$C_r = \sum_{j=1}^{n} C_{mj} = \sum_{j=1}^{n} (10^6 \lambda_p \alpha_j \beta_j t)$$

其中，$10^{-6}$ 为变换系数，由于故障率是以单位小时的故障数确定的，公式乘以 $10^{-6}$，使得 $\lambda_p$ 的单位变换为"每百万小时的故障数"，则 $C_r$ 通常为大于1的数，以

便于填入分析表中。这样做是因为危害度的重要性在于为故障模式提供一个相对顺序，而不是绝对的数值。

则

$$C_{m1} = 10^6 \lambda_p \alpha_1 \beta_1 t = 10^6 \times 0.3 \times 10^{-6} \times 0.3 \times 1.0 \times 10.0 = 0.9$$

$$C_{m2} = 10^6 \lambda_p \alpha_2 \beta_2 t = 10^6 \times 0.3 \times 10^{-6} \times 0.2 \times 1.0 \times 10.0 = 0.6$$

所以该产品的严酷度为 Ⅱ 类的危害度为

$$C_r = \sum_{j=1}^{2} C_{mj} = 0.9 + 0.6 = 1.5$$

## 4.2.4　原因—结果分析

### 1. 概述

在任何事物的产生、发展和消亡的过程中，始终贯穿着因果关系，有因才有果，有果必有因。事故的发生有其充分必要的原因，互相耦合作用，引发事故。

原因—结果分析（Cause Consequence Analysis，简记为 CCA）是事件树和事故树分析结合在一起的分析方法，其模型由事件树和事故树构成。前者逻辑上称为归纳分析法，是一种动态的宏观分析法；后者逻辑上称为演绎分析法，是一种静态的微观分析法。两者各有优缺点，为了充分发挥各自的长处，尽量弥补各自的短处，从而提出了两者相结合的分析方法，即原因—结果分析法。

事件的原因—结果，一般有如下几种形式：

（1）单一连锁型。

前一事件是后一事件的原因，后一事件是前一事件的结果。

以酒后驾车肇事为例，某驾驶员酒后驾车（120km/h），撞上掉头的卡车，来不及躲避，车毁人亡（4 人死亡）。如图 4-5 所示。

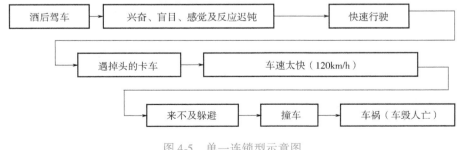

图 4-5　单一连锁型示意图

（2）联合作用型。

若干个各自独立的原因共同作用，产生后面的结果。例如，易燃易爆物的爆炸。

（3）复合型。

由单一连锁与联合作用复合的因果关系。例如，1993 年某厂汽油罐溢出发生爆炸（图4-6）。

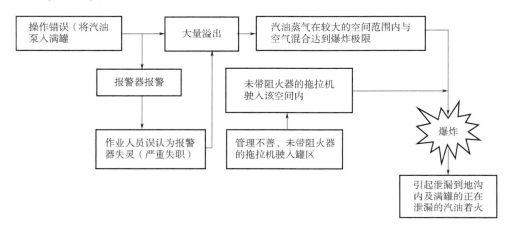

图 4-6　某厂汽油罐溢出发生爆炸示意图

### 2. 因果图

因果图是指一种发现问题"根本原因"的分析方法，可以划分为问题型、原因型及对策型等几类。

### 3. 分析步骤

进行原因—结果分析，其分析步骤如下：

（1）选取一个致命事件作为初始事件，由这一事件开始对于该致命事件所引起的大部分结果进行分析。追踪分析由此在系统内引起的一系列事件链，从而可以从某一初始条件做出事件树图。

（2）在事件树的基础上，将事件树的初始条件和失败的环节事件作为事故树的顶上事件，分别做出事故树图。

（3）根据需要和取得的数据进行定性或定量分析，得到整个系统的安全评价。

### 4. 应用举例

以含硫油品贮罐自燃事故为例，采用原因—结果分析法定性分析由此造成的各种损失。

（1）做出事故树图。

含硫油品贮罐自燃事故树如图 4-7 所示。

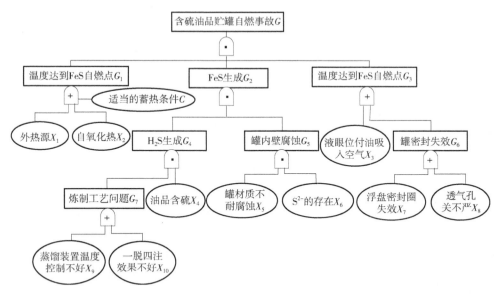

图 4-7　含硫油品贮罐自燃事故树

（2）进行定性分析。

用布尔代数求出含硫油品贮罐自燃事故树的最小割集。

由事故树可知：

$G = G_1 \cap G_2 \cap G_3$，$G_1 = C \cap (X_1 \cup X_2)$，$G_2 = G_4 \cap G_5$，$G_3 = G_6 \cup X_3$，

$G_4 = G_7 \cap X_4$，$G_5 = X_5 \cap X_6$，$G_6 = X_7 \cup X_8$，$G_7 = X_9 \cup X_{10}$，

即

$G = [C \cap (X_1 \cup X_2)] \cap [(X_9 \cup X_{10}) \cap X_4 \cap (X_5 \cup X_6)] \cap (X_7 \cup X_8 \cup X_3)$

$= CX_1X_3X_4X_5X_6X_9 + CX_1X_3X_4X_5X_6X_{10} + CX_2X_3X_4X_5X_6X_9 + CX_2X_3X_4X_5X_6X_{10} +$

$CX_1X_4X_5X_6X_8X_9 + CX_1X_4X_5X_6X_8X_{10} + CX_2X_4X_5X_6X_8X_9 + CX_2X_4X_5X_6X_8X_{10} +$

$CX_1X_4X_5X_6X_7X_9 + CX_1X_4X_5X_6X_7X_{10} + CX_2X_4X_5X_6X_7X_9 + CX_2X_4X_5X_6X_7X_{10}$

每一个最小割集表示事故发生的一种可能形式，共有 12 个最小割集：

$\{C, X_1, X_3, X_4, X_5, X_6, X_9\}$、$\{C, X_1, X_3, X_4, X_5, X_6, X_{10}\}$、

$\{C, X_2, X_3, X_4, X_5, X_6, X_9\}$、$\{C, X_2, X_3, X_4, X_5, X_6, X_{10}\}$、

$\{C, X_1, X_4, X_5, X_6, X_8, X_9\}$、$\{C, X_1, X_4, X_5, X_6, X_8, X_{10}\}$、

$\{C, X_2, X_4, X_5, X_6, X_8, X_9\}$、$\{C, X_2, X_4, X_5, X_6, X_8, X_{10}\}$、

$\{C, X_1, X_4, X_5, X_6, X_7, X_9\}$、$\{C, X_1, X_4, X_5, X_6, X_7, X_{10}\}$、

$\{C, X_2, X_4, X_5, X_6, X_7, X_9\}$、$\{C, X_2, X_4, X_5, X_6, X_7, X_{10}\}$

从各个最小割集可见：基本事件 $X_4$（油品含硫）、基本事件 $X_5$（罐材质不耐腐蚀）、基本事件 $X_6$（$S^{-2}$ 的存在）在每一个最小割集（事故模式）中都出现，说明这 3 个基本事件（事故致因）是导致含硫油品贮罐自燃事故的关键因素，并且条件 $C$（适当的蓄热条件）是此类事故发生的必要条件，只要控制这 3 个事故因素和条件 $C$，就能有效防止此类事故的发生。

## 4.2.5　对应工程子项目风险分析模型

对应子项目风险分析模型就是根据将过程风险识别的过程风险因素、过程风险特征（失败率、可能性、可控性）与某个该过程的 WBS（工作分解结构）对应起来考虑，建立过程风险分析模型，并以此作为过程风险定性分析和评估的主要工具。以下以舰船建造生产准备阶段的过程风险因素分析为例来说明。

生产准备阶段主要进行钢材备料以及原材料预处理，工艺准备和工夹具制作，新材料、新工艺试验，船体放样与样板制作，铸锻件、自制件、外协件等完整件采办等。由此可以看出，该阶段已经有了比较成熟的科技成果，比如样品、样机、新工艺、新方法、新材料和新流程等。但是，还需要在原来的基础上对上述产品的雏形进行二次开发，此阶段的投资急剧增加，所需要的资源呈正向增长的趋势。因此，该阶段的过程风险主要包括焊接风险、图纸边设计边研究边施工风险（三边风险）、生产设计风险、技术风险、合同风险、范围风险、组织管理风险和人员素质风险等。

生产准备阶段的风险因素包括以下几个：

（1）焊接风险。它是指在生产准备阶段中由于焊接技术、焊接材料等所发生的风险。

（2）图纸边设计边研究边施工风险（三边风险）。它是指在生产准备阶段中实施同时设计、同时研究、同时施工而造成的风险。

（3）生产设计风险。它是指生产准备阶段能否根据舰船建造的详细设计图，制定出适合舰船制造厂的基本条件所需要的生产工艺、生产流程。

（4）技术风险。它是指生产准备阶段设计要求的技术比较高，而工厂的技术设施达不到，生产不出需要的产品；采用新技术，因为技术不成熟，造成技术不能固化，影响造船的进度；人员素质较差，不能理解设计的技术要求，影响产品的生产；技术具有技术或者性能局限，从而危及项目；技术要素不容易集成；技术未经证实，导致不能满足客户和项目需要；原材料预处理技术不满足技术要求；原材料采用低型号材料，导致强度等级不一致；船体放样与样板制作技术不满足质量要求；新材料不满足要求；采用的新工艺不可行等。

（5）合同风险。它是指生产准备阶段由于履行合同而发生的风险。

（6）范围风险。它是指生产准备阶段由于范围发生变更而发生的风险。

（7）组织管理风险。它是指生产准备阶段的准备工作能否科学、合理地进行组织。

（8）人员素质风险。它是指生产准备阶段由于施工队伍的人员素质比较差而导致的风险。

从舰船建造过程的整体上来讲，该阶段的薄弱环节比较多，主要表现在建造费用、所需技术、人才和支撑环境等能否适应舰船建造的要求，是目前舰船建造过程中发生风险的主要隐患来源。生产准备阶段的风险因素识别与分析使用模型如图4-8所示。

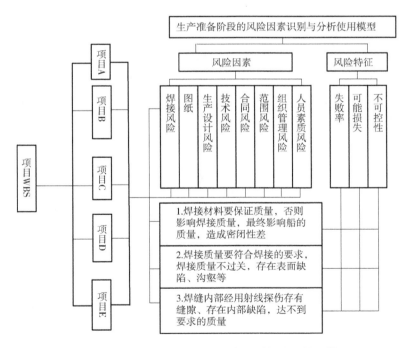

图 4-8　生产准备阶段的风险因素识别与分析使用模型

## 4.2.6　工程项目过程风险的"严重性—可能性"矩阵划分等级法

过程风险划分等级法是进行过程风险定性分析和评估，并且对过程风险进行分级的理想办法。该方法是将决定故障事件的过程风险的严重性和可能性两种因素分别作为横轴和纵轴，并按其特点划分为相应的等级，形成一种过程风险评价矩阵。

1. 过程风险的严重性

过程风险的严重性等级给出了过程风险严重程度定性的度量，分为灾难的、严重的、中度的、轻度的和轻微的 5 个等级。对于具体的过程系统应该根据其过程风险的标准进行划分和打分。

2. 过程风险的可能性

过程风险的可能性等级给出了发生过程的可能程度的定性度量。对于具体的过程系统，应该明确规定几乎肯定、很可能、中等、很少、极少发生等。

3. 过程风险评价矩阵

为决定采取什么措施解决识别的过程风险，必须制定有关过程风险水平的评价系统。有效的过程风险评价模型能使决策者恰当地了解有关过程风险程度与将过程风险减少到可接受水平。

以过程风险的严重性等级为横轴，过程风险的可能性等级为纵轴，做出过程风险的评价矩阵系统。确定过程风险的等级可以采用定性分析的过程风险评价矩阵来确定。表 4-8 给出了过程风险的评价表模板，可以用于得出定性的过程风险的等级，用以确定采取的解决措施。

表 4-8　过程风险评价矩阵

| 可能性分级 | 后果严重性分级 | | | | |
|---|---|---|---|---|---|
| | Ⅰ（灾难的） | Ⅱ（严重的） | Ⅲ（中度的） | Ⅳ（轻度的） | Ⅴ（轻微的） |
| A（几乎肯定） | 重大风险 | 重大风险 | 重大风险 | 高风险 | 高风险 |
| B（很可能） | 重大风险 | 重大风险 | 重大风险 | 高风险 | 中等风险 |
| C（中等） | 重大风险 | 重大风险 | 高风险 | 中等风险 | 低风险 |
| D（很少） | 重大风险 | 高风险 | 中等风险 | 低风险 | 低风险 |
| E（极少发生） | 高风险 | 高风险 | 中等风险 | 低风险 | 低风险 |

4. 控制过程风险的建议方案

表 4-8 所示过程风险评价矩阵中的 Ⅰ—A、Ⅱ—A、Ⅲ—A、Ⅰ—B、Ⅱ—B、Ⅲ—B、Ⅰ—C、Ⅱ—C 和 Ⅰ—D 的过程风险等级为重大风险，是不可以接受的，应该立即行动，制定措施，解决过程风险问题。

表 4-8 所示过程风险矩阵中的 Ⅳ—A、Ⅴ—A、Ⅳ—B、Ⅲ—C、Ⅱ—D、Ⅰ—E

和 Ⅱ—E 的过程风险等级为高风险，也是不可以接受的，应该立即行动，制定措施，解决过程风险问题。

表 4-8 所示过程风险矩阵中的 Ⅴ—B、Ⅳ—C、Ⅲ—D 和 Ⅲ—E 的过程风险等级为中等风险，需要时刻跟踪。

表 4-8 所示过程风险矩阵中的 Ⅴ—C、Ⅳ—D、Ⅴ—D、Ⅳ—E 和 Ⅴ—E 的过程风险等级为低风险，是可以接受的。

# 第 5 章　重大工程系统过程风险性定量分析

## 5.1　事件树分析

### 5.1.1　事件树分析与决策论

事件树分析（Event Tree Analysis，简记为ETA）是安全系统工程的重要分析方法之一。1974年，美国在耗资300万美元对核电站进行风险评价中，事件树分析曾发挥过重要作用，现在已有许多国家形成了标准化的分析方法。中国也将事件树分析作为对已发生事故进行技术分析的方法而列入国家标准GB 6442—1986《企业职工伤亡事故调查分析规则》之中。

ETA的理论基础是决策论。它与FTA（事故树）正好相反，是一种从原因到结果的自下而上的分析方法。从一个初因事件开始，交替考虑成功与失败的两种可能性，然后再以这两种可能性分别作为新的初因事件，如此继续分析下去，直至找到最后的结果为止。因此，它是一种归纳逻辑树图，事故发生的动态发展过程形象、清晰地贯穿在整个树图中。

### 5.1.2　事故的动态分析

事件树分析的理论基础是马尔可夫概率预测法，马尔可夫多次试验发现，在一个系统的某些构成要素的概率转换过程中，第 $n$ 次结果常取决于前次（$n-1$ 次）的试验结果。事件树分析根据马尔可夫的转移概率认为，任何一起事故都是一连串事件发生和发展的结果，在其中若能抑制住一件或几件事件，就能控制事故的发生。

事故的发生是一个动态过程，是若干事件按时间顺序相继出现的结果，每一个初始事件都可能导致灾难性的后果，但并不一定是必然的后果。因为事件向前发展的每一步都会受到安全防护措施、操作人员的工作方式、安全管理及其他条件的制约。因此，每一阶段都有两种可能性结果，即达到既定目标的"成功"和达不到既定目标的"失败"。

事件树分析从事故的起因事件（或诱发事件）开始，途经原因事件到结果事件为止，每一事件都按"成功"和"失败"两种状态进行分析。成功和失败的分叉点称为歧点，用树枝的上分支作为成功事件，把下分支作为失败事件，按事件发展顺序不断延续分析，直至最后结果，最终形成一个在水平方向横向展开的树形图。显然，有 $n$ 个阶段，就有（$n-1$）个歧点。根据事件发展的不同情况，如果已知每个歧点处成功或失败的概率，就可以计算出各种不同结果的概率。

ETA 的分析步骤如下：

（1）确定初始事件。初始事件一般是指系统故障、设备失效、工艺异常、人的失误等，它们都是事先设想或估计的，与此同时也设定为防止它们继续发展的安全措施、操作人员处理措施和程序等。

安全措施通常包括以下内容：

①能自动对初始事件做出反应的安全系统，如自动停车系统。

②初始事件发生时的报警装置。

③供操作人员做出正确处理的操作规程。

④防止事故进一步扩大的措施。

（2）编制 ETA 图。将初始事件写在左边，各种设定的安全措施按先后顺序填在顶端横栏内。

（3）阐明事故结果。通过 ETA 可得出由初始事件导出的各种事故结果。

（4）定量计算、分级。如果已知各事件的发生概率，即可进行定量计算（设各歧点的失败概率为 $P_i$，则成功概率为 $1-P_i$）。根据定量计算的结果，做出事故严重程度的分级。

## 5.1.3  特点及适用性

事件树分析法可以定性、定量地辨识初始事件发展为事故的各种过程及后果，并分析其严重程度。根据事件树图可在各发展阶段的每一步采取有效措施，使之向成功方向发展。

ETA 是一种图解形式，层次清楚、阶段明显，可以进行多阶段、多因素复杂事件动态发展过程的分析，预测系统中事故发展的趋势。

ETA 既可看成是 FTA 的补充，因此它可以将严重事故的动态发展过程全部揭示出来；也可以看成是 FMEA（故障类型和影响分析）的延伸，在 FMEA 分析了故障类型对于系统以及系统产生的影响的基础上，结合故障发生概率，对影响严重的故障进行定量分析。

事件树分析虽然在系统的风险识别和分析中有很大作用，但目前主要限于定性分析，在定量分析方面还存在一定困难。因为事件树的定量分析是依照马尔可夫转移概率由基本事件的概率求出成功与失败的概率，而基本事件的概率是由既往事故的统计资料求出，或由试验法和专家评估法得出，具有很大的主观偏差。因此，计算出来的成功与失败的概率，在很大程度上只有参考价值而已，不一定能反映客观真实情况，所以事件树的定量分析尚有许多问题需进一步探讨和研究。

ETA 可以用来分析系统故障、设备失效、工艺异常、人的失误等，应用比较广泛。

### 5.1.4　应用实例

1979 年 10 月，日本川崎市某工厂高压装置的回火防止罐在 20.26MPa 下运行时突然爆炸，幸未造成人员伤亡，其 ETA 如图 5-1 所示。

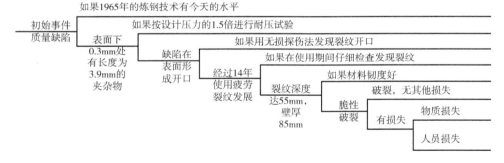

图 5-1　高压装置爆炸事故事件树

## 5.2　事故树（故障树）分析

### 5.2.1　概述

事故树（Fault Tree Analysis，简记为 FTA）也称故障树，是一种描述事故因果关系的有向逻辑"树"，是安全系统工程中重要的分析方法之一。它能对各种系统的危险性进行识别评价，既适用于定性分析，又能进行定量分析，具有简明、形象化的特点，体现了以系统工程方法研究安全问题的系统性、准确性和预测性。FTA 作为安全分析评价、事故预测的一种先进的科学方法，已得到国内外的公认和广泛采用。

1962 年，美国贝尔电话实验室的维森（Watson）提出此法。该法最早用于民兵式导弹发射控制系统的可靠性研究，从而为解决导弹系统偶然事件的预测问题做出了贡献。随之波音公司的科研人员进一步发展了 FTA 方法，使之在航空航天工业方面得到应用。20 世纪 60 年代后期，FTA 由航空航天工业发展到以原子能工业为中心的其他产业部门。1974 年，美国原子能委员会发表了关于核电站灾害性危险性评价报告——拉斯姆逊报告，对 FTA 进行了大量和有效的应用，引起了全世界广泛的关注，目前此法已在国内外许多工业部门得到运用。

FTA 不仅能分析出事故的直接原因，而且能深入提示事故的潜在原因，因此在工程或设备的设计阶段、在事故查询或编制新的操作方法时，都可以使用 FTA 对它们的安全性做出评价。日本劳动省积极推广 FTA 方法，并要求安全人员学会使用该种方法。

从 1978 年起，我国也开始了 FTA 的研究和运用工作。

## 1. 分析步骤

事故树分析是对既定的生产系统或作业中可能出现的事故条件及可能导致的灾害后果，按工艺流程、先后次序和因果关系绘成程序方框图，表示导致灾害、伤害事故（不希望事件）的各种因素之间的逻辑关系。它由输入符号或关系符号组成，用以分析系统的安全问题或系统的运行功能问题，并为判明灾害、伤害的发生途径及其与灾害、伤害之间的关系，提供一种最形象、最简洁的表达形式。

事故树分析的基本程序如下：

（1）熟悉系统。要详细了解系统状态、工艺过程及各种参数，以及作业情况、环境状况等，绘出工艺流程图及布置图。

（2）调查事故。广泛收集同类系统的事故资料，进行事故统计（包括未遂事故），设想给定系统可能要发生的事故。

（3）确定顶上事件。要分析的对象事件即为顶上事件。对所调查的事故进行全面分析，分析其损失大小和发生的频率，从中找出后果严重且较易发生的事故作为顶上事件。

（4）确定目标值。根据经验教训和事故案例，经统计分析后，求出事故发生的概率（频率），作为要控制的事故目标值，计算事故的损失率，采取措施，使之达到可以接受的安全指标。

（5）调查原因事件。全面分析、调查与事故有关的所有原因事件和各种因素，如设备、设施、人为失误、安全管理、环境等。

（6）画出事故树。从顶上事件起，按演绎分析的方法，逐级找出直接原因事件，直到所要分析的深度，按其逻辑关系，用逻辑门将上下层连接，画出事故树。

（7）定性分析。按事故树结构运用布尔代数，进行简化，求出最小割（径）集，确定各基本事件的结构重要度。

（8）求出顶上事件发生概率。确定所有原因发生概率，标在事故树上，并进而求出顶上事件（事故）发生概率。

（9）进行比较。将求出的概率与统计所得概率进行比较，如不符，则返回第（5）条查找原因事件是否有误或遗漏，逻辑关系是否正确，基本原因事件的概率是否合适等。

（10）定量分析。分析研究事故发生概率，如何才能降低事故概率，并选出最优方案。通过重要度分析，确定突破口，可行性强的加强控制，防止事故的发生。

原则上是上述 10 个步骤，在分析时可视具体问题灵活掌握，如果事故树规模很大，可借助计算机进行。目前中国 FTA 一般都考虑到第（7）条进行定性分析为止，也能取得较好效果。

## 2. 符号及其意义

事故树使用布尔逻辑门（与门、或门等）产生系统的故障逻辑模型来描述设备故障和人为失误是如何组合导致顶上事件的。许多事故树模型可通过分析一个较大的工艺过程得到，实际的模型数目取决于危险分析人员选定的顶上事件数，一个顶上事件对应着一个事故模型。事故树分析人员常对每个事故树逻辑模型求解产生故障序列，称为最小割集，由此可导出顶上事件。这些最小割集序列可以通过每个割集中的故障树木和类型定性排序。一般地，含有较少故障数目的割集比含有较多故障数目的割集更可能导致顶上事件。最小割集序列揭示了系统设计、操作的缺陷，对此分析人员应提出可能提高过程安全性的途径。

进行 FTA，需要掌握装置或系统的功能、详细的工艺图和操作程序以及各种故障模式和相应的结果，良好的训练和富有经验的分析人员是有效和高质量运用 FTA 的保证。

事故树的符号及其意义如下：

（1）逻辑门符号。

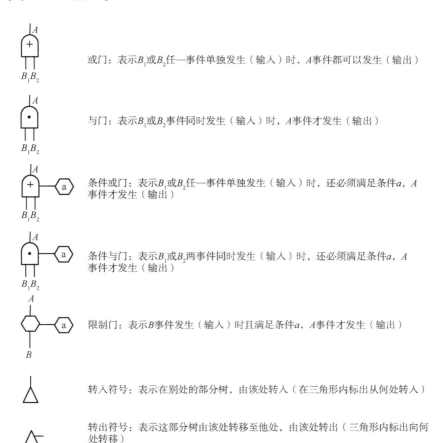

或门：表示$B_1$或$B_2$任一事件单独发生（输入）时，$A$事件都可以发生（输出）

与门：表示$B_1$或$B_2$事件同时发生（输入）时，$A$事件才发生（输出）

条件或门：表示$B_1$或$B_2$任一事件单独发生（输入）时，还必须满足条件$a$，$A$事件才发生（输出）

条件与门：表示$B_1$或$B_2$两事件同时发生（输入）时，还必须满足条件$a$，$A$事件才发生（输出）

限制门：表示$B$事件发生（输入）时且满足条件$a$，$A$事件才发生（输出）

转入符号：表示在别处的部分树，由该处转入（在三角形内标出从何处转入）

转出符号：表示这部分树由该处转移至他处，由该处转出（三角形内标出向何处转移）

（2）事件符号。

顶上事件、中间事件符号，需要进一步往下分析的事件

基本事件符号，不能再往下分析的事件

正常事件符号，正常情况下存在的事件

省略事件，不能或不需要向下分析的事件

## 5.2.2 事故树的编制方法

### 1. 做图规则

事故树的编制过程，是一个严密的逻辑推理过程，应遵循以下规则：

（1）确定顶上事件应优先考虑风险大的事故事件，能否正确选择顶上事件，直接关系到分析的结果，是事故树分析的关键。在系统危险分析的结果中，不希望发生的事件不止一个，每一个不希望发生的事件都可以作为顶上事件。但是，应当把易于发生且后果严重的事件优先作为分析的对象，即顶上事件。当然，也可把发生频率不高但后果严重、后果虽不太严重但发生非常频繁的事故作为顶上事件。

（2）测定边界条件的规则。在确定了顶上事件之后，为了不致使事故树过于复杂、庞大，应明确规定被分析系统与其他系统的界限，以及一些必要、合理的假设条件。

（3）循序渐进的规则。事故树分析是一种演绎的方法，在确定了顶上事件后，要逐级展开。首先，分析顶上事件发生的直接原因，在这一级的逻辑门的全部输入事件已无遗漏地列出之后，再继续对这些输入事件的发生原因进行分析，直至列出引起顶上事件发生的全部基本原因事件为止。

（4）不允许门与门直接相连的规则。在编制事故树时，任何一个逻辑门的输出都必须有一个结果事件，不允许不经过结果事件而将门与门直接相连。只有这样做，才能保证逻辑关系的准确性。

（5）给事故事件下定义的规则。只有明确地给出事故事件的定义及其发生条件，才能正确地确定事故事件发生的原因。给事故事件下定义，就是要用简洁、明了的语句描述事故事件的内涵，即它是什么。

### 2. 手工做图

例如在烧碱生产过程中存在很多流动着高温物料的管道，一旦发生管线泄漏，容易发生烫伤事故，同时该物料对金属设备具有较强的腐蚀性。

把管线泄漏事故作为顶上事件，并把它画在事故树的最上一行，如图 5-2 所示。管线泄漏事故在管道断裂、壁面出现孔洞和阀门垫片开裂的情况下均会发生，因此三个事件中的任何一个发生，均会导致顶上事件的发生，采用"或门"连接。管道断裂可能是由于管道被撞断或者意外事故造成的，因此两者采用"或门"连接，而意外事故的情况较复杂，作为省略事件；管道被撞断可能是由于工人的违章作业或者是马虎大意造成的，因此两者采用"或门"连接。壁面出现孔洞可能是由于壁面本身有砂眼、腐蚀造成的孔洞或管道存在应力裂缝，因此三者采用"或门"连接；管道未刷防腐漆或防腐层发生剥落均会造成腐蚀孔洞，因此两者采用"或门"连接。阀门垫片开裂和垫片的质量、是否失效、选型是否合适和安装受力是否均匀具有关系，因此四者采用"或门"连接。

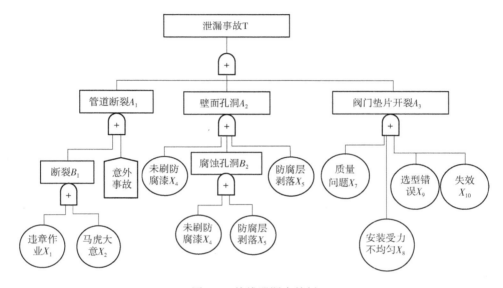

图 5-2　管线泄漏事故树

### 3. 判定表法做图

用判定表法编制事故树图，是根据系统的结构制出各部分输入、输出判定表，然后再按表做出事故树图。判定表法的原型是：系统中的各个部件都是互相关联的。每个部件都有其输入和输出，它们可以是能源、信息、材料，也可以是物理量、化学量，还可以是操作与管理等，这里统称为事件。一个部件的输入事件，是与其相联系的前一个部件的输出事件，而它的输出事件，恰好是下一个有联系的部件的输入事件。对一个部件来说，输入事件被送入该部件之后产生怎样的输出事件，与该部件的状态和所受干扰有关。如果我们选定某一不希望的输出事件作为事故树顶上事件，就可以按照输入输出事件的联系逆向找出所有的原因事件，并按一定的规则和逻辑符号将其连接起来，画成事故树。

## 5.2.3　事故树定性分析

事故树定性分析，是根据事故树确定顶上事件发生的事故模式、原因及其对顶上事件的影响程度，为最经济且最有效地采取预防对策和控制措施，防止同类事故再发生提供依据。

### 1. 布尔代数

由元素 $a$、$b$、$c$…组成的集合 $B$，若在 $B$ 中定义了两个二元运算" $+$ "与" $\cdot$ "，则有

（1）结合律。

$$(a+b)+c=a+(b+c)$$

$$(a \cdot b) \cdot c=a \cdot (b \cdot c)$$

（2）交换律。

$$a+b=b+a$$

$$a \cdot b=b \cdot a$$

（3）分配律。

$$a \cdot (b+c)=(a \cdot b)+(a \cdot c)$$

$$a+(b \cdot c)=a$$

（4）在 $B$ 中存在两个元素 0 与 1，则有：

$$a+0=0+a=a$$

$$a \cdot 1=1 \cdot a=a$$

（5）互补律对于 $B$ 中每个元素 $a$，存在一个相应的元素 $a'$，使得：

$$a+a'=1$$

$$a \cdot a'=0$$

（6）加法等幂律。

$$a+a=a$$

（7）乘法等幂律。

$$a \cdot a=a$$

（8）吸收律。对于 $B$ 中的任意元素 $a$、$b$ 有：

$$a+a \cdot b=a$$

$$a(a+b)=a$$

（9）德·摩根定律。对于 $B$ 中的任意元素 $a$、$b$ 有：

$$(a+b)'=a'b'$$

$$(a \cdot b)'=a'+b'$$

### 2. 事故树的数字表达式

事故树按其事件的逻辑关系，自上（顶上事件开始）而下逐级运用布尔代数展

开，进一步进行整理、化简，以便于进行定性、定量分析。

例如，某事故树如图 5-3 所示。

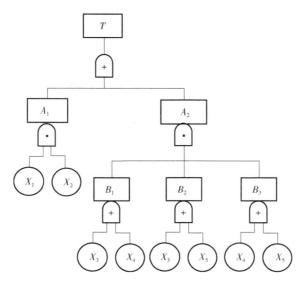

图 5-3　未经简化的事故树

图 5-3 所示为未经简化的事故树，运用布尔代数其结构函数表达式为

$T = A_1 + A_2$

$= A_1 + B_1 B_2 B_3$

$= X_1 X_2 + (X_3 + X_4)(X_3 + X_5)(X_4 + X_5)$

$= X_1 X_2 + X_3 X_3 X_4 + X_3 X_4 X_4 + X_3 X_4 X_5 + X_4 X_4 X_5 + X_4 X_5 X_5 + X_3 X_3 X_5 + X_3 X_5 X_5 + X_3 X_4 X_5$

**3. 最小割集和最小径集**

最小割集和最小径集在 FTA 中有着重要的作用，为有效地、有针对性地控制顶上事件的发生起着重要的主导作用。

（1）最小割集。在事故树中，一组基本事件能造成顶上事件发生，则该组基本事件的集合称为割集。能够引起顶上事件发生的最低限度的基本事件的集合称为最小割集。即如果割集中任一基本事件不发生，顶上事件就绝不发生；一般割集不具备这种性质。

①最小割集的求法。最小割集的求法有行列法、结构法、质数代入法、矩阵法和布尔代数化简法。其中，布尔代数化简法比较简单，但国际上普遍承认行列法。下面对这两种方法加以介绍。

a. 行列法。行列法又称福塞尔法，是 1972 年福塞尔（Fussell）提出的。这种方法的原理是：从顶上事件开始，按逻辑门顺序用下面的输入事件代替上面的输出事件，逐层代替，直到所有基本事件都被代替完为止。在代替过程中，"或门"连接的输入事件纵向列出，"与门"连接的输入事件横向列出。这样会得到若干行基本事件的交集，再用布尔代数化简，就得到最小割集。

下面以如图 5-4 所示的事故树为例，求最小割集。

$$T \rightarrow AB \rightarrow \begin{cases} X_1 B \\ CB \end{cases} \rightarrow \begin{cases} X_1 B \\ X_2 X_3 B \end{cases} \rightarrow \begin{cases} X_1 X_3 \\ X_1 X_4 \\ X_2 X_3 X_3 \\ X_2 X_3 X_4 \end{cases} \rightarrow \begin{cases} X_1 X_3 \\ X_1 X_4 \\ X_2 X_3 \end{cases}$$

从顶上事件 $T$ 开始，第一层逻辑门为"与门"，"与门"连接的两个事件横向排列代替 $T$；$A$ 下面的逻辑门为"或门"，连接 $X_1$、$C$ 两个事件，应纵向排列，变成 $X_1 B$ 和 $CB$ 两行；$C$ 下面的"与门"连接 $X_2$、$X_3$ 两个事件，因此 $X_2$、$X_3$ 写在同一行上代替 $C$，此时得到两个交集 $X_1 B$、$X_2 X_3 B$。同理，将事件 $B$ 用下面的输入事件代入，得到四个交集，经化简得两个最小割集。这两个最小割集是：

$$K_1 = \{X_1, X_3\}; K_2 = \{X_1, X_4\}$$

化简后的事故树，其结构如图 5-5 所示，它是图 5-4 的等效树。

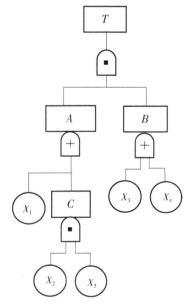

图 5-4　事故树

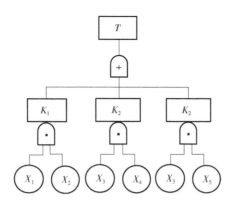

图 5-5 图 5-4 的等效树

由图可见用最小割集表示的事故树，共有两层逻辑门，第一层为或门，第二层为与门。由事故树的等效树可清楚看出事故发生的各种模式。

b. 布尔代数化简法。比较简单的事故树可用布尔代数化简法，它主要是利用布尔代数的几个运算定律。在一个系统中，不安全事件就是安全事件的补事件，不安全事件发生概率用 $P(s)$ 表示，安全事件发生概率用 $P(s')$ 表示，则 $P(s) + P(s') = 1$。

布尔代数化简法求最小割集的步骤是：首先列出事故树的布尔表达式，即从事故树的第一层输入事件开始，"或门"的输入事件用逻辑加表示，"与门"的输入事件用逻辑积表示。再用第二层输入事件代替第一层，第三层输入事件代替第二层，直到事故树全体基本事件都被代替完为止。布尔表达式整理后得到若干个交集的并集，每一个交集就是一个割集。然后再利用布尔代数运算定律化简，就可以求出最小割集。

所谓并集就是把两个集合 $A$ 和 $B$ 的元素合并在一起。如果合并后的元素构成的集合称为 $S$，则 $S$ 是 $A$ 和 $B$ 的并集，记为 $S = A \cup B$ 或 $S = A + B$。

事故树中，或门的输出事件就是所有输入事件的并集。

若两个集合 $A$ 和 $B$ 有公共元素，则公共元素构成的集合 $P$ 称为集合 $A$ 和 $B$ 的交集，记为 $P = A \cap B$ 或 $P = A \cdot B$。

事故树中，与门的输出事件就是其输入事件的交集。

以如图 5-4 所示事故树为例，求其最小割集。

$$T = AB = (X_1 + C)(X_3 + X_4) = (X_1 + X_2X_3)(X_3 + X_4)$$
$$= X_1X_3 + X_2X_3X_3 + X_1X_4 + X_2X_3X_4 = X_1X_3 + X_2X_3 + X_1X_4$$

事故树经布尔代数化简后得到 3 个交集的并集，即此事故树有 3 个最小割集：

$$K_1 = \{ X_1, X_3 \}; \quad K_2 = \{ X_2, X_3 \}; \quad K_3 = \{ X_1, X_4 \}$$

②最小割集的作用。最小割集表示系统的危险性，每个最小割集都是顶上事件发生的一种可能渠道，最小割集的数目越多，危险性越大。

a. 表示顶上事件发生的原因，事故发生必然是某个最小割集中几个事件同时存在的结果。求出事故树全部最小割集，就可掌握事故发生的各种可能，对掌握事故的规律、查明事故的原因提供帮助。

b. 一个最小割集代表一种事故模式。根据最小割集，可以发现系统中最薄弱的环节，直观判断出哪种模式最危险，哪些次之，以及如何采取预防措施。

c. 可以用最小割集判断基本事件的结构重要度，计算顶上事件概率。

d. 由于一个基本事件发生的概率比两个基本事件同时发生的概率要大得多，比三个基本事件同时发生的概率更大……因此，最小割集含有的基本事件越少，发生顶上事件就越有可能，即故障模式危险性大；只有一个基本事件的割集最危险。

（2）最小径集。相反，在事故树中，有一组基本事件不发生，顶上事件就不会发生，这一组基本事件的集合称为径集。径集是表示系统不发生顶上事件而正常运行的模式。同样在径集中也存在相互包含和重复事件的情况，去掉这些事件的径集称为最小径集。也就是说，凡是不能导致顶上事件发生的最低限度的基本事件的集合称为最小径集。在最小径集中，任意去掉一个事件均不称其为径集。事故树有一个最小径集，顶上事件不发生的可能性就有一种。最小径集越多，顶上事件不发生的途径就越多，系统也就越安全。

①最小径集的求法。最小径集的求法是利用最小径集与最小割集的对偶性，首先画事故树的对偶树，即成功树。求成功树的最小割集，就是原事故树的最小径集。成功树的画法是将事故树的"与门"全部换成"或门"，"或门"全部换成"与门"，并把全部事件的发生变成不发生，就是在所有事件上都加"′"，使之变成原事件补的形式。经过这样变换后得到的树形就是原事故树的成功树。

这种做法的原理是根据布尔代数的德·摩根定律。如图 5-6a 所示的事故树，其布尔表达式为

$$T = X_1 + X_2$$

此式表示事件 $X_1$、$X_2$ 任一个发生，顶上事件 $T$ 就会发生。要使顶上事件不发生，$X_1$、$X_2$ 两个事件必须都不发生。那么，在上式两端取补，得到下式：

$$T' = (X_1 + X_2)' = X'_1 X'_2$$

此式用图形表示就是图 5-6b，图 5-6b 是图 5-6a 的成功树。由图 5-6 可见，图中所有事件都变化，逻辑门也由"或门"转换成"与门"。

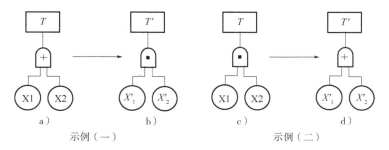

a)　　　　　　　　　b)　　　　　　　　　c)　　　　　　　　　d)

示例（一）　　　　　　　　　　　　示例（二）

图 5-6　事故树变成功树示例

　　同理可知，画成功树的事故树的"与门"要变成"或门"，事件也都要变为原事件补的形式，如图 5-6c、d 所示。

　　"条件与门""条件或门""限制门"的变换方式同上，变换时，把条件作为基本事件处理。

　　下面仍以图 5-4 所示事故树为例求最小径集。首先画出事故树的对偶树——成功树，如图 5-7 所示，求成功树的最小割集。

$$T' = A' + B' = X'_1 C' + X'_3 X'_4 = X'_1 (X'_2 + X'_3) + X'_3 X'_4 = X'_1 X'_2 + X'_1 X'_3 + X'_3 X'_4$$

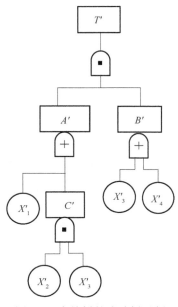

图 5-7　事故树的成功树示例

成功树有三个最小割集，就是事故树的三个最小径集：

$$P_1 = \{X_1，X_2\}；P_2 = \{X_1，X_3\}；P_3 = \{X_3，X_4\}$$

用最小径集表示的事故树结构式为

$$T = (X_1 + X_2)(X_1 + X_3)(X_3 + X_4)$$

同样，用最小径集也可画事故树的等效树，用最小径集画如图5-7所示事故树的等效树，结果如图5-8所示。

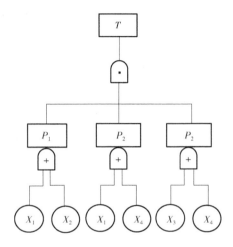

图 5-8　事故树的等效树

用最小径集表示的等效树也有两层逻辑门，与用最小割集表示的等效树比较所不同的是，两层逻辑门符号正好相反。

②最小径集的作用。最小径集在事故树中有着重要的作用，具体如下：

a. 最小径集表示系统的安全性，如事故树中有一个最小径集，则顶上事件不发生的可能性就有一种；最小径集越多，控制顶上事件不发生的方案就越多，系统的安全性就越大。

b. 由最小径集可选择控制事故的最佳方案，如一个事故树中有几个最小径集，那么使顶上事件不发生的方案就有几个。一般来讲，控制最小径集中的基本事件少的比控制最小径集中基本事件多的省工、省时、经济、有效；当然，如果由于经济或技术上的原因难以控制则又当别论，此时应选择其他方案。

c. 利用最小径集可进行结构重要度分析。

4. 结构重要度分析

结构重要度分析，就是不考虑基本事件发生的概率是多少，仅从事故树结构上分析各基本事件的发生对顶上事件的影响程度。

事故树是由众多基本事件构成的，这些基本事件对顶上事件均产生影响，但影响程度是不同的，在制定安全防范措施时必须有先后次序、轻重缓急，以便使系统达到经济、有效、安全的目的。结构重要度分析虽然是一种定性分析方法，但在目前缺乏定量分析数据的情况下，这种分析显得很重要。

结构重要度分析方法归纳起来有两种：一种是计算出各基本事件的结构重要系数，将系数由大到小排列各基本事件的重要顺序；第二种是用最小割集和最小径集近似判断各基本事件的结构重要系数的大小，并排列次序。

（1）由结构重要系数排列事件的重要顺序。下面介绍结构重要系数的求取方法。假设某事故树有几个基本事件，每个基本事件的状态都有以下两种：

$$X = \begin{cases} 0, & \text{表示基本事件状态不发生} \\ 1, & \text{表示基本事件状态发生} \end{cases}$$

已知顶上事件是基本事件的状态函数，顶上事件的状态用 $\Phi$ 表示，$\Phi(x) = (X_1, X_2 \cdots X_n)$，则 $\Phi(x)$ 也有以下两种状态：

$$\Phi(x) = \begin{cases} 0, & \text{表示顶上事件状态不发生} \\ 1, & \text{表示顶上事件状态发生} \end{cases}$$

式中　$\Phi(x)$——事故树的结构函数。

在其他基本事件状态都不变的情况下，基本事件 $X_i$ 的状态从 0 变为 1，顶上事件的状态变化有以下三种情况：

①$\Phi(0_i, x) = 0 \rightarrow \Phi(1_i, x) = 0$

则 $\Phi(1_i, x) - \Phi(0_i, x) = 0$

不管基本事件是否发生，顶上事件都不发生。

②$\Phi(0_i, x) = 0 \rightarrow \Phi(1_i, x) = 1$

则 $\Phi(1_i, x) - \Phi(0_i, x) = 1$

顶上事件状态随基本事件状态的变化而变化。

③$\Phi(0_i, x) = 1 \rightarrow \Phi(1_i, x) = 0$

则 $\Phi(1_i, x) - \Phi(0_i, x) = 0$

不管基本事件是否发生，顶上事件都不发生。

上述三种情况，只有第二种情况是基本事件 $X_i$ 发生，顶上事件也发生，这说明 $X_i$ 事件对事故发生起着重要作用，这种情况越多，$X_i$ 的重要性就越大。

对有多个基本事件构成的事故树，几个基本事件两种状态的组合数为 $2^n$ 个。把

其中一个事件 $X$ 作为变化对象（从 0 变为 1），其他基本事件的状态保持不变的对照组共有 $2^{n-1}$ 个。在这些对照组中属于第二种情况 $\Phi(1_i, x) - \Phi(0_i, x) = 1$ 所占的比例即是 $X_i$ 事件的结构重要系数，用 $I_\Phi(i)$ 表示。可以用下式求得：

$$I_\Phi(i) = 1/2^{n-1} \sum \left[ \Phi(1_i, x) - \Phi(0_i, x) \right]$$

下面以如图 5-9 所示的事故树为例，说明各基本事件结构重要系数的求法。

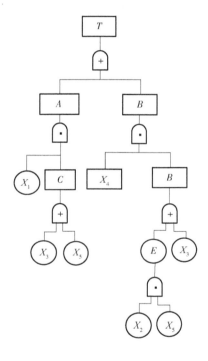

图 5-9　事故树图

此事故树有 5 个基本事件，按照二进制列出所有基本事件两种状态的组合数，共有 $2^5 = 32$ 个，这些组合列于表 5-1。为便于对照，将 32 组分左右两部分各占 16 组，然后根据事故树图或最小割集确定 $\Phi(0_i, x)$ 和 $\Phi(1_i, x)$ 的值，以 0 和 1 两种状态表示。

由表 5-1 中基本事件状态值与顶上事件状态值可见，$X_i$ 在左半部的状态值都为 0，右半部都为 1，右半部和左半部对应找出 $\Phi(1_i, x) - \Phi(0_i, x) = 1$ 的组合，共有 7 个，因此基本事件 $X_i$ 的结构重要系数为

$$I_\Phi(1) = 7/2^5 - 1 = 7/16$$

表 5-1　基本事件状态值与顶上事件状态值

| $X_1$ | $X_2$ | $X_3$ | $X_4$ | $X_5$ | $\Phi(0_i, x)$ | $X_1$ | $X_2$ | $X_3$ | $X_4$ | $X_5$ | $\Phi(1_i, x)$ |
|---|---|---|---|---|---|---|---|---|---|---|---|
| 0 | 0 | 0 | 0 | 0 | 0 | 1 | 0 | 0 | 0 | 0 | 0 |
| 0 | 0 | 0 | 0 | 1 | 0 | 1 | 0 | 0 | 0 | 1 | 1 |
| 0 | 0 | 0 | 1 | 0 | 0 | 1 | 0 | 0 | 1 | 0 | 1 |
| 0 | 0 | 0 | 1 | 1 | 0 | 1 | 0 | 0 | 1 | 1 | 1 |
| 0 | 0 | 1 | 0 | 0 | 0 | 1 | 0 | 1 | 0 | 0 | 1 |
| 0 | 0 | 1 | 0 | 1 | 0 | 1 | 0 | 1 | 0 | 1 | 1 |
| 0 | 0 | 1 | 1 | 0 | 1 | 1 | 0 | 1 | 1 | 0 | 1 |
| 0 | 1 | 1 | 1 | 1 | 1 | 1 | 0 | 1 | 1 | 1 | 1 |
| 0 | 1 | 0 | 0 | 0 | 0 | 1 | 1 | 0 | 0 | 0 | 0 |
| 0 | 1 | 0 | 0 | 1 | 0 | 1 | 1 | 0 | 0 | 1 | 1 |
| 0 | 1 | 0 | 1 | 0 | 0 | 1 | 1 | 0 | 1 | 0 | 0 |
| 0 | 1 | 0 | 1 | 1 | 1 | 1 | 1 | 0 | 1 | 1 | 1 |
| 0 | 1 | 1 | 0 | 0 | 0 | 1 | 1 | 1 | 0 | 0 | 0 |
| 0 | 1 | 1 | 0 | 1 | 0 | 1 | 1 | 1 | 0 | 1 | 1 |
| 0 | 1 | 1 | 1 | 0 | 1 | 1 | 1 | 1 | 1 | 0 | 1 |
| 0 | 1 | 1 | 1 | 1 | 1 | 1 | 1 | 1 | 1 | 1 | 1 |

$$I_\Phi(2) = 1/16$$

同理可得出：
$$I_\Phi(3) = 7/16$$
$$I_\Phi(4) = 5/16$$
$$I_\Phi(5) = 5/16$$

按各基本事件 $I_\Phi$ 值的大小排列起来，其结果为

$$I_\Phi(1) = I_\Phi(3) > I_\Phi(4) = I_\Phi(5) > I_\Phi(2)$$

用计算基本事件结构重要系数的方法进行结构重要度分析，其结果较为精确，但很复杂。特别当事故树比较庞大、基本事件个数比较多时，要排列为 $2^n$ 个组合是很困难的，有时即使是使用计算机也难以进行。

（2）由最小割（径）集排列事件的重要顺序。结构重要度分析的另一种方法是用最小割集或最小径集近似判断各基本事件的结构重要系数。这种方法虽然精确度比用求结构重要系数法差一些，但操作简便，因此目前应用较多。用最小割集或最小径集近似判断结构重要系数的方法也有几种，这里只介绍其中的一种。

①单事件最小割（径）集中基本事件结构重要系数最大。

例如，某事故树有 3 个最小径集：

$$P_1 = \{X_1\}；P_2 = \{X_2，X_3\}；P_3 = \{X_4，X_5，X_6\}$$

第一个最小径集只含一个基本事件 $X_1$，按此原则 $X_1$ 的结构重要系数最大。

$$I_\Phi(1) > I_\Phi(i)，i = 2，3，4，5，6$$

②仅出现在同一个最小割（径）集中的所有基本事件结构重要系数相等。

例如，上述事故树 $X_2$，$X_3$ 只出现在第二个最小径集，在其他最小径集中都未出现，所以 $I_\Phi(2) = I_\Phi(3)$，同理 $I_\Phi(4) = I_\Phi(5) = I_\Phi(6)$。

③仅出现在基本事件个数相等的若干个最小割（径）集中的各基本事件结构重要系数依出现次数而定，即出现次数少，其结构重要系数小；出现次数多，其结构重要系数大；出现次数相等，其结构重要系数相等。

例如，某事故树有 3 个最小割集：

$$K_1 = \{X_1，X_2，X_3\}；K_2 = \{X_1，X_3，X_4\}；K_3 = \{X_1，X_4，X_5\}$$

此事故树有 5 个基本事件，都出现在含有 3 个基本事件的最小割集中。$X_1$ 出现 3 次，$X_3$、$X_4$ 出现 2 次，$X_2$、$X_5$ 只出现 1 次，按此原则：

$$I_\Phi(1) > I_\Phi(3) = I_\Phi(4) > I_\Phi(5) = I_\Phi(2)$$

④两个基本事件出现在基本事件个数不等的若干个最小割（径）集中，其结构重要系数依下列情况而定：

a. 若它们在各最小割（径）集中重复出现的次数相等，则在少数事件最小割（径）集中出现的基本事件结构重要系数大。

例如，某事故树有 4 个最小割集：

$$K_1 = \{X_1，X_3\}；K_2 = \{X_1，X_4\}；K_3 = \{X_2，X_4，X_5\}；K_4 = \{X_2，X_5，X_6\}$$

$X_1$，$X_2$ 这 2 个基本事件都出现 2 次，但 $X_1$ 所在的 2 个最小割集都含有 2 个基本事件，而 $X_2$ 所在的 2 个最小割集都含有 3 个基本事件，所以 $I_\Phi(1) > I_\Phi(2)$。

b. 若它们在少事件最小割（径）集中出现次数少，在多事件最小割（径）集中出现次数多，以及其他更为复杂的情况，可用下列近似判别式计算：

$$\sum I(i) = \sum_{X_i \in K_j} \frac{1}{2^{n_i - 1}}$$

式中　$I(i)$——基本事件 $X_i$ 结构重要系数的近似判别值，$I_\Phi(i)$ 大则 $I(i)$ 也大；

$\quad\quad X_i \in K_j$——其中事件 $X_i$ 属于 $K_j$ 最小割（径）集；

$\quad\quad n_i$——基本事件 $X_i$ 所在最小割（径）集中包含基本事件的个数。

假设某事件树共有 5 个最小径集：

$P_1 = \{X_1, X_3\}$；$P_2 = \{X_1, X_4\}$；$P_3 = \{X_2, X_4, X_5\}$；$P_4 = \{X_2, X_5,$
$X_6\}$；$P_5 = \{X_2, X_6, X_7\}$

基本事件 $X_1$ 与 $X_2$ 比较，$X_1$ 出现 2 次，但其所在的 2 个最小径集都含有 2 个基本事件；$X_2$ 出现 3 次，所在的 3 个最小径集都含有 3 个基本事件，根据这个原则判断：

$$I(1) = 1/2^{2-1} + 1/2^{2-1} = 1$$
$$I(2) = 1/2^{3-1} + 1/2^{3-1} + 1/2^{3-1} = 3/4$$

由此可知：

$$I_\Phi(1) > I_\Phi(2)$$

利用上述四条原则判断基本事件结构重要系数大小时，必须从第一条至第四条按顺序进行，不能单纯使用近似判别式，否则会得到错误的结果。

用最小割集或最小径集判断基本事件结构重要顺序其结果应该是一样的，选用哪一种要视具体情况而定。一般来说，最小割集和最小径集哪一种数量少就选哪一种，这样对包含的基本事件容易比较。例如，如图 5-9 所示事故树含 4 个最小割集：

$K_1 = \{X_1, X_3\}$；$K_2 = \{X_1, X_5\}$；$K_3 = \{X_3, X_4\}$；$K_4 = \{X_2, X_4, X_5\}$

3 个最小径集：

$$P_1 = \{X_1, X_4\}$；$P_2 = \{X_1, X_2, X_3\}$；$P_3 = \{X_3, X_5\}$$

显然用最小径集比较各基本事件的结构重要顺序比用最小割集方便。

根据以上四条原则判断：$X_1$、$X_3$ 都各出现 2 次，且 2 次所在的最小径集中基本事件个数相等，所以 $I_\Phi(1) = I_\Phi(3)$，$X_2$、$X_4$、$X_5$ 都各出现 1 次，但 $X_2$ 所在的最小径集中基本事件个数比 $X_4$、$X_5$ 所在最小径集的基本事件个数多，故 $I_\Phi(4) = I_\Phi(5) > I_\Phi(2)$，由此得出各基本事件的结构重要顺序为

$$I_\Phi(1) = I_\Phi(3) > I_\Phi(4) = I_\Phi(5) > I_\Phi(2)$$

在这个例子中，近似判断法与精确计算各基本事件结构重要系数方法的结果是相同的。

分析结果说明：仅从事故树结构来看，基本事件 $X_1$、$X_3$ 对顶上事件发生影响最大，其次是 $X_4$、$X_5$、$X_2$ 对顶上事件影响最小。据此，在制定系统防灾对策时，首先要控制住 $X_1$、$X_3$ 这 2 个危险因素，其次是 $X_4$、$X_5$、$X_2$，要根据情况而定。

基本事件的结构重要顺序排出后，也可以作为制定安全检查表、找出日常管理和重点控制的依据。

## 5.2.4　事故树定量分析

进行事故树的定量分析，需要求出各基本事件发生的概率，可利用最小割集和

最小径集计算顶上事件的发生概率。根据所得结果与预定的目标值进行比较，如超出目标值，就应采取相应的安全对策措施，使之降至目标值以下；如果顶上事件的发生概率及其造成的损失为社会认可，则不必投入更多的人力、物力。

### 1. 概率重要度分析

概率重要度分析是考察各基本事件发生概率的变化对顶上事件发生概率的影响程度。

顶上事件发生概率是一个多重线性函数 $g$，对自变量 $q_i$ 求一次偏导，即可得出该基本事件的概率重要系数 $I_g(i)$：

$$I_g(i) = \frac{\partial g}{\partial q_i}$$

据此，可知每一基本事件如降低其发生概率，可以如何有效地降低顶上事件的发生概率。若所有的基本事件的发生概率都等于 1/2 时，概率重要系数等于结构重要系数。因此对较容易定量计算的事故树，应用此法可以准确求出结构重要系数。

### 2. 临界重要度分析

一般来讲，概率大的基本事件的概率减小比概率小的基本事件的概率减小要容易，而概率重要系数并未反映此特性。

临界重要系数 $CI_g(i)$ 是从敏感度及自身发生概率的双重角度来考察各基本事件的重要度标准。因此，它是从本质上反映事故树中各基本事件的重要程度，更为科学、合理。

临界重要度的定义为

$$CI_g(i) = \frac{\partial \ln g}{\partial \ln q_i}$$

由偏导数公式变换得

$$CI_g(i) = \frac{q_i}{g} I_g(i)$$

## 5.2.5  事故树分析的局限性

事故树分析法常用于直接经验较少的风险识别与分析，主要优点是比较全面地分析了所有故障原因，包括人为因素，因而包罗了系统内外所有失效机理；比较形象化，直观性较强。不足之处是，该方法应用于复杂大系统时容易产生遗漏和错误。

## 5.2.6  应用实例

以高处坠落为例，进行高处坠落事故树分析。

### 1. 做事故树图

高处坠落事故树如图 5-10 所示。

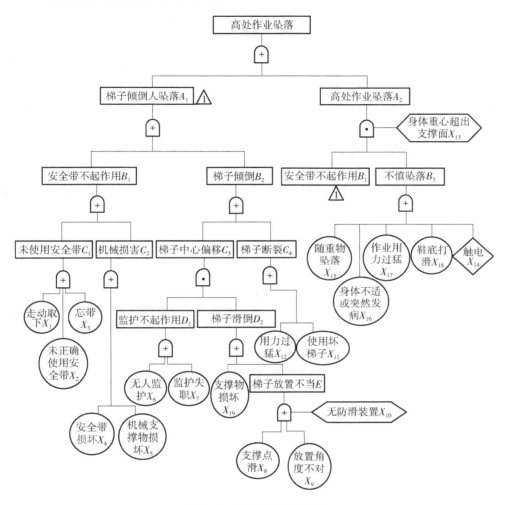

图 5-10　高处坠落事故图

### 2. 定性分析

（1）对事件 $A_1$ 进行定性分析。$A_1$ 最小割集最多有 45 个，比最小径集（只有 4 个）多，所以用最小径集分析比较方便，因此，做出事件 $A_1$ 的成功树如图 5-11 所示。

由此，得

$$A_1' = X_1' X_2' X_3' X_4' X_5' + X_6' X_7' X_{11}' X_{12}' + X_8' X_9' X_{11}' X_{12}' X_{19}' + X_{10}' X_{12}' X_{11}' X_{19}'$$

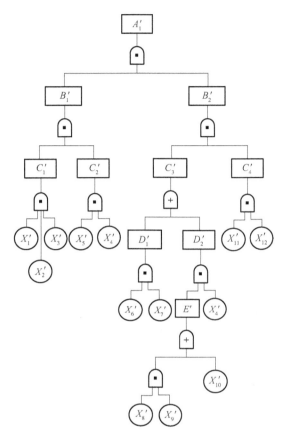

图 5-11  事件 $A_1$ 的成功树

求出 4 个最小径集为

$$P_1 = \{X_1, X_2, X_3, X_4, X_5\};\ P_2 = \{X_6, X_7, X_{11}, X_{12}\};\ P_3$$
$$= \{X_8, X_9, X_{11}, X_{12}, X_{19}\};\ P_4 = \{X_{10}, X_{11}, X_{12}, X_{19}\}$$

（2）对事件 $A_2$ 进行定性分析。同样，在事件 $A_2$ 中，最小割集（有 25 个）多于最小径集（有 3 个），所以做出 $A_2$ 的成功树，求最小径集比较方便。

由此，得

$$A_2' = B_1' + B_3' + X_{13}' = C_1'C_2' + X_{15}'X_{16}'X_{17}'X_{18}'X_{14}' + X_{13}'$$
$$= X_1'X_2'X_3'X_4'X_5' + X_{14}'X_{15}'X_{16}'X_{17}'X_{18}' + X_{13}'$$

求出 3 个最小径集为

$$P_1 = \{X_1, X_2, X_3, X_4, X_5\};\ P_2 = \{X_{14}, X_{15}, X_{16}, X_{17}, X_{18}\};\ P_2 = \{X_{13}\}$$

所以事件 $A_2$ 的成功树如图 5-12 所示。

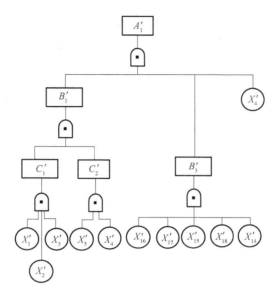

图 5-12　事件 $A_2$ 的成功树

### 3. 定量分析

（1）对事件 $A_1$ 进行定量分析。

①计算 $A_1$ 顶上事件概率。$A_1$ 顶上事件概率 $g$ 为

$$g = [1 - (1 - q_1)(1 - q_2)(1 - q_3)(1 - q_4)(1 - q_5)] \times [1 - (1 - q_6)(1 - q_7)$$
$$(1 - q_{11})(1 - q_{12})] \times [1 - (1 - q_8)(1 - q_9)(1 - q_{11})(1 - q_{19})] \times [1 -$$
$$(1 - q_{10})(1 - q_{12})(1 - q_{11})(1 - q_{19})]$$

将表 5-2 中数值代入公式得

$$g = [1 - (1 - q_1)(1 - q_2)(1 - q_3)(1 - q_4)(1 - q_5)] \times [1 - (1 - q_6)(1 - q_7)$$
$$(1 - q_{11})(1 - q_{12})] \times [1 - (1 - q_8)(1 - q_9)(1 - q_{11})(1 - q_{19})] \times [1 -$$
$$(1 - q_{10})(1 - q_{12})(1 - q_{11})(1 - q_{19})] = 2.18 \times 10^{-4}$$

表 5-2　基本事件发生概率取值

| 代号 | 基本事件名称 | $q_i$ | $1 - q_i$ |
| --- | --- | --- | --- |
| $X_1$ | 走动取下 | 0.22 | 0.78 |
| $X_2$ | 未正确使用安全带 | $10^{-5}$ | 0.99999 |
| $X_3$ | 忘带 | 0.1 | 0.9 |
| $X_4$ | 安全带损坏 | $10^{-4}$ | 0.9999 |
| $X_5$ | 机械支撑物损坏 | $10^{-3}$ | 0.999 |

（续）

| 代号 | 基本事件名称 | $q_i$ | $1 - q_i$ |
|---|---|---|---|
| $X_6$ | 无人监护 | 0.1 | 0.9 |
| $X_7$ | 监护失职 | $10^{-2}$ | 0.99 |
| $X_8$ | 支撑点滑 | $10^{-3}$ | 0.999 |
| $X_9$ | 放置角度不对 | $10^{-2}$ | 0.99 |
| $X_{10}$ | 无防护装置 | 0.7 | 0.3 |
| $X_{11}$ | 使用坏梯子 | $10^{-2}$ | 0.99 |
| $X_{12}$ | 用力过猛 | $10^{-3}$ | 0.999 |
| $X_{13}$ | 身体重心超出支撑面 | $10^{-2}$ | 0.99 |
| $X_{14}$ | 触电 | $10^{-6}$ | 0.999999 |
| $X_{15}$ | 随重物坠落 | $10^{-3}$ | 0.999 |
| $X_{16}$ | 身体不适或突然发病 | $10^{-5}$ | 0.99999 |
| $X_{17}$ | 作业用力过猛 | $10^{-3}$ | 0.999 |
| $X_{18}$ | 鞋底打滑 | $10^{-2}$ | 0.99 |
| $X_{19}$ | 支撑物损坏 | $10^{-4}$ | 0.9999 |

②计算概率重要度。概率重要系数 $I_g(1) \sim I_g(19)$ 计算如下：

$$I_g(1) = \frac{\partial g}{\partial q_i} = 1.65 \times 10^{-3}$$

同理可以得到 $I_g(2) \sim I_g(19)$ 值分别为

$I_g(2) \sim I_g(7) = 1.62 \times 10^{-3}$, $1.80 \times 10^{-3}$, $1.62 \times 10^{-3}$, $1.62 \times 10^{-2}$, $1.80 \times 10^{-3}$, $1.64 \times 10^{-3}$

$I_g(8) \sim I_g(12)$, $I_g(19) = 9.73 \times 10^{-3}$, $9.82 \times 10^{-3}$, $3.07 \times 10^{-4}$, $1.15 \times 10^{-2}$, $1.11 \times 10^{-2}$, $9.82 \times 10^{-3}$

③临界重要度分析。计算临界重要度 $CI_g(1) \sim CI_g(19)$ 如下：

$$CI_g(1) = \frac{\partial \ln g}{\partial \ln q_1} = \frac{q_1}{g} I_g(1) = 1.51 \times 10^{-1}$$

同理可以得到 $CI_g(2) \sim CI_g(19)$ 值分别为

$CI_g(2) \sim CI_g(7) = 7.43 \times 10^{-5}$, $8.26 \times 10^{-1}$, $7.43 \times 10^{-4}$, $7.43 \times 10^{-3}$, $8.26 \times 10^{-1}$, $7.52 \times 10^{-2}$

$CI_g(8) \sim CI_g(12)$, $CI_g(19) = 4.46 \times 10^{-2}$, $4.50 \times 10^{-1}$, $9.86 \times 10^{-1}$, $5.28 \times 10^{-2}$, $5.23 \times 10^{-2}$, $4.50 \times 10^{-3}$ 所以临界重要度的顺序为

$CI_g(10) > CI_g(3) = CI_g(6) > CI_g(11) > CI_g(9) > CI_g(1) > CI_g(7) >$

$$CI_g(12) > CI_g(18) > CI_g(5) > CI_g(19) > CI_g(4) > CI_g(2)$$

（2）对事件 $A_2$ 进行定量分析。

①计算顶上事件概率。$A_2$ 顶上事件概率 $g$ 为

$$g = [1 - (1 - q_1)(1 - q_2)(1 - q_3)(1 - q_4)(1 - q_5)]q_{13} \times$$
$$[1 - (1 - q_{14})(1 - q_{15})(1 - q_{16})(1 - q_{17})(1 - q_{18})]$$

将表 5-2 中数值代入公式得

$$g = [1 - (1 - q_1)(1 - q_2)(1 - q_3)(1 - q_4)(1 - q_5)]q_{13} \times$$
$$[1 - (1 - q_{14})(1 - q_{15})(1 - q_{16})(1 - q_{17})(1 - q_{18})] = 1.43 \times 10^{-5}$$

②计算概率重要度。概率重要系数 $I_g(1) \sim I_g(18)$ 计算如下：

$$I_g(1) = \frac{\partial g}{\partial q_i}I_g(1) = 1.08 \times 10^{-4}$$

同理可以得到 $I_g(2) \sim I_g(18)$ 值分别为

$I_g(2) \sim I_g(5)$，$I_g(13) = 1.06 \times 10^{-4}$，$1.17 \times 10^{-4}$，$1.06 \times 10^{-4}$，$1.06 \times 10^{-4}$，$1.43 \times 10^{-3}$

$I_g(14) \sim I_g(18) = 1.19 \times 10^{-3}$，$1.19 \times 10^{-3}$，$1.19 \times 10^{-3}$，$1.19 \times 10^{-3}$，$1.20 \times 10^{-3}$

③临界重要度分析。计算临界重要度 $CI_g(1) \sim CI_g(18)$ 如下：

$$CI_g(1) = \frac{\partial \ln g}{\partial \ln q_1} = \frac{q_1}{g}I_g(1) = 1.51 \times 10^{-1}$$

同理可以得到 $CI_g(2) \sim CI_g(18)$ 值分别为

$CI_g(2) \sim CI_g(5)$，$CI_g(13) = 7.41 \times 10^{-5}$，$8.18 \times 10^{-1}$，$7.41 \times 10^{-4}$，$7.41 \times 10^{-3}$，$1$

$CI_g(14) \sim CI_g(18) = 8.32 \times 10^{-5}$，$8.32 \times 10^{-2}$，$8.32 \times 10^{-4}$，$8.32 \times 10^{-2}$，$8.39 \times 10^{-1}$

所以临界重要度的顺序为

$$CI_g(13) > CI_g(18) > CI_g(3) > CI_g(1) > CI_g(15) = CI_g(17) > CI_g(5) >$$
$$CI_g(16) > CI_g(14) > CI_g(2)$$

4. 结论

①通过如图 5-10 所示高处坠落事故图分析，或门较多，因此大部分单个事件的发生都有输出，只有少数与门由几个基本事件同时发生才输出。

②造成 $A_1$ 事件有 45 条途径；造成 $A_2$ 事件有 25 条途径。因此，发生顶上事件 $T$（高处作业坠落）的危险性多。

③从最小径集看，不发生 $A_1$ 事件只有 4 条途径；不发生 $A_2$ 事件只有 3 条途径，所以防止发生事故的途径较少。

④$A_1$ 事件发生的概率比 $A_2$ 事件大。

⑤$X_{10}$、$X_3$、$X_6$、$X_{11}$、$X_9$、$X_{13}$、$X_{18}$的发生概率大大下降。

⑥此系统，高处作业坠落事故容易发生，防止事故发生的途径较少。

## 5.3 模糊—事件树—故障树集成分析方法

### 5.3.1 模糊—事件树—故障树集成分析方法概述

随着科学技术的不断发展，人们设计、制造的产品逐渐由低级转向高级，由简单转向复杂，由局部转向整体，涌现出像航天工程、通信工程、舰船建造工程等大型的复杂巨系统。为了能够保证系统正常地运行，系统的安全性、可靠性、风险性已经越来越受到广大科技工作者和投资者的高度重视。

众所周知，复杂巨系统因为某个单个元件损坏而引起的整个系统报废，并造成巨大的经济损失和带来严重的社会影响的情况屡见不鲜。例如美国的"联盟号"航天飞机的爆破，充分说明了后果的严重性。因此，如果要能够保证复杂系统中大型设备具有良好的优异性能，必须要使这些部件具有极高的安全保障，并能对导致严重故障和事故的风险因素进行全面的评价。

然而，由于舰船建造过程、航天工程等系统是一个庞大复杂的巨系统，在建造这些产品时通常难以取得足够的系统数据，因此系统的整个建造过程不可能遵循"设计—试验—修改设计—再试验……"的方法进行产品试制，因而必须极其可靠地"首次设计试验成功"；同时，要避免代价高昂的设计改动或者制造的返工，必须在产品制造前就能够预知产品制造过程中哪个阶段、哪个部件可能要发生危险或者风险，并且更能够预先了解导致这种危险或者风险的关键部件、关键因素是什么，发生的概率是多少等。

故障树分析方法是一种由逻辑代数、图论、概率论、随机过程、数理统计、最优化、算法复杂性等多学科组成，并应用于其他技术领域边缘学科的有效方法；也能够发现复杂系统设计、制造过程中的意外情况和薄弱环节，定性和定量综合集成分析和评价各种事故和故障的过程风险，确立复杂系统的可靠性和安全性；同时，这种技术和方法除了要考虑复杂系统的硬件故障而造成的风险外，还要考虑诸如环境条件、人为失误、软件因素的影响。因此，故障树分析技术和方法是一种定性和定量综合集成分析方法，也是分析复杂系统可靠性、安全性、风险性最有效的工具之一。

然而，故障树分析方法是基于底事件发生概率的精确值，而这种概率的获得要基于两个前提：

（1）事件的概念是明确的。就是事件发生与不发生的界限是明确的，即：

设 $x_i(t)$ 为底事件 $i$ 在时刻 $t$ 所处的状态，用两点分布表示其取值，则对底事件可定义为

$$x_i(t) = \begin{cases} 1, & \text{底事件 } i \text{ 在时刻 } t \text{ 发生} \\ 0, & \text{底事件 } i \text{ 在时刻 } t \text{ 不发生} \end{cases}$$

（2）导致事件发生的因素是一个随机变量。各个随机变量可用一个确定的分布函数来表示，然后用确定的事件发生概率计算模型计算事件发生的概率。

设底事件 $i$ 在时刻 $t$ 发生的概率等于随机事件 $x_i(t)$ 的期望值，所以

$$P_i(t) = E[(x_i(t))] = 0 * P\{x_i(t) = 0\} + 1 * P\{x_i(t) = 1\} = P\{x_i(t) = 1\}$$

由于顶事件的状态是底事件 $x_i(t)$ 的函数，所以

$$Y[X(t)] = \begin{cases} 1, & \text{顶事件在时刻 } t \text{ 发生} \\ 0, & \text{顶事件在时刻 } t \text{ 不发生} \end{cases}$$

因此，顶事件在时刻 $t$ 发生的概率是描述顶事件的随机事件 $Y$ 的期望值，即

$$\begin{aligned} P_Y(t) &= E\{Y[(X(t))]\} = P\{Y[X(t) = 1]\} \\ &= P\{Y[x_1(t), x_2(t), \cdots, x_n(t)] = 1\} \\ &= g[p_1(t), p_2(t), \cdots, p_n(t)] = g[P(t)] \end{aligned}$$

式中，$X(t) = \{x_1(t), x_2(t), \cdots, x_n(t)\}$ 是底事件向量，它表示时刻 $t$ 系统所处的状态。

目前，故障树分析理论和方法要求故障树顶事件和底事件发生的概率具有精确化的特点，但是实际系统情况并非如此，主要有以下几个原因：

①组成系统单元失效的原因是由客观和主观不确定性因素造成的，并具有模糊性。

②大量数据统计而使得概率精确、量化的足够信息不能满足。

③在硬件与软件组成的系统中，由于软件因素、人的因素、相关失效、共同失效等造成系统建模的不确定性。

④在大型复杂系统中，由于人的自信度的影响，各个底事件发生的概率具有模糊性。

针对上述情况，故障树分析（FTA）提出以下两种解决方法：

（1）将底事件发生概率处理成随机变量，用 Monte-Carlo 模拟法、离散概率分

布法来计算顶事件发生的分布函数、范围或者区间估计。

（2）采用模糊数学理论，视底事件发生的概率为模糊数，其隶属度函数为底事件可能性分布函数，即底事件模糊数的隶属度就为 $\lambda$ -截集（模糊区间）内某一模糊值作为该事件发生概率的可能性程度。

上述原因决定传统的故障树分析方法和理论已经不能解决复杂系统中存在的问题，而该方法和理论必须是基于模糊集合理论的模糊数学才能解决问题，因此，针对研发项目过程特征和舰船建造过程复杂系统的特性，本书提出了采用模糊—事件树—故障树综合集成分析方法来研究和解决研发项目和舰船建造过程的复杂系统中风险概率问题是比较合适的理想方法。

20 世纪 80 年代末期和 90 年代初期，国内外学者对模糊故障树分析有了较多的理论和方法研究，并且出现了一些研究成果；但是，经过检索和查新，目前国内采用模糊—事件树—故障树综合集成分析方法来解决舰船建造过程的复杂系统中过程风险概率问题还未见。

模糊—事件树—故障树综合集成分析过程实质上是计算复杂系统中顶事件的概率和进行底事件的重要度分析的过程。在舰船建造过程中，造成顶事件发生的不确定性因素多种多样。由许多不确定性因素表述的事件而造成的顶事件发生，难以用严格的经典数学公式来表示，而可以采用模糊数学的概念给出恰当的叙述。模糊—事件树—故障树分析过程采用定性分析与定量分析相结合的方法来研究舰船建造过程的复杂系统中风险概率问题，其过程包括模糊—事件树—故障树定性分析和定量分析的综合集成过程。因此，分析步骤包括模糊—事件树—故障树定性分析、定量分析以及提出改进措施和方法，制定复杂系统过程风险管理计划、过程风险控制和过程风险应对。

## 5.3.2　模糊—事件树—故障树集成定性分析方法研究

模糊—事件树—故障树集成定性分析方法实质上是基于模糊数学和模糊集合理论的故障树分析方法，是由定性到定量两种方法的综合集成，是解决重大研发项目复杂巨系统的最有效的方法之一。

故障树分析（FTA）是一种由结果到原因的演绎逻辑方法，并且广泛应用于复杂可靠性分析中。然而，FTA 的顶事件的选择是随意，而又缺少明确的规则。

事件树分析（ETA）是一种由原因到结果的演绎逻辑方法，并且应用于连续操作系统的可靠性分析中。然而，ETA 的精确量化是困难的。

因此，FTA 和 ETA 的结合对于克服彼此的缺点、提高系统可靠性分析的质量，无疑是最好的途径。

1. FTA 和 ETA 结合的必要性

（1）FTA 的优势与缺陷。

FTA 是一种图表演绎方法，用于对顶端故障或者顶事件的系统故障进行研究，这种处于连续不同水平的故障逻辑联系是由图表描述的。FTA 拥有直接的可视性和灵活性，并给出定性和定量的结果，从而得到了广泛的应用。

对于加强 FTA 通常的程序是选择顶端故障，建立故障树，引导逻辑和定量分析。然而，在通常的程序中，选择顶端故障是关键。基于经验和初步分析，系统故障可以根据故障类型和强度进行分类。然后，主要故障，也就是典型故障，根据经验可以将较高可能性故障（高风险事件），或者致命故障（重大风险事件）选为FTA 的顶端故障。因此，正确地选择复杂系统的 FTA 的顶端故障是比较困难的。因为许多因素明显影响着这种选择，比如个人意识、丢失重要的故障、由于粗心导致不重要的故障等，顶端不同故障的定义会造成不同的 FTA。顶端故障不同等级造成不同规模的 FTA。顶端故障级别越高，FTA 规模越小。这种情况经常见于中间故障。

由于不确定性，不同的人，由于本身具有了解可靠性规则，可能建立不同的FTA；同样一个人，对于数据和经验来讲，由于具有不同过程的时期，也会建立不同的 FTA。所以，准确地改善建立顶端故障的方法是必要的。

（2）ETA 的优势与缺陷。

ETA 是一种演绎逻辑方法，是一种系统中所有可能出现事件的图表。在图中，从左边到右边，也就是从原因到结果，分支随着 ETA 增加而增加，然后一个水平事件树就建立起来。ETA 的初始事件可能是系统的故障，或者操作模型转换顺序，这种连续的事件就是初始事件的限制性措施，或者系统的连续操作次序。介绍的连续事件的顺序是一定的，并且依赖于系统的设计。分支的一个部分代表着一个组成的事件的一个状态；ETA 的一个分支代表着一个可能的事件次序，并且 ETA 代表着系统所有可能的操作状态。

如果一个初始事件有 $N$ 个事件，并且连续的事件 $i$ 有 $E_i$ 个状态（比如，成功、失败……），然后，ETA 就有 $E_1 \times E_2 \times \cdots \times E_N$ 个事件次序或者分支，这种 ETA 称为完的或者基本的事件。如果一些连续事件不能表示出来，那么分支的数目就会迅速减少，并且把 ETA 称为简化事件树。

对于加强 ETA 的通常程序是定义初始事件，为 ETA 寻找顶端次序，建立和简化 ETA，发现和量化事件次序结果。事件次序的量化是困难的，所以改善量化事件次序的方法是必要的。

（3）FTA 和 ETA 的互补性。

FTA 和 ETA 两种方法具有互补性，主要表现在：

①ETA 能够提供一种关键事件作为 FTA 的顶事件。

②FTA 能够为 ETA 的中间或者顶事件次序的量化提供数值，所以两者的结合是非常明显的。

### 2. FTA 和 ETA 结合的讨论

（1）FTA 和 ETA 结合的基础。

FTA 和 ETA 是彼此既相对又互补的。ETA 是一种由原因到结果的演绎逻辑方法，FTA 是一种由结果到原因的演绎逻辑方法，前者适用于宏观分析，而后者适用于微观分析。

ETA 的故障事件连续结果的结合是 FTA 的顶端故障；ETA 的每一种故障事件连续结果是 FTA 的中间故障。ETA 明确为 FTA 提供顶事件和中间事件。FTA 的是系统深层次的故障机理，并且准确地做出了 ETA 的事件连续的量化值。

（2）FTA 和 ETA 结合的过程。

①定义 ETA 的初始事件，寻找 ETA 的顶端次序，建立 ETA，并且发现事件连续结果。

②对事件连续结果进行分类，分别确定顶端故障和中间故障，建立和估计 FTA。

③为 ETA 提供顶端故障和中间故障发生的概率，并且量化 FTA。

（3）FTA 和 ETA 结合的应用范围。

FTA 和 ETA 的结合适用于复杂系统的可靠性分析，特别适用于操作事件连续的复杂系统。此外，也在其他复杂工程系统的可靠性分析中，特别是风险分析中起着重要的作用。

## 5.3.3　模糊—故障树集成定量分析方法

模糊—故障树定量分析一般包括计算顶事件发生的概率和底事件发生的概率重要度分析，从而根据顶事件发生的概率找出顶事件对应的关键元件或者薄弱环节，进而为降低顶事件发生概率提供有效的改进途径；同时，根据底事件概率重要度的大小确定系统的关键元件或者薄弱环节，从而有针对性地改进系统中的关键元件。一般包括如下步骤：

①根据定性分析中确定的故障树，明确上下级的作用关系，确定下级事件对上级事件的隶属度函数 $\mu_{\tilde{A}}(x)$。

②确定并计算底事件或者最小割集概率。

③确定并计算中间事件、顶事件概率。

④确定底事件或者最小割集重要度，并排序、划分等级。

## 1. 故障树事件模糊隶属度函数的确定

相关定义和定理如下：

定义 1　模糊数 $M$ 为实数域 $R$ 上的凸模糊集，其隶属度函数 $\mu(x)$ 满足：

① $\max\mu(x) = 1, x \in R$。

② $\mu(x)$ 是逐段连续的。

定理 1　一元扩张原理：设 $f:U \to V$，由 $f$ 可以诱导出两个映射：

$$\tilde{f}:F(U) \to F(V)$$

$$f^{\tilde{-1}}:F(V) \to F(U)$$

如果 $\forall \tilde{A} \in F(U)$

$$\tilde{f}(\tilde{A})(v) = \begin{cases} \bigvee_{f(u)=v} \tilde{A}(u), & v \in f(U) \\ 0, & v \notin f(U) \end{cases}$$

如果 $\forall \tilde{B} \in F(V)$

$$f^{\tilde{-1}}(\tilde{B})(u) = \tilde{B}(f(u))$$

则称 $\tilde{f}(\tilde{A})$ 为 $\tilde{A}$ 在 $\tilde{f}$ 之下的象，$f^{\tilde{-1}}(\tilde{B})$ 为 $\tilde{B}$ 在 $\tilde{f}$ 之下的原象。

定理 2　多元扩张原理：设 $f:U_1 \times U_2 \times \cdots \times U_n \to V$，由 $f$ 可以诱导出映射：

$$\tilde{f}:F(U_1) \times F(U_2) \times \cdots \times F(U_n) \to F(V)$$

对于 $\tilde{A}_i \in F(U_i)$ $(i = 1, 2, \cdots, n)$，有

$$\tilde{f}(\tilde{A}_1 \times \tilde{A}_2 \times \cdots \times \tilde{A}_n)(v) = \begin{cases} \bigvee_{f(u_1, u_2, \cdots, u_n)=v} \bigwedge \tilde{A}_i(u_i), & v \in f(\prod_{i=1}^{n} \tilde{A}_i) \\ 0, & v \notin f(\prod_{i=1}^{n} \tilde{A}_i) \end{cases}$$

定理 3　将实变量 $\{x_1, x_2, \cdots, x_n\}$ 的实函数 $Y = \varphi(x_1, x_2, \cdots, x_n)$ 扩张到模糊域，则得到模糊变量 $\{\underset{\sim}{x_1}, \underset{\sim}{x_2}, \cdots, \underset{\sim}{x_n}\}$ 的模糊函数 $\underset{\sim}{Y} = \varphi(\underset{\sim}{x_1}, \underset{\sim}{x_2}, \cdots,$

$x_n$），其隶属度函数为

$$\mu_{\underset{\sim}{Y}}(\gamma) = \underset{\gamma = \varphi(s_1, s_2, \cdots, s_n)}{SUP} \min\left(\mu_{\underset{\sim}{x_1}}(s_1), \mu_{\underset{\sim}{x_2}}(s_2), \cdots, \mu_{\underset{\sim}{x_n}}(s_n)\right)$$

式中，$\mu_{\underset{\sim}{x_1}}(s_1)$，$\mu_{\underset{\sim}{x_2}}(s_2)$，$\cdots$，$\mu_{\underset{\sim}{x_n}}(s_n)$ 为模糊变量的隶属函数。

定义 2  设 $L$、$R$ 为模糊数的参照函数或者基准函数，称模糊数 $M$ 为 $L$-$R$ 型模糊数。

定义 3  模糊数的基准函数

若 $L(x)$ 或者 $R(x)$ 满足：

① $L(x) = L(-x)$，或者 $R(x) = R(-x)$。

② $L(0) = 1$，或者 $R(0) = 1$。

③ $L(x)$ 在 $[0, +\infty]$ 上为减函数，或者 $R(x)$ 在 $[0, +\infty]$ 上为减函数。

则称 $L(x)$ 或者 $R(x)$ 为模糊数的基准函数或者参考函数。

设 $L$、$R$ 为模糊数的基准函数，如果

$$\mu_M(x) = \begin{cases} L\left(\dfrac{m-x}{\alpha}\right), & x \leqslant m, \ \alpha > 0 \\ 1, & x = m \\ R\left(\dfrac{x-m}{\beta}\right), & x \geqslant m, \ \beta > 0 \end{cases}$$

则称模糊数 $M$ 为 $L$-$R$ 型模糊数，记作 $M = (m, \alpha, \beta)_{LR}$，称 $L$、$R$ 分别为左、右基准函数，$\alpha$、$\beta$ 分别为左、右分布，如图 5-13 所示。

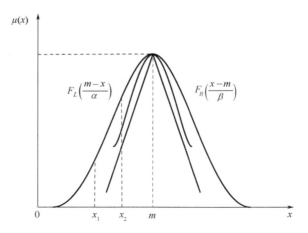

图 5-13  $L$-$R$ 为模糊数的基准函数分布图

*L-R* 型模糊数的基准函数的性质：

由于 $L(x)$ 和 $R(x)$ 在 $[0, +\infty]$ 上为减函数，所以有：

①当 $x \leq m$ ，且 $x_1 \leq x_2$ 时，可得 $\dfrac{m-x_1}{\alpha} \geq \dfrac{m-x_2}{\alpha} \geq 0$ ，所以，$L\left(\dfrac{m-x}{\alpha}\right)$ 在 $x \leq m$ 上是增函数。

②当 $x \geq m$ ，且 $x_1 \leq x_2$ 时，可得 $\dfrac{x_1-m}{\beta} \leq \dfrac{x_2-m}{\beta} \geq 0$ ，所以，$L\left(\dfrac{m-x}{\alpha}\right)$ 在 $x \geq m$ 上是减函数。

③当 $x = x_1 = x_2 = m$ 时，$L(m) = L\left(\dfrac{m-x}{\alpha}\right) = R(m) = R\left(\dfrac{x-m}{\beta}\right) = L(0) = R(0) = 1$

此时：

当 $x \to m^+$ ，$\underset{\lim x \to m^+}{F_L}(m) = 1$ ，在 $x = m$ 处 $L\left(\dfrac{m-x}{\alpha}\right)$ 左连续

当 $x \to m^-$ ，$\underset{\lim x \to m^-}{F_R}(m) = 1$ ，在 $x = m$ 处 $L\left(\dfrac{m-x}{\alpha}\right)$ 右连续

因此，$x = m$ 是基准函数的拐点。

设 $L_1(x) = L\left(\dfrac{m-x}{\alpha}\right)(x < m)$，$R_1(x) = L\left(\dfrac{x-m}{\beta}\right)(x > m)$ ，则 *L-R* 型模糊数为一种有界模糊数，即：$M = (m, \alpha, \beta)_{LR} = (m, L_1(x), R_1(x))$ 。其中，$m$ 为模糊数 $M$ 的均值，$\alpha$、$\beta$ 分别为模糊数 $M$ 的基准函数的左右分布；当 $\alpha$、$\beta$ 为零时，$M$ 不是模糊数；$\alpha$、$\beta$ 越大，$M$ 越模糊。显然，这样定义的模糊数为正规的和逐段连续的凸模糊集，且满足

$$\mu_M(m) = 1$$

常用的 *L-R* 型参照函数或者基准函数和相应分布（图 5-14 ~ 图 5-16）为

线型参照函数或者基准函数：

$$\begin{cases} L\left(\dfrac{m-x}{\alpha}\right) = \max\left\{0, \ 1 - \dfrac{m-x}{\alpha}\right\}, \ x \leq m, \ \alpha > 0 \\ R\left(\dfrac{x-m}{\beta}\right) = \max\left\{0, \ 1 - \dfrac{x-m}{\beta}\right\}, \ x > m, \ \beta > 0 \end{cases}$$

正态型参照函数或者基准函数：

$$\begin{cases} L\left(\dfrac{m-x}{\alpha}\right) = \exp\left[\left(-\dfrac{m-x}{\alpha}\right)^2\right], \ x \leq m, \ \alpha > 0 \\ R\left(\dfrac{x-m}{\beta}\right) = \exp\left[\left(-\dfrac{x-m}{\beta}\right)^2\right], \ x > m, \ \beta > 0 \end{cases}$$

尖型参照函数或者基准函数：

$$\begin{cases} L\left(\dfrac{m-x}{\alpha}\right) = \dfrac{1}{1+\dfrac{m-x}{\alpha}}, & x \leqslant m, \ \alpha > 0 \\[4mm] R\left(\dfrac{x-m}{\beta}\right) = \dfrac{1}{1+\dfrac{x-m}{\beta}}, & x > m, \ \beta > 0 \end{cases}$$

对于线型参照函数或者基准函数，当 $x \leqslant m-\alpha$ 和 $x \geqslant m+\beta$ 时，如果 $\mu = 0$，那么在（$m-\alpha$，$m+\beta$）区间之外的数值不属于该模糊数；对于正态型和尖型参考函数或者基准函数，隶属函数曲线沿函数变量向 $-\infty$ 和 $+\infty$ 无限延伸，说明整个数轴上的任何数总有一定程度隶属于该模糊数。因此，在选择参照函数时，除非底事件发生的概率绝对落在某个范围内，此时应该选择线型参照函数或者基准函数；否则，以选取正态型和尖型参考函数或者基准函数为宜。

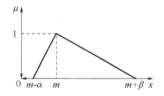 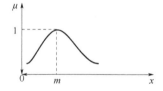 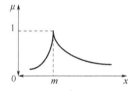

图 5-14　线型参照函数　　　图 5-15　正态型参照函数　　　图 5-16　尖型参照函数

模糊数的代数运算法则如下：

定义 4　设 $*$ 为上的二元运算，扩张运算为

$$(\underset{\sim}{A} * \underset{\sim}{B})(z) = \underset{z=x*y}{\vee} \left(\underset{\sim}{A}(x) \wedge \underset{\sim}{B}(y)\right)$$

其中 $\underset{\sim}{A}, \underset{\sim}{B} \in F(R)$。则扩张加法、扩张减法、扩张乘法和扩张除法运算为

$$(\underset{\sim}{A} + \underset{\sim}{B})(z) = \underset{z=x+y}{\vee} \left[\underset{\sim}{A}(x) \wedge \underset{\sim}{B}(y)\right]$$

$$(\underset{\sim}{A} - \underset{\sim}{B})(z) = \underset{z=x-y}{\vee} \left[\underset{\sim}{A}(x) \wedge \underset{\sim}{B}(y)\right]$$

$$(\underset{\sim}{A} \times \underset{\sim}{B})(z) = \underset{z=x \times y}{\vee} \left[\underset{\sim}{A}(x) \wedge \underset{\sim}{B}(y)\right]$$

$$(\underset{\sim}{A} \div \underset{\sim}{B})(z) = \underset{z=x \div y}{\vee} \left[\underset{\sim}{A}(x) \wedge \underset{\sim}{B}(y)\right]$$

加法：$(m, \ \alpha, \ \beta)_{LR} \oplus (n, \ \gamma, \ \delta)_{LR} = (m+n, \ \alpha+\gamma, \ \beta+\delta)_{LR}$

减法：$(m, \ \alpha, \ \beta)_{LR} \oplus (n, \ \gamma, \ \delta)_{LR} = (m-n, \ \alpha+\gamma, \ \beta+\delta)_{LR}$

乘法：$(m, \ \alpha, \ \beta)_{LR} \otimes (n, \ \gamma, \ \delta)_{LR} \approx (mn, \ m\gamma+n\alpha, \ m\delta+n\beta)_{LR}$，$(m>0, \ n>0)$；

当左右分布 $\alpha$、$\beta$ 较大时（如不小于均值）时，此时采用下列近似公式计算：

$$(m, \ \alpha, \ \beta)_{LR} \otimes (n, \ \gamma, \ \delta)_{LR} \approx (mn, \ m\gamma+n\alpha, \ -\alpha\gamma, \ m\delta+n\beta+\beta\delta)_{LR}$$

除法：$(m, \alpha, \beta)_{LR} / (n, \gamma, \delta)_{LR} \approx \left( \dfrac{m}{n}, \dfrac{m\delta + \alpha n}{n^2}, \dfrac{\gamma m + \beta n}{n^2} \right)_{LR}$

严格来说，两个 L-R 型模糊数相乘或者相除，结果不再是 L-R 型模糊数。

### 2. 模糊算子的选取

模糊故障树逻辑门的输入不再是单值概率，而是隶属度函数，其运算方法不同于概率中"与""或"运算。模糊集的运算是通过对隶属度函数取"与"和"或"的模糊二元运算，称为模糊算子。

模糊算子的选取与扩散性问题密切相关，模糊算子的选择应该以计算结果不确定性小为准则。其中，Zedeh 算子 $\wedge$（min）和 $\vee$（max）使用的比较多，但是相对来说比较粗糙。下面是常见的几种模糊算子。

对于任何 $A, B \in F(U)$，模糊算子定义如下：

Zedeh 算子 $\wedge$（min）和 $\vee$（max）：

$$(\underset{\sim}{A} \cap \underset{\sim}{B})(u) = \min\{\underset{\sim}{A}(u), \underset{\sim}{B}(u)\}$$

$$(\underset{\sim}{A} \cup \underset{\sim}{B})(u) = \max\{\underset{\sim}{A}(u), \underset{\sim}{B}(u)\}$$

概率算子"·"和"+"：

$$(\underset{\sim}{A} \cap \underset{\sim}{B})(u) = \underset{\sim}{A}(u) \cdot \underset{\sim}{B}(u)$$

$$(\underset{\sim}{A} \cup \underset{\sim}{B})(u) = \underset{\sim}{A}(u) + \underset{\sim}{B}(u) - \underset{\sim}{A}(u) \cdot \underset{\sim}{B}(u)$$

有界算子"$\oplus$"和"$\odot$"：

$$(\underset{\sim}{A} \cap \underset{\sim}{B})(u) = \max\{\underset{\sim}{A}(u) + \underset{\sim}{B}(u) - 1, 0\}$$

$$(\underset{\sim}{A} \cup \underset{\sim}{B})(u) = \min\{\underset{\sim}{A}(u) + \underset{\sim}{B}(u), 1\}$$

Einstein 算子"$\overset{\bullet}{\varepsilon}$"和"$\overset{+}{\varepsilon}$"：

$$(\underset{\sim}{A} \cap \underset{\sim}{B})(u) = \frac{\underset{\sim}{A}(u)\underset{\sim}{B}(u)}{1 - (1 - \underset{\sim}{A}(u))(1 - \underset{\sim}{B}(u))}$$

$$(\underset{\sim}{A} \cup \underset{\sim}{B})(u) = \frac{\underset{\sim}{A}(u) + \underset{\sim}{B}(u)}{1 + \underset{\sim}{A}(u)\underset{\sim}{B}(u)}$$

Hamzcher 算子"$\overset{\bullet}{\gamma}$"和"$\overset{+}{\gamma}$"：

$$(\underset{\sim}{A} \cap \underset{\sim}{B})(u) = \frac{\underset{\sim}{A}(u)\underset{\sim}{B}(u)}{\gamma + (1 - \gamma)(\underset{\sim}{A}(u) + \underset{\sim}{B}(u))}$$

$$(\underset{\sim}{A} \cup \underset{\sim}{B})(u) = \frac{\underset{\sim}{A}(u) + \underset{\sim}{B}(u) - (1 - \gamma)\underset{\sim}{A}(u)\underset{\sim}{B}(u)}{\gamma + (1 - \gamma)(1 - \underset{\sim}{A}(u)\underset{\sim}{B}(u))}$$

Yager 算子 "$\overset{\bullet}{y}$" 和 "$\overset{+}{y}$"：

$$(A \cap B)(u) = 1 - \min\{1, [(1 - A(u))^p + (1 - B(u))^p]^{\frac{1}{p}}\}$$

$$(A \cup B)(u) = \min\{1, [(A(u))^p + (B(u))^p]^{\frac{1}{p}}\}$$

强化积算子和强化和算子：

$$(A \cap B)(u) = \begin{cases} A(u), & B(u) = 1 \\ B(u), & A(u) = 1 \\ 0, & \text{otherwise} \end{cases}$$

$$(A \cup B)(u) = \begin{cases} A(u), & B(u) = 0 \\ B(u), & A(u) = 0 \\ 1, & \text{otherwise} \end{cases}$$

综上所述，在工程项目实际应用中，要根据实际情况选取不同的算子。根据有关文献论述，一般情况下，选取 Zedeh 算子 $\wedge$（min）和 $\vee$（max），计算的结果不确定性程度最大；选取强化积算子和强化和算子，计算的结果不确定性程度最小；选取其他算子，计算的结果不确定性程度界于两者之间；但是，计算复杂性要大得多，甚至不能实现。

### 3. 计算顶事件模糊概率的原理和方法

计算顶事件模糊概率的原理和方法有两种：一种是采用逻辑门（或门或者与门）的原理和方法，另一种是采用"与""或"和"非"门结构函数的原理和方法。

（1）逻辑门（或门或者与门）的原理和方法。

①逻辑或门：输入事件中只要有一个或多于一个事件发生，就能使输出事件发生。

设组成故障复杂系统的故障树的所有最小割集 $B_1$，$B_2$，$\cdots$，$B_n$，其中 $n$ 为复杂系统的最小割集总数，基本事件 $B_i$ 的发生概率：

$$Q_i = P(B_i), \quad i = 1, 2, \cdots, n$$

则故障树顶事件 $T$ 发生概率的计算公式为

$$P(T) = P(B_1 \cup B_2 \cup \cdots \cup B_n) = P(\bigcup_{j=1}^{n} B_j) = \sum_{i=1}^{n} P(B_i) - \sum_{i<j=2}^{n} P(B_i \cap B_j) +$$

$$\sum_{i<j<k=3}^{n} P(B_i \cap B_j \cap B_k) + \cdots + (-1)^{n-1} P(B_1 \cap B_2 \cap \cdots \cap B_n)$$

式中，$P(B_1 \cup B_2 \cup \cdots \cup B_n)$ 为输出事件的发生概率。

其中，上式等号右端总数为 $(2^n - 1)$ 项，$B_i$，$B_j$，$B_k$ 分别为 $i$，$j$，$k$ 个最小割集。

②逻辑与门：输入事件中全部发生才能使输出事件发生。

$$P(T) = P(B_1 \cap B_2 \cap \cdots \cap B_n) = P(\bigcap_{j=1}^{n} B_j) = P(B_1)P(B_2)\cdots P(B_n)$$

式中，$P(T) = P(B_1 \cap B_2 \cap \cdots \cap B_n)$ 为输出事件的发生概率。

计算时，从树的底端按次序一步步向树的顶端进行，每一步骤的输出事件发生概率作为其下一步更高一级的输入事件发生概率。

（2）"与""或"和"非"门结构函数的原理和方法。

假设部件 $i$ 的模糊故障概率 $\lambda$ 已知，则根据扩张原理可得顶事件发生的模糊概率的隶属度函数为

$$\mu_{\tilde{P_r}}(y) = \begin{cases} \sup\limits_{x \in \Phi^{-1}(y)} \min[\mu_{P_{\tilde{X_1}}}(x), \cdots, \mu_{P_{\tilde{X_n}}}(x)], & if\Phi^{-1}(y) \neq \phi \\ 0, & \text{otherwise} \end{cases}$$

式中，$\Phi(X)$ 为故障树的结构函数，$\mu_{P_{\tilde{x_i}}}(x)$ $(i = 1, 2, \cdots, N)$ 为部件 $x_i$ 发生模糊概率的隶属度函数，$\mu_{\tilde{P_r}}(y)$ 为顶事件发生的模糊概率的隶属度函数，$N$ 为部件树。

在实际应用中，由于实际系统的复杂性导致求解故障树结构函数 $\Phi(X)$ 的难度很大，要计算得到顶事件模糊概率的精确隶属度函数非常困难。因此，一般利用模糊数区间运算法则来分别计算每一个最小割集的模糊概率隶属度函数，最后再计算顶事件发生的模糊概率的隶属度函数。

故障树经过建造、分析、规范化后，可以成为仅仅含有底事件、结果事件和"与""或"和"非"门三种逻辑门的故障树。

假定 $P_{x_i}$ 是 $x_i$ 的发生概率，则

"与"门结构函数

$$\tilde{P}_Y^{\text{AND}} = \prod_{i=1}^{n} \tilde{P}_{x_i}$$

"或"门结构函数

$$\tilde{P}_Y^{\text{OR}} = 1 - (1 - \tilde{P_{x_1}})(1 - \tilde{P_{x_2}})\cdots(1 - \tilde{P_{x_n}}) = 1 - \prod_{i=1}^{n}(1 - \tilde{P_i})$$

"非"门结构函数

$$\tilde{P}_Y^{\text{NEG}} = 1 - \tilde{P_{x_i}}$$

所以，"与""或"和"非"门底事件发生概率可能性分布如下：

设 $L$、$R$ 为模糊数的基准函数，如果

$$\mu_M(x) = \begin{cases} L\left(\dfrac{m-x}{\alpha}\right), & x \leqslant m, \ \alpha > 0 \\ 1, & x = m \\ R\left(\dfrac{x-m}{\beta}\right), & x \geqslant m, \ \beta > 0 \end{cases}$$

则称模糊数 $M$ 为 $L$-$R$ 型模糊数，记作 $M = (m, \ \alpha, \ \beta)_{LR}$，称 $L$、$R$ 分别为左、右基准函数，$\alpha$、$\beta$ 分别为左、右分布。则 $\lambda$-截集为

$$(\tilde{P}_i^n)_\lambda = [L_{in}, \ R_{in}]_\lambda$$

因为"与"门结构函数为 $\tilde{P}_Y^{\text{AND}} = \prod\limits_{i=1}^{n} \tilde{P}_{x_i}$，所以

$$\tilde{P}_Y = (m_Y, \ \alpha_Y, \ \beta_Y)_{LR} = (m_{x_1}, \ \alpha_{x_1}, \ \beta_{x_1})_{LR} \otimes (m_{x_2}, \ \alpha_{x_2}, \ \beta_{x_2})_{LR} \otimes \cdots \otimes (m_{x_n}, \ \alpha_{x_n}, \ \beta_{x_n})_{LR}$$

因为"或"门结构函数为 $\tilde{P}_Y^{\text{OR}} = 1 - (1 - \tilde{P}_{x_1})(1 - \tilde{P}_{x_2})\cdots(1 - \tilde{P}_{x_n}) = 1 - \prod\limits_{i=1}^{n}(1 - \tilde{P}_i)$，所以

$$\tilde{P}_Y = (m_Y, \ \alpha_Y, \ \beta_Y)_{LR} = (1, \ 0, \ 0) - [(1, \ 0, \ 0) - (m_{x_1}, \ \alpha_{x_1}, \ \beta_{x_1})_{LR}] \otimes [(1, \ 0, \ 0) - (m_{x_2}, \ \alpha_{x_2}, \ \beta_{x_2})_{LR}] \otimes \cdots \otimes [(1, \ 0, \ 0) - (m_{x_n}, \ \alpha_{x_n}, \ \beta_{x_n})_{LR}]$$

因为"非"门结构函数为 $\tilde{P}_Y^{\text{NEG}} = 1 - \tilde{P}_{x_i}$，所以

$$\tilde{P}_Y = (m_Y, \ \alpha_Y, \ \beta_Y)_{LR} = (1, \ 0, \ 0) - (m_{x_n}, \ \alpha_{x_n}, \ \beta_{x_n})_{LR}$$

由于 $\tilde{P}_{x_i}$（$i = 1, 2, \cdots, n$）为 $L$-$R$ 型模糊数，所以可以按着 $L$-$R$ 型模糊数运算法则，求出顶事件发生故障概率的可能性分布。

### 4. 计算底事件模糊重要度的原理和方法

（1）模糊概率重要度的定义。

模糊概率重要度表示某个单元由某类模糊故障状态 $B_i$ 变化到某种模糊功能状态 $A_i$ 时，系统关于 $A_i$ 的模糊不可靠度减少的量，即

$$I_k = F_S(\text{"}S\text{"} = A_j \mid \text{"}k\text{"} = B_j) - F_S(\text{"}S\text{"} = A_j \mid \text{"}k\text{"} = A_j)$$

式中，$F_S(\text{"}S\text{"} = A_j \mid \text{"}k\text{"} = B_j)$ 为第 $k$ 个单元发生模糊故障 $B_i$ 时，系统关于模糊功能 $A_i$ 的模糊不可靠度；$F_s(\text{"}S\text{"} = A_j \mid \text{"}k\text{"} = A_j)$ 为第 $k$ 个单元发生模糊故障 $A_i$ 时，系统关于模糊功能 $A_i$ 的模糊不可靠度。该式为模糊概率重要度的数学定义，表示该单元发生模糊故障 $B_i$ 时，引起系统关于 $A_i$ 的模糊故障率的大小。

模糊概率重要度的一般表达式：

$$I_k = \frac{\mu_{A_j}[R_S("k=0")]R_S("k=0")}{\mu_{A_j}(R_k)R_k} - \frac{\mu_{A_j}[R_S("k=1")]R_S("k=1")}{1-\mu_{B_j}(R_k)R_k}$$

（2）几种底事件模糊概率重要度的分析方法。

①Hideo Tanka 提出的模糊重要度分析方法。

定义 1　如果 $\tilde{A}_M = \max(\tilde{A}_1, \tilde{A}_2)$，有

$$\mu_{\tilde{A}_M}(x) = \max_{[x_1,x_2 \mid x = \max(x_1,x_2)]} \{\mu_{\tilde{A}_1}(x) \wedge \mu_{\tilde{A}_2}(x)\}$$

则称 $\tilde{A}_M$ 为两模糊集 $\tilde{A}_1$，$\tilde{A}_2$ 的取最大模糊集。

同理

如果 $\tilde{A}_M = \min(\tilde{A}_1, \tilde{A}_2)$，有

$$\mu_{\tilde{A}_M}(x) = \max_{[x_1,x_2 \mid x = \min(x_1,x_2)]} \{\mu_{\tilde{A}_1}(x) \wedge \mu_{\tilde{A}_2}(x)\}$$

则称 $\tilde{A}_M$ 为两模糊集 $\tilde{A}_1$，$\tilde{A}_2$ 的取最大模糊集。

定义 2　如果两个模糊数 $\tilde{I}_1$，$\tilde{I}_2$ 满足

$$\max(\tilde{I}_1, \tilde{I}_2) = \tilde{I}_1$$

或者

$$\min(\tilde{I}_1, \tilde{I}_2) = \tilde{I}_2$$

则称模糊数 $\tilde{I}_1$ 大于 $\tilde{I}_2$，记为 $\tilde{I}_1 \overset{\sim}{>} \tilde{I}_2$。

如果 $\tilde{I}_1 \supset \tilde{I}_2$，则认为 $\tilde{I}_1 \overset{\sim}{>} \tilde{I}_2$，否则认为 $\tilde{I}_1 \overset{\sim}{>} \tilde{I}_2$。在如下的模糊数排序中，有排序式：

$$\tilde{I}_1 \overset{\sim}{>} \tilde{I}_2 \overset{\sim}{>} \tilde{I}_3 \overset{\sim}{=} \tilde{I}_4 \overset{\sim}{>} \tilde{I}_5 \overset{\sim}{>} \tilde{I}_6$$

根据概率重要度的定义

设故障树的结构函数为 $\Phi(x_1, x_2, \cdots, x_n)$，$x_i$ 的可能性分布为 $\tilde{Px}_i$，$i = 1, 2, \cdots, n$，则顶事件 T 的可能性分布为

$$\tilde{P}_T = \tilde{P}(\tilde{P}_{x_1}, \cdots, \tilde{P}_{x_I}, \cdots, \tilde{P}_{x_n})$$

$$\tilde{P}_{T_i} = \tilde{P}(\tilde{P}_{x_1}, \cdots, \tilde{P}_{x_{I-1}}, 0, \tilde{P}_{x_{i+1}}, \cdots, \tilde{P}_{x_n})$$

因为讨论系统为单调系统，因此 $\tilde{P}_{T_i} \overset{\sim}{<} \tilde{P}_T$

定义 3　事件 $x_i$ 的重要度

称 $V(\tilde{P}_T, \tilde{P}_{T_i}) = (m_L^T - m_L^{T_i}) + (m^T - m^{T_i}) + (m_U^T - m_U^{T_i}) > 0$ 为事件 $x_i$

的重要度。

如果 $V(\tilde{P_T}, \tilde{P_{T_i}}) > V(\tilde{P_T}, \tilde{P_{T_j}})$，则称事件 $x_i$ 比 $x_j$ 对系统影响大；如果要改进系统，则首先要考虑如何改进 $x_i$。

②模糊重要度分析——中值法

假定基本事件故障数据的可能性函数为正有界闭模糊数。且设正模糊数 $\tilde{m}$ 为有界闭模糊数的充要条件为

$$\tilde{m} = \begin{cases} 1, & x = m \\ L(x), & x < m \\ R(x), & x > m \end{cases}$$

其中 $L(x)$ 为增函数，右连续，$0 \leq L(x) < 1$ 且 $\lim\limits_{x \to -\infty} L(x) = 0$；$R(x)$ 为减函数，左连续，$0 \leq R(x) < 1$ 且 $\lim\limits_{x \to -\infty} R(x) = 0$。

**定义 1** 设 $A_1 = \int_0^m L(x) \mathrm{d}x$，$A_2 = \int_m^\infty R(x) \mathrm{d}x$，$A = A_1 + A_2$，存在点 $m_e$ 使得经过该点为分界线，模糊数曲线下的左右两部分面积相等，称 $m_e$ 为该模糊数 $\tilde{m}$ 的中位数。

中位数的计算分为以下三种情况：

$A_1 > A_2$，则 $0 < m_e < m$，模糊数 $\tilde{m}$ 的中位数 $m_e$ 满足 $A_1 = \int_0^{m_e} L(x) \mathrm{d}x = \dfrac{A}{2}$；

$A_1 = A_2$，则 $m_e = m$；

$A_1 < A_2$，则 $m < m_e < +\infty$，模糊数 $\tilde{m}$ 的中位数 $m_e$ 满足 $A_1 = \int_{m_e}^{+\infty} R(x) \mathrm{d}x = \dfrac{A}{2}$。

**定义 2** 设 $m_{1e}$ 和 $m_{2e}$ 分别为有界闭模糊数 $\tilde{m_1}$ 和 $\tilde{m_2}$ 的中值，则

如果 $m_{1e} > m_{2e}$，则 $\tilde{m_1} > \tilde{m_2}$；

如果 $m_{1e} = m_{2e}$，则 $\tilde{m_1} = \tilde{m_2}$；

如果 $m_{1e} < m_{2e}$，则 $\tilde{m_1} < \tilde{m_2}$。

设故障树的结构函数为 $\Phi(x_1, x_2, \cdots, x_n)$，$x_i$ 故障数据的可能性分布为有界闭模糊数，记为 $\tilde{x_i}$，则顶事件相应故障数据的可能性分布为

$$\tilde{T} = \tilde{\Phi}(\tilde{x_1}, \tilde{x_2}, \cdots, \tilde{x_n}) = (m_T, L_T(x), R_T(x))$$

且仍为有界闭模糊数，其中位数为 $m_{Te}$。

$$\tilde{T_i} = \tilde{\Phi}(\tilde{x_1}, \tilde{x_2}, \cdots, \tilde{x_{i-1}}, 0, \tilde{x_{i+1}}, \cdots, \tilde{x_n}) = (m_{Ti}, L_{Ti}(x), R_{Ti}(x))$$

其中位数为 $m_{Tie}$。

定义3　称 $S_{T_i} = m_{T_i} - m_{T_{ie}} > 0$ 为部件 $x_i$ 的模糊重要度。

如果 $S_{T_i} \geqslant S_{T_j}$，则认为部件 $x_i$ 比部件 $x_j$ 重要，也就是部件 $x_i$ 对系统的影响大于部件 $x_j$ 对系统的影响。因此，如果要改进系统，提高系统的可靠性，则首先应该考虑改进部件 $x_i$。

## 5.3.4　模糊—事件树集成定量分析方法

模糊—事件树定量分析一般是根据原事件的模糊成功和失效的概率计算出每一个分支的事件的模糊成功和失效的概率，然后，根据损失程度，确定重大风险事件，并且确定系统的关键元件或者薄弱环节，从而有针对性地改进系统中的关键元件。

一般步骤如下：

①根据确定的事件树，确定事件的隶属度函数 $\mu_{\tilde{A}}(x)$。

②确定每一个分支的事件的模糊成功和失效的概率。

③确定并计算最终事故后果以及发生的事件概率。

在实际工作中，过程风险分析主要基于基本的事件树方法，事件树的基本模式如图5-17所示。

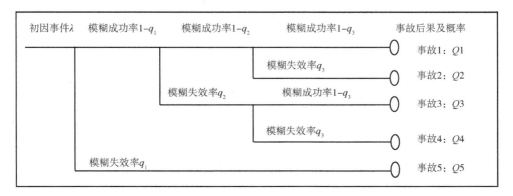

图 5-17　事件树的基本模式

对于事件树中顶事件模糊概率的计算，当模糊数的扩展程度相对较窄时，可分别运用乘法法则和加法法则。设事件树中某一失效路径的失效概率为

$$P_{\underset{\sim}{Y}} = \prod_{i=1}^{n} P_{\underset{\sim}{i}}$$

由模糊数的乘法法则，可以得到

$$P_{\underset{\sim}{Y}}(x) = (m_Y, \partial_Y, \beta_Y)$$

## 5.3.5　模糊—事件树与模糊—故障树集成定量分析方法

模糊—事件树与模糊—故障树两种方法集成定量风险分析容易出现：如果针对同一个底（顶）事件 $i$ 发生的概率 $q_i$，采用"模糊—事件树"集成定量风险分析方法与采用"模糊—故障树"集成定量风险分析方法计算出来的均值 $q_i$ 具有不同的值，那么两种方法如何进行集成，是研究的重点。模糊—事件树与模糊—故障树的集成基本模式如图 5-18 所示。

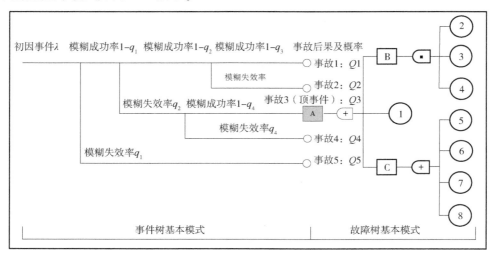

图 5-18　模糊—事件树与模糊—故障树的集成基本模式

从图 5-18 可以发现，根据现场人员提供的基本事件的模糊概率，通过采用模糊—事件树计算得出的顶事件 $i$ 的模糊概率与通过采用模糊—故障树计算得出的顶事件 $i$ 的模糊概率存在着一定的差距。

设针对同一底（顶）事件 $i$，由模糊—事件树计算得出的顶事件 $i$ 的模糊概率为 $q_i^{1}$，由模糊—故障树计算得出的顶事件 $i$ 的模糊概率为 $q_i^{11}$。

由于参照函数为正态型函数：
$$\begin{cases} L\left(\dfrac{m-x}{\alpha}\right)=\exp\left[\left(-\dfrac{m-x}{\alpha}\right)^2\right], & x \le m,\ \alpha>0 \\[2mm] R\left(\dfrac{x-m}{\beta}\right)=\exp\left[\left(-\dfrac{x-m}{\beta}\right)^2\right], & x>m,\ \beta>0 \end{cases}$$

所以，用 $q_i$ 表示底事件 $i$ 发生的概率，为正态模糊数，隶属函数为

$$\mu_{q_i}(x)=e^{-\left(\frac{x-q_i}{\sigma_i}\right)^2},\ (q_i>0,\ 0<x<1,\ 0<\sigma_i)$$

式中，$q_i$ 为 $q_i$ 的均值，$\sigma_i$ 为 $q_i$ 的偏差度，表示模糊性程度。

因为 $F_L\left(\dfrac{q_i-x}{\sigma_i}\right)=\lambda$ 和 $F_R\left(\dfrac{x-q_i}{\sigma_i}\right)=\lambda$ ，所以模糊数 $q_i$ 的截距区间为（图 5-19）

$$q_{i\lambda}=\left[q_i-\sigma_i\sqrt{-\ln\lambda},\ q_i+\sigma_i\sqrt{-\ln\lambda}\right]=\left[L_{i\lambda},\ R_{i\lambda}\right],\ (0<L_{i\lambda}<R_{i\lambda})$$

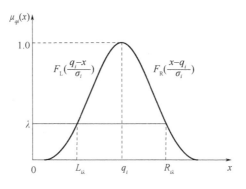

图 5-19　模糊数 $q_i$ 的截距区间

对于同一个底（顶）事件 $i$ ，可得：

（1）设 $q_i^1$ 表示底事件 $i$ 发生的概率，为正态模糊数，隶属函数为

$$\mu_{q_i^1}(x)=e^{-\left(\frac{x-q_i^1}{\sigma_i^1}\right)^2},\ (q_i^1>0,\ 0<x<1,\ 0<\sigma_i^1)$$

式中，$q_i^1$ 为 $q_i^1$ 的均值，$\sigma_i^1$ 为 $q_i^1$ 的偏差度，表示模糊性程度。

所以，模糊数 $q_i^1$ 的截距区间为（图 5-20）

$$q_{i\lambda}^1=\left[q_i^1-\sigma_i^1\sqrt{-\ln\lambda},\ q_i^1+\sigma_i^1\sqrt{-\ln\lambda}\right]=\left[L_{i\lambda}^1,\ R_{i\lambda}^1\right],\ (0<L_{i\lambda}^1<R_{i\lambda}^1)$$

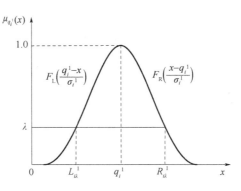

图 5-20　模糊数 $q_i^1$ 的截距区间

（2）设 $q_i^{11}$ 表示底事件 $i$ 发生的概率，为正态模糊数，隶属函数为

$$\mu_{q_i^{11}}(x) = e^{-\left(\frac{x-q_i^{11}}{\sigma_i^{11}}\right)^2}, \quad (q_i^{11}>0, \ 0<x<1, \ 0<\sigma_i^{11})$$

式中，$q_i^{11}$ 为 $q_i^{11}$ 的均值，$\sigma_i^{11}$ 为 $q_i^{11}$ 的偏差度，表示模糊性程度。

所以，模糊数 $q_i^{11}$ 的截距区间为（图 5-21）

$$q_{i\lambda}^{11} = \left[q_i^{11}-\sigma_i^{11}\sqrt{-\ln\lambda}, \ q_i^{11}+\sigma_i^{11}\sqrt{-\ln\lambda}\right] = \left[L_{i\lambda}^{11}, \ R_{i\lambda}^{11}\right], \quad (0<L_{i\lambda}^{11}<R_{i\lambda}^{11})$$

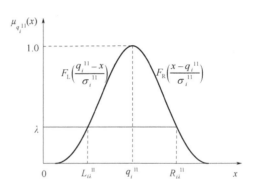

图 5-21　模糊数 $q_i^{11}$ 的截距区间

（3）针对底（顶）事件 $i$，采用算术平均和加权几何平均数的方法来修正模糊—事件树与模糊—故障树集成的底（顶）事件 $i$ 发生的概率。

①算术平均数的方法。

假设如图 5-22 所示条件。

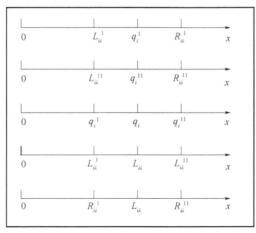

图 5-22　算术平均数方法图示

计算公式:

$$q_i = q_i^1 + \frac{1}{2}(q_i^{11} - q_i^1)$$

$$L_{i\lambda} = L_{i\lambda}^1 + \frac{1}{2}(L_{i\lambda}^{11} - L_{i\lambda}^1)$$

$$R_{i\lambda} = R_{i\lambda}^1 + \frac{1}{2}(R_{i\lambda}^{11} - R_{i\lambda}^1)$$

因此,模糊数 $\underset{\sim}{q_i}$ 的截距区间为

$$q_{i\lambda} = [q_i - \sigma_i \sqrt{-\ln\lambda}, \ q_i + \sigma_i \sqrt{-\ln\lambda}] = [L_{i\lambda}, \ R_{i\lambda}], \ (0 < L_{i\lambda} < R_{i\lambda})$$

②加权法与几何平均法。

设集成后的均值为

$$q_i = w_1 q_i^1 + w_2 q^{11}$$

$$w_1 + w_2 = 1$$

求出 $q_i^1$ 和 $q_i^{11}$ 的几何平均值:

$$b_i = \left(\prod_{j=1}^2 q_i^1 q_i^{11}\right)^{\frac{1}{2}}, \ i = 1,2$$

求出 $q_i^1$ 和 $q_i^{11}$ 的权系数:

$$w_j = \frac{b_j}{\sum\limits_{k=1}^2 b_i}, \ j = 1, \ 2$$

因此,处理后的模糊数 $\underset{\sim}{q_i}$ 的截距区间(模糊区间)为

$$q_{i\lambda} = [q_i - \sigma_i \sqrt{-\ln\lambda}, \ q_i + \sigma_i \sqrt{-\ln\lambda}] = [L_{i\lambda}, \ R_{i\lambda}], \ (0 < L_{i\lambda} < R_{i\lambda})$$

(4)选择方案。

由于在所有变量都不相等的情况下,算术平均数大于几何平均数。算术平均数和几何平均数两者所存在的差异性表明:

① 无论是采用加权几何平均数平均方法,还是算术平均数平均方法,其结果都是跟实际情况存在误差的。

② 当采用加权几何平均数平均方法,得到的模糊概率比实际数值偏小。

③ 当采用算术平均数平均方法,得到的模糊概率比实际数值偏大。

因此,选择哪种方法来处理集成问题,要取决于决策者对过程风险的偏好态度。偏好态度属于冒险的人,采用几何平均数计算方法;偏好态度属于保守的人,采用算术平均数计算方法。

经过修正的底(顶)事件 $i$ 发生的概率比较接近于实际发生的概率,其计算结

果的精度也比较高。本书更倾向于采用算术平均数方法，因为这种方法计算简单、方便，容易操作等优点，但是计算出来的模糊概率可能比实际数值偏大。

## 5.4 LEC 分析

### 5.4.1 基本原理

美国的格雷厄姆（Graham）和金尼（Kinney）研究了人们在具有潜在危险环境中作业的危险性，提出了以所评价的环境与某些作为参考环境的对比为基础，将作业条件的危险性作为因变量 $D$，事故或危险事件发生的可能性 $L$、暴露于危险环境的频率 $E$ 及危险严重程度 $C$ 作为自变量，确定了它们之间的函数式。根据实际经验他们给出了 3 个自变量的各种不同情况的分数值，采取对所评价的对象根据情况进行"打分"的办法，然后根据公式计算出其危险性分数值，再在按经验将危险性分数值划分的危险程度等级表或图上，查出其危险程度的一种评价方法。这是一种简单易行的评价作业条件危险性的方法。

### 5.4.2 LEC 的取值标准

对于一个具有潜在危险性的作业条件，格雷厄姆和金尼认为，影响危险性的主要因素有 3 个，即发生事故或危险事件的可能性；暴露于这种危险环境的情况；事故一旦发生可能产生的后果，用公式来表示，则为

$$D = L \cdot E \cdot C$$

式中　　$D$——作业条件的危险性；

　　　　$L$——事故或危险事件发生的可能性；

　　　　$E$——暴露于危险环境的频率；

　　　　$C$——发生事故或危险事件的可能结果。

#### 1. 发生事故或危险事件的可能性

事故或危险事件发生的可能性与其实际发生的概率相关。若用概率来表示时，绝对不可能发生的概率为 0；而必然发生的事件，其概率为 1。但在考察一个系统的危险性时，绝对不可能发生事故是不确切的，即概率为 0 的情况不确切，而只能说某种具有潜在危险的作业条件发生事故的可能性极小，其概率只是趋近于 0。所以，将实际上不可能发生的情况作为"打分"的参考点，确定其分数值为 0.1。

此外，在实际生产条件中，事故或危险事件发生的可能性范围非常广泛，因而人为地将完全出乎意料、极少可能发生的情况规定为"能预料将来某个时候会发生事故的分值规定为10；在两者之间再根据可能性的大小相应地确定几个中间值，如将"不常见，但仍然可能"的分值定为3，"相当可能发生"的分值定为6。同样，在0.1与1之间也插入了与某种可能性对应的分值。于是，将事故或危险事件发生可能性的分值从实际上不可能的事件为0.1，经过完全意外有极少可能的分值1，确定到完全会被预料到的分值10为止，见表5-3。

表 5-3　事故或危险事件发生可能性分值

| 分值 | 事故或危险事件发生可能性 | 分值 | 事故或危险事件发生可能性 |
|---|---|---|---|
| 10[①] | 完全会被预料到 | 0.5 | 可以设想，但高度不可能 |
| 6 | 相当可能 | 0.2 | 极不可能 |
| 3 | 不经常，但可能 | 0.1[①] | 实际上不可能 |
| 1[①] | 完全意外，极少可能 | | |

① "打分"的参考点。

### 2. 暴露于危险环境的频率

众所周知，作业人员暴露于危险作业条件的次数越多、时间越长，受到伤害的可能性也就越大。为此，格雷厄姆和金尼规定了连续出现在潜在危险环境的暴露频率分值为10，一年仅出现几次非常稀少的暴露频率分值为1。以10和1为参考点，再在其区间根据在潜在危险作业条件中暴露情况进行划分，并对应地确定其分值。例如，每月暴露一次的分值定为2，每周一次或偶然暴露的分值为3。当然，根本不暴露的分值记为0，但这种情况实际上是不存在的，是没有意义的，因此无须列出。关于暴露于潜在危险环境的分值见表5-4。

表 5-4　暴露于潜在危险环境的分值

| 分值 | 出现于危险环境的情况 | 分值 | 出现于危险环境的情况 |
|---|---|---|---|
| 10[①] | 连续暴露于潜在危险环境 | 2 | 每月暴露一次 |
| 6 | 逐日在工作时间内暴露 | 1[①] | 每年几次出现在潜在危险环境 |
| 3 | 每周一次或偶然地暴露 | 0.5 | 非常罕见地暴露 |

① "打分"的参考点。

### 3. 发生事故或危险事件的可能结果

造成事故或危险事件的人身伤害或物质损失可在很大范围内变化，以工伤事故而言，可以从轻微伤害到许多人死亡，其范围非常宽广。因此，格雷厄姆和金尼对需要救护的轻微伤害的可能结果，分值规定为1，以此为一个基准点；而将造成许多人死亡的可能结果规定为分值100，作为另一个参考点。在两个参考点1和100之间插入相应的中间值，列出可能结果的分值，见表5-5。

表5-5 发生事故或危险事件可能结果的分值

| 分值 | 可能结果 | 分值 | 可能结果 |
|---|---|---|---|
| 100[①] | 大灾难，许多人死亡 | 7 | 严重，严重伤害 |
| 40 | 灾难，数人死亡 | 3 | 重大，致残 |
| 15 | 非常严重，一人死亡 | 1[①] | 引人注目，需要救护 |

① "打分"参考点。

### 4. 危险性

确定了上述3个具有潜在危险性的作业条件的分值，并按公式进行计算，即可得出危险性分值。据此，要确定其危险性程度时，则按下述标准进行评定。

由经验可知，危险性分值在20以下的环境属低危险性，一般可以被人们接受，这样的危险性比骑自行车通过拥挤的马路去上班之类的日常生活活动的危险性还要低。当危险性分值在20~70时，则需要加以注意。同样，根据经验，当危险性分值在70~160时，则有明显的危险，需要采取措施进行整改。危险性分值在160~320时属高度危险的作业条件，必须立即采取措施进行整改。危险性分值在320分以上时，则表示该作业条件极其危险，应该立即停止作业直到作业条件得到改善为止，见表5-6。

表5-6 危险性分值

| 分值 | 危险程度 | 分值 | 危险程度 |
|---|---|---|---|
| >320 | 极其危险，不能继续作业 | 20~79 | 可能危险，需要注意 |
| 160~320 | 高度危险，需要立即整改 | >20 | 稍有危险，或许可以接受 |
| 70~160 | 显著危险，需要整改 | | |

## 5.4.3 评价过程

根据上述表格和公式可画出危险性评价诸模图，如图5-23所示。图5-23中4条竖线分别表示危险及其3个主要影响因素。在这些竖线上分别按比例标出了分值点及相应情况。使用时按各因素情况，在图上找出相应点，再通过这些点画出两条直线，最后与危险分值线的交点即为求解的结果。

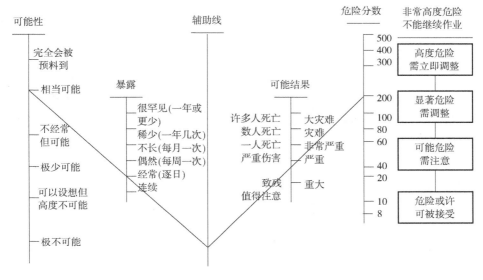

图 5-23　危险性评价诺模图

## 5.4.4　方法的优缺点

作业条件危险性评价法评价人们在某种具有潜在危险的作业环境中进行作业的危险程度，该法简单易行，危险程度的级别划分比较清楚、醒目。但是，由于它主要根据经验来确定 3 个因素的分数值及划定危险程度等级，因此具有一定的局限性。而且它是一种作业的局部评价，故不能普遍适用。此外，在具体应用时，还可根据自己的经验、具体情况适当加以修正。

## 5.4.5　应用实例

某工厂冲床无红外线光电等保护装置，而且既未设计使用安全模，也无钩、夹等辅助工具。因此，操作者在操作时可能会发生冲手事故，其危险程度评价如下：

①事故发生的可能性。

属"相当可能"发生一类，故 $L = 6$。

②在危险环境中暴露分值。操作者每周、每天都在这样的条件下进行作业，故 $E = 6$。

## 5.5 AHP 层次分析法

### 5.5.1 AHP 层次分析法原理

AHP 层次分析法是美国运筹学家匹茨堡大学的萨蒂（T. L. Saaty）教授于 20 世纪 70 年代提出的一种定性分析和定量分析相结合的多目标系统分析方法。它根据问题的性质和要求达到的总目标，将问题分解成不同的分目标、子目标，并按目标间的相互关联影响及隶属关系分组，形成多层次的结构，通过两两比较的方式确定层次中诸目标的相对重要性，同时运用矩阵运算确定出子目标对其上一层目标的相对重要性。这样层层下去，最终确定出子目标对总目标的重要性。

### 5.5.2 AHP 层次分析法模型

对于复杂的问题，可分为目标层、准则层和措施层结构，如图 5-24 所示。

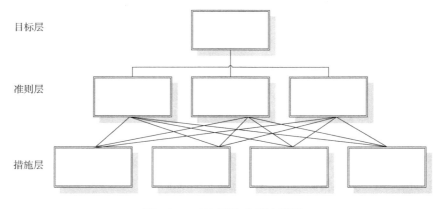

图 5-24　AHP 层次分析法模型

### 5.5.3 AHP 层次分析法步骤

1. 构造递阶层次

构造递阶层次的过程实际上是对事物的剖析过程，完成事物的评价指标层次化。递阶层次的最上层为目标的焦点，仅包含一个元素，下面的层次可包含数个元素，相邻两层的对应元素是按某种规则进行重要性比较排定的，所有同一层次中的元素具有同等级差的量值。如果它们差别太大，则分属于不同的层次。

### 2. 构造两两比较判断矩阵

构造判断矩阵的方法常见的有专家讨论决定、专家调查确定，此两种方法可广义地称为专家确定法。

对同一层次的要素以上一级的要素为准则进行两两比较，并依据评定尺度确定其相对重要程度，最后据此建立量化的判断矩阵。评定尺度见表 5-7，判断矩阵见表 5-8 和表 5-9。

表 5-7　评定尺度

| 评定尺度 | 定义 |
| --- | --- |
| 1 | 对 $A$ 而言，$C_i$ 与 $C_j$ 同样重要 |
| 3 | 对 $A$ 而言，$C_i$ 比 $C_j$ 略重要 |
| 5 | 对 $A$ 而言，$C_i$ 比 $C_j$ 重要 |
| 7 | 对 $A$ 而言，$C_i$ 比 $C_j$ 重要得多 |
| 9 | 对 $A$ 而言，$C_i$ 比 $C_j$ 重要很多 |
| 2，4，6，8 | 其重要程度介于上述两相邻评定尺度之间 |

注：$C_j$ 对 $C_i$ 的相对重要性 $A_{ji} = 1/A_{ij}$。

表 5-8　判断矩阵（一）

| $A$ | $C_1$ | $C_2$ | ... | $C_j$ | ... | $C_n$ |
| --- | --- | --- | --- | --- | --- | --- |
| $C_1$ | $U_{11}$ | $U_{12}$ | ... | $U_{1j}$ | ... | $U_{1n}$ |
| $C_2$ | $U_{21}$ | $U_{22}$ | ... | $U_{2j}$ | ... | $U_{2n}$ |
| ... | ... | ... | ... | ... | ... | ... |
| $C_i$ | $U_{i1}$ | $U_{i2}$ | ... | $U_{ij}$ | ... | $U_{in}$ |
| ... | ... | ... | ... | ... | ... | ... |
| $C_n$ | $U_{n1}$ | $U_{n2}$ | ... | $U_{nj}$ | ... | $U_{nn}$ |

表 5-9　判断矩阵（二）

| $C$ | $P_1$ | $P_2$ | ... | $P_j$ | ... | $P_n$ |
| --- | --- | --- | --- | --- | --- | --- |
| $P_1$ | $V_{11}$ | $V_{12}$ | ... | $V_{1j}$ | ... | $V_{1n}$ |
| $P_2$ | $V_{21}$ | $V_{22}$ | ... | $V_{2j}$ | ... | $V_{2n}$ |
| ... | ... | ... | ... | ... | ... | ... |
| $P_i$ | $V_{i1}$ | $V_{i2}$ | ... | $V_{ij}$ | ... | $V_{in}$ |
| ... | ... | ... | ... | ... | ... | ... |
| $P_n$ | $V_{n1}$ | $V_{n2}$ | ... | $V_{nj}$ | ... | $V_{nn}$ |

$U_{ij}$（$i, j = 1, 2, \cdots, n$）表示从 $A$ 角度考虑 $C_i$ 对 $C_j$ 的相对重要性。

$V_{ij}$（$i, j = 1, 2, \cdots, n$）表示从 $C_i$ 角度考虑 $P_i$ 对 $P_j$ 的相对重要性。

### 3. 计算各要素的相对权值

在决策问题中，通常要把变量 $Z$ 变成变量 $X_1, X_2, \cdots, X_n$ 的线性组合。

$$Z = \omega_1 X_1 + \omega_2 X_2 + \cdots + \omega_n X_n \qquad 其中 \omega_i > 0, \sum_{i=1}^{n} \omega_i = 1$$

则 $\omega_1, \omega_2, \cdots, \omega_n$ 称为各因素对于目标 $Z$ 的权，$\omega = (\omega_1, \omega_2, \cdots, \omega_n)^T$ 叫权向量。

①对 $\varpi_{ij}$ 按行求和得 $\varpi_i = 1/n \sum_{j=1}^{n} \varpi_{ij}$。

②将 $\overline{\omega}_i$ 归一化，$\omega_i = \dfrac{\varpi_i}{\sum\limits_{j=1}^{n} \varpi_j}$。

$\omega = (\omega_1, \omega_2, \cdots, \omega_n)^T$ 即为近似特征根（权向量）。

### 4. 计算综合权重

对应上面的层次结构图，若把目标层 $A$ 对准则层 $C$ 的相对权重记为

$$\varpi^{(1)} = (\omega_1^{(1)}, \omega_2^{(1)}, \cdots, \omega_k^{(1)})^T$$

准则层的各准则 $C_i$ 对措施层 $P$ 的 $n$ 个方案的相对权重记为：

$$\varpi^{(2)} = (\omega_{1i}^{(2)}, \omega_{2i}^{(2)}, \cdots, \omega_{ni}^{(2)})^T \qquad i = 1, 2, \cdots, k$$

措施层 $P$ 的各方案的相对权重（对目标而言）记为

$$V^{(2)} = (v_1^{(2)}, v_2^{(2)}, \cdots, v_n^{(2)})^T$$

即为所求综合权重，具体的计算见表 5-10。

表 5-10　具体的计算

| 对于目标 $Z$ 的权　因素权重<br>措施层 $P$ | 因素及权重 | | | 综合权重<br>$V^{(2)}$ |
|---|---|---|---|---|
| | $C_1$　$\omega_1^{(1)}$ | $C_2$　$\omega_2^{(1)}$ | $\cdots$　$C_k$　$\cdots$　$\omega_k^{(1)}$ | |
| $P_1$ | $\omega_{11}^{(2)}$ | $\omega_{12}^{(2)}$ | $\cdots$　$\omega_{1k}^{(2)}$ | $V_1^{(2)} = \sum\limits_{j=1}^{k} \omega_j^{(1)} \omega_{1j}^{(2)}$ |
| $P_2$ | $\omega_{21}^{(2)}$ | $\omega_{22}^{(2)}$ | $\cdots$　$\omega_{2k}^{(2)}$ | $V_2^{(2)} = \sum\limits_{j=1}^{k} \omega_j^{(1)} \omega_{2j}^{(2)}$ |
| $\cdots$ | $\cdots$ | | | $\cdots$ |
| $P_n$ | $\omega_{n1}^{(2)}$ | $\omega_{n2}^{(2)}$ | $\cdots$　$\omega_{nk}^{(2)}$ | $V_n^{(2)} = \sum\limits_{j=1}^{k} \omega_j^{(1)} \omega_{nj}^{(2)}$ |

# 第6章 重大工程风险预警指标确立与构建

## 6.1 安全风险指标体系构建的流程与思路

通过研究大量工程项目风险评价的文献，列出影响工程安全的若干因素并在项目管理领域的部分专家指导下，形成了构建大型工程安全风险预警指标体系的思路。

首先分析不同组织的风险管理现状，初步确定项目风险管理目标。其次，以大型工程项目作为主体，将影响工程项目安全的因素按照来源分为外部风险因素、内部风险因素。其中，外部风险因素分为政治法律风险因素、经济风险因素、社会环境风险因素、文化环境风险因素、市场风险因素、自然风险因素等；内部风险因素分为技术风险因素、信息管理风险因素、管理风险因素、费用风险因素、相关利益主体风险因素、质量风险因素等。最后，综合内外部风险因素，设计大型工程安全风险指标体系，并进行评估，将评估的结果反馈给项目风险目标，做出相应的修正，当达到一定程度时，组织的风险管理水平提升，进而动态调整安全风险管理目标，如图6-1所示。

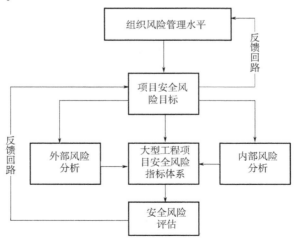

图 6-1　安全风险指标体系构建流程

## 6.2 指标体系建立的原则

大型工程项目安全风险预警指标体系的构建是一个复杂的系统过程，工程涉及房屋建筑工程、公路工程、铁路工程等十几种类型，风险内容涉及政治法律、经济、社会环境、文化环境、市场风险、自然等外部风险因素和技术、管理、费用、质量等内部风险因素。因此，为了构建科学合理、符合实际的指标体系，有效地控制和规避工程安全风险，需要遵循指标体系构建的原则。

### 1. 系统、科学原则

大型工程项目安全风险预警过程是一个动态复杂的系统工程，涉及风险因素众多，因此需要以系统论的观点、公认的科学理论对整个工程项目风险预警机制进行分析，全面反映工程项目的风险管理水平，正确地进行项目安全风险评价，有助于客观、实际地制定风险预警和控制策略。

### 2. 相互独立，完全穷尽（MECE）原则

相互独立，完全穷尽（MECE）原则是麦肯锡咨询公司为了解决重大议题不重叠、不遗漏分类而提出的一个原则，使用相互独立，完全穷尽（MECE）原则能够有效把握问题的核心和解决问题的方法。相互独立，完全穷尽是指标构建过程中穷尽所有部分，不存在遗漏，不同的部分之间满足各部分之间相互独立，不存在重叠。

预警指标体系作为反映工程项目安全风险水平的一个整体，需全面反映工程项目的整体风险水平，并关注一级指标、中间指标、末级指标的整体性和独立性，确保所有同级指标间构成完整整体，统计指标间具有相对独立性。

### 3. 可操作性原则

选择指标的量化应简单、明了、合理，便于实际应用，确保测评人员对指标选项的理解一致，避免工程项目风险的评价出现偏离或背离，增大风险度量中的不确定性。

### 4. 弹性原则

由于工程项目类型不同，所处社会、经济、管理等环境不同，工程项目不同施工阶段的考察重点不同，在运用指标体系评价项目组织的风险管理水平时，对指标的设置应有所不同，具有一定的弹性。

## 6.3　安全风险指标体系

大型工程安全风险预警的关键基础是建立预警指标体系，安全风险指标的选择会对预警结果产生直接影响。从指标数量上看，指标太多会出现相关性较大的指标，造成信息冗余，相反则会由于信息量过少，不足以解释问题；而从指标质量上看，指标与项目安全风险相关性越大，越足以解释问题，指标就越重要。因此需要科学合理地选择指标，一般是基于初步构建的安全风险预警指标体系，进一步筛选实用性好的指标。

以大型工程项目作为主体，将影响工程项目安全的因素按照来源分为外部风险因素、内部风险因素。其中，外部风险因素分为政治法律风险因素、经济风险因素、社会环境风险因素、文化环境风险因素、市场风险因素、自然风险因素等；内部风险因素分为技术风险因素、信息管理风险因素、管理风险因素、费用风险因素、相关利益主体风险因素、质量风险因素等，如图 6-2 所示。

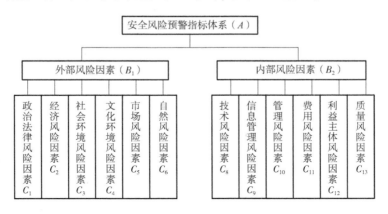

图 6-2　大型工程项目安全风险指标体系

### 6.3.1　外部环境下的安全风险指标

#### 1. 政治法律风险

政治法律风险是指工程项目施工过程中，由于政治、法律法规的变化或者承发包交易中发生法律纠纷而导致项目人员伤亡或财产损失事件发生的不确定性。它们来自于社会政治或法律上的变化或法律纠纷，对项目的风险水平具有重要的影响。

项目总是受项目所在国的政治环境影响，受其法律法规约束，尤其是国际项目。因为一个国家的政治发展进程会直接影响其社会法律，继而对行业、项目组织构成约束，并创造出产业新的机会和风险。

此外，无论国际项目还是国内项目，在工程建设和管理中项目承包方主要是通过法律来实现与政府部门、发包方（业主）、监理方、分包商、金融机构等的业务来往，承包方若对项目管理过程中法律的重视不够，不管是合同签订阶段的把关不严还是履约过程中的潜在法律风险，都会引发法律纠纷，耗费人力物力，影响企业正常经营。

### 2. 经济风险

经济风险是指工程项目施工过程中，由于经济因素变化而导致项目人员伤亡或财产损失事件发生的不确定性。

关于经济因素对项目风险水平的影响的研究，比较著名的有欧洲货币指数风险指标体系、标准普尔风险指标体系等。欧洲货币指数通过三个二级指标（分析性指标、信用指标、市场指标）、九个三级指标（政治风险、经济表现、债务指标、逾期或延期债务指标、信用评级、银行融资额、短期融资额、资本市场融资额）考察评价国家的经济风险。标准普尔风险指标体系采用定性和定量的测量方法，通过政治和经济因素考察评价国家的经济风险，其中经济因素包括收入和经济结构、经济增长的前景、财政弹性、中央及地方政府的债务负担、境外负债或有负债、货币的稳定性、对外流动性。

尽管上述研究方法可以全面地评价一个国家的经济风险，然而本书中只关注宏观经济环境中的 4 项指标即可满足项目的要求，即经济增长率、利率、汇率和通货膨胀率。经济增长率可以反映经济是处于增长趋势还是衰退趋势，间接反映行业的发展前景。利率水平不仅影响项目对材料、设备的需求还会影响公司的资本成本及资金筹备和再投资的能力。汇率是一国货币兑换他国货币的比率，决定了不同国家货币的相对价值，汇率变化对于项目物资采购、人力资源成本、筹资能力有直接影响。通货膨胀不利于经济稳定，间接导致经济增长变缓、利率提高、汇率浮动，进而增大项目融资的风险。

此外，经济风险会对工程项目施工过程中的市场风险产生影响，由于市场人力资源、机械材料等供求关系变化，引起人工费、材料费、机械费、施工管理费上涨，从而对项目的执行增加风险。

### 3. 社会环境风险

社会环境风险是指随着全球经济的快速发展，社会道德观和价值观的变化而导致项目人员伤亡或财产损失事件发生的不确定性。社会环境风险的特征主要体现在对社会民众影响面大、影响持续时间长、容易导致较大社会冲突等方面。

针对社会环境风险因素的研究始于 20 世纪末，国外有些学者（2004 年）强调工程项目参与方（业主、承包方）应重视符合项目周围社区、民众、环境部门等对工程项目实施运营合法要求和期望的重要性和必要性，即为了有效避免实施运营中的社会风险应该获得社会民众的认可；同时，也提出工程项目实施过程中导致民众冲突的关键社会风险因素，并提出应对方案，以避免或减少工程项目社会风险造成的损失。在世界银行项目社会风险指标体系研究（2009 年）中，注重可持续发展，强调难以量化的非物质指标，如民族、性别、弱势群体（贫困、非自愿移民、老年人、儿童等）的敏感性分析，按照风险发生前后的实际情况，提出工程项目社会风险管理策略。

国内大型工程项目社会风险主要侧重生态生活环境和经济影响方面的评价。国内专家从多种角度分析项目社会风险的形成机理，刘岩、宋爽通过理性结构剖析探寻社会风险的根源；于浩淼从社会学和物理学角度，利用"场域"理论来分析大坝项目社会风险运动；庄友刚基于现代性的内生机制分析项目社会风险的发生。

综上所述，工程项目社会风险研究具有重要意义，但在社会风险源方面的研究涉及不多，因此本书将侧重在经济社会效益、生态环境、社会风险保障制度，项目征迁造成民众收入损失的补偿程度，项目对水土流失及人均绿地影响度，项目造成的环境噪声、辐射、粉尘影响，项目潜在的水质污染风险，项目引起的流动人口增长率，工程移民与安置区居民的融合度，项目社会风险管理与应急制度完善度等方面的研究。

### 4. 文化环境风险

文化环境风险是指国际项目或者不同地区项目的实施运营过程中，民族风俗习惯和宗教方面的文化差异造成的项目人员伤亡或财产损失事件发生的不确定性。项目尤其是国际项目面临着东道国文化与母国文化的差异，会直接影响项目的实施和运行。文化环境风险包括民族风俗习惯和宗教方面的文化差异、项目对当地人文景观破坏度等。

### 5. 自然风险

自然风险是指由于不可抗自然力的作用导致项目人员伤亡或财产损失事件发生的不确定性。不可抗自然力是指地质、洪水、暴雨、雷电等自然灾害，如工程项目施工过程中遭遇洪水或地震，导致工程材料、设备的损坏，属于自然风险。自然风险具体可以分为气候风险、地质风险、资源条件风险。

## 6.3.2 内部环境下的安全风险指标

以大型工程项目作为主体，内部风险按照风险源的类型分为技术风险、信息管理风险、管理风险、费用风险、质量风险等。

### 1. 技术风险

技术风险是指随着科学技术和经济的不断发展，工程项目实施过程中已采用或拟采用的技术（集合）的不确定性及与项目的匹配程度的不确定性，导致项目人员伤亡或财产损失事件发生的不确定性。技术对工程项目建设的各阶段都具有至关重要的作用，直接影响着项目各利益主体的经济效益、企业荣誉等。

技术风险具有严重的破坏性，往往导致工程项目存在较大风险，迫使项目终止，甚至导致项目失败，企业遭受重大经济损失。同时，技术风险不同于自然风险，它是收益风险共存，若适当采取新的生产工艺，有效控制新工艺的风险，将提高项目实施的成功性。此外，技术风险可以通过定性定量方法和技术进行识别和测量，进而制定防范、管理和控制措施。

技术风险按照研究对象和操作对象细分为以下子指标。项目团队技术水平：技术水平影响项目实施技术路线，决定项目成功性高低；生产工艺革新（新技术的发展）：新工艺革新可以提高项目实施的成功性；工程项目设计风险：项目设计风险是很重要的，设计较好，后续实施顺利；工程实施变更风险：工程变更积累容易引起工程项目风险；技术规范风险：技术规范的采用将影响项目实施成果的质量；技术难度：技术实施的难度高低将影响项目进展顺利程度；技术寿命周期的不确定性：该周期影响项目成果的质量；技术成果的成熟度：技术成果的成熟度将直接影响项目成果质量；技术的适用度及匹配性：适用度和匹配性体现在项目实施中技术与项目的人材物等资源的匹配程度，若适应性不好则可能影响整个项目的实施，迫使项目终止；设计的适用度及适应性：项目实施具有相对固定的软硬件要求，若不能满足设计方案，则会变更设计方案，而好的项目设计方案决定了项目的成功；技术的系统效率：项目实施过程中，往往有多重技术，形成技术系统，技术系统的效率高低将影响项目进展。

### 2. 信息管理风险

项目管理信息系统是指工程项目实施过程中，为了帮助项目团队有效交流工程信息，了解工程进展情况，而建立的组织和控制项目信息传输的信息系统。运行良好的项目管理信息系统对顺利完成项目任务具有重要的作用，不仅可以为不同的项目人员提供其所需的有用信息，还能提高工作效率，减少工作的失误和费用以及时间的损失。然而我国工程项目信息管理系统的使用还处于起步阶段，不能满足工程建设对信息的充分性和及时性的要求，信息管理方面出现的一些问题，会导致项目人员伤亡或财产损失的风险。

对信息管理风险的评价从信息组织管理制度合理性、信息技术先进性、信息管理规范全面性、不同阶段信息管理侧重明确性、管理人员使用信息有效程度、信息存储有效性等方面进行考察。

①信息组织管理制度合理性是指信息组织管理制度有效协调工程实施过程中产生的海量信息，使之到达信息的需求部门。

②信息技术先进性是指信息技术能否满足项目对信息系统的技术要求。

③信息管理规范全面性是指项目实施过程中是否全面有效地考察海量工程信息，全面收集并规范项目基本情况信息、项目进展信息、项目决策信息、市场信息等其他内容。

④不同阶段信息管理侧重明确性是指按照工程项目不同的施工阶段，相应收集并使用关键信息的情况。

⑤管理人员使用信息有效程度是指对收集的工程信息进行加工整理后，传递给各类管理人员，并实际帮助管理人员管理项目的程度。

⑥信息存储有效性是指建立数据库将各类工程信息组织并存储，需要注意的事项包括软硬件设施、物理环境的安全性和数据信息存储的规范性。

### 3. 管理风险

管理风险是指在工程项目实施和运营过程中，由于项目管理人员素质、项目组织结构、管理制度等因素导致项目管理信息流通不畅、管理状态不佳、决策失误、项目各利益方协调不顺，最终引起项目人员伤亡或财产损失事件发生的不确定性。管理风险源于管理人员素质、组织结构、管理制度等因素。

管理人员素质水平可以体现在管理人员的道德品行、文化知识、综合业务能力等素质水平及项目团队成员的年龄、性别、文化知识、综合业务能力的搭配合理程度上。项目管理人员素质水平：管理人员的综合业务水平、管理能力、领导才能等因素，影响着项目运作效率和成功率；工作人员疏忽、缺乏职业道德：工作人员疏忽和缺乏职业道德会增加项目实施风险。项目团队（包括施工队伍）人力资源状况：成员的年龄、性别、综合业务水平、文化层次等结构搭配及互补合理性状况，人力资源状况大大影响了项目实施基础。

项目组织结构是指对组织内部分工协作和各职务范围、权责分配进行规范化的管理系统框架。组织结构合理性可以体现在管理机构的健全程度和施工组织管理水平上。管理机构不健全或施工组织管理混乱，会导致组织机制不科学、成员配置和职责分配不当，进而严重影响项目进展。

管理制度的合理性可以体现在管理制度科学性及执行程度、操作程序的科学合理性、外包安排的合理性、风险教育及培训合理性、合同施工状态变更风险、衔接风险等细分指标上。管理制度及执行：制度不落实，导致项目潜在风险大大增加；操作程序的科学合理性：没有操作程序可能导致项目混乱，无法进展；外包安排的合理性：可能导致外包失败，进而增加项目周期和成本；风险教育及培训合理性：没有风险教育和培训会增加项目失败的风险和成本；合同施工状态变更风险：增加项目成本和进展；衔接风险：由于项目实施是一个复杂的系统，需要项目组织内部和外部不同部门间互相合作，若合作不力，将造成衔接风险影响项目进展。

### 4. 费用风险

费用风险有两层含义：一是由于市场风险导致人工费、材料费、机械费、施工管理费上涨，从而影响工程施工的费用，不能达到成本目标；二是由于项目对风险教育培训、风险技术措施、工业卫生技术措施费、劳保用品费的投入不足，导致安全风险事故发生后造成的严重人员伤亡和财产损失。

因此，费用风险分为成本风险（人工费、材料费、机械费、施工管理费上涨）、安全保障费用（风险教育培训费、风险技术措施、工业卫生技术措施费、劳保用品费）不足风险。

### 5. 质量风险

质量风险是指由于工程项目的材料或机械设备存在质量问题而引起项目人员伤亡或财产损失事件发生的不确定性。工程材料（工程原材料、成品、半成品、构配件）是工程项目的重要组成部分，材料费用一般占工程造价的60%，且数量大、品种多，因此材料的质量对工程质量具有非常重要的影响，对工程材料的质量严格把关不仅能有效保证工程质量，还可以避免工程返工，从而保证工程按期完成和降低工程因材料质量不过关造成的损失。

在工程施工过程中，施工机械设备用于完成土石方挖掘运输，混凝土的搅拌、浇筑，材料构件、设备的吊装运送，代替了繁重的体力劳动，并极大提高了效率。然而在施工过程中，由于机械设备检查不到位，设备操作不规范，甚至违章操作等行为会造成人员伤亡和财产的损失，因此在项目施工过程中，需要对施工设备的供应和配套是否合理、充足及操作是否规范给予适当的关注。

## 6.4　基于德尔菲法的风险指标量化

### 6.4.1　德尔菲法

德尔菲法是一种有效的专家调查法，其采用专家背靠背形式将拟解决的问题发送给专家，征询其意见，将整理的专家综合意见和问题再次反馈给每位专家，征询意见后，专家将参考综合意见修改其初始意见，再汇总，多次往复形成一致意见。该方法的优点是充分利用专家的经验与学识；采用匿名形式，使专家能客观自由发表自己的看法；经过几轮的反馈，将得到一致的结论。

德尔菲法用到的统计公式如下：

（1）指标平均值 $M_j = \dfrac{1}{m}\sum\limits_{i=1}^{m}C_{ij}$，$M_j$ 值越大，表示指标的重要性越大。式中 $M_j$ 是指多名专家对 $j$ 指标的算术平均值；$m$ 是指参加 $j$ 指标评价的专家数；$C_{ij}$ 是 $i$ 专家对 $j$ 指标的评价值。

（2）专家权威程度 $C_R = \dfrac{C_a + C_s}{2}$，$C_R$ 表示专家权威程度，值越大，权威程度越高。$C_a$ 表示专家判断指标的依据；$C_s$ 表示专家对指标的熟悉程度。

（3）加权指标平均值 $M'_j = M_j \times C_R$，以 $C_a$ 作为权重，将指标平均值进行加权处理，作为指标的综合得分。

（4）指标的变异系数 $V_j = \dfrac{\delta_j}{M_j}$，值越小，表示专家的协调程度越大，$\delta_j$ 表示 $j$ 指标的标准差。变异系数 $V_j$ 表示专家对指标评价意见的协调程度，一般认为 $V_j \in (0, 0.25)$ 时专家分歧较小。

通过德尔菲法分析后，可以获得 $m$ 个指标的重要性综合评分并从大到小排序，设 $x = \{x_1, x_2, \cdots, x_m \mid x_i > 0\}$，$i = 1, 2, \cdots, m$。基于指标重要性采用数量化方法对指标进行筛选，筛选方法为：首先计算各指标的权重之和，$x = \sum\limits_{i=1}^{n}x_i$；继而求满足算式 $\sum\limits_{i=1}^{m}x_i / x \geqslant a$ 的最小的 $m$ 值（$a$ 为重要性常数，取值没有明确规定，视实际情况而定，一般取值 $0.7 \leqslant a < 1$，经验表明在此区间取值时，能确保重要的指标被选上）。

## 6.4.2 风险指标量化

针对大型工程项目安全风险指标体系设计调查问卷（附录），并采用德尔菲法获取专家打分，经过反复问询、归纳、修改，汇总成专家对风险指标的重要性综合评分，基于指标重要性采用数量化方法对指标优化筛选。

将问卷发放给 10 位行业内的专家（专家信息统计见表 6-1），通过第一次问卷的调研，专家对课题组设计的大型工程项目安全风险若干指标进行了重要性评分，并根据自身实际经验情况，给出判断指标的依据及对指标的熟悉程度，并在开放性的问题中，谈到了一些改进的意见。

表 6-1 第一次调研问卷的整理情况

| 序号 | 指标 | 平均分值 | 标准差 | 变异系数 |
|------|------|----------|--------|----------|
| 1 | 政治法律风险因素 | 6.571429 | 2.760262 | **0.42004** |
| 2 | 经济风险因素 | 6.857143 | 2.267787 | **0.33072** |
| 3 | 项目造成的失业率 | 3.714286 | 2.13809 | **0.57564** |
| 4 | 项目征迁造成民众收入损失的补偿程度 | 4.285714 | 3.352327 | **0.78221** |
| 5 | 项目对水土流失及人均绿地影响度 | 3.428571 | 2.507133 | **0.73125** |
| 6 | 项目造成的环境噪声、辐射、粉尘影响 | 4.285714 | 2.9277 | **0.68313** |
| 7 | 项目潜在的水质污染风险度 | 3.428571 | 2.760262 | **0.80508** |
| 8 | 项目引起的流动人口增长率 | 3.714286 | 2.9277 | **0.78823** |
| 9 | 工程移民与安置区居民的融合度 | 2.857143 | 3.625308 | **1.26886** |
| 10 | 项目社会风险管理与应急制度不完善 | 6.285714 | 3.147183 | **0.50069** |
| 11 | （民族风俗习惯和宗教）文化差异 | 4.857143 | 2.267787 | **0.4669** |
| 12 | 项目对当地人文景观破坏度 | 5.714286 | 2.9277 | **0.51235** |
| 13 | 人工费、材料费、机械费上涨 | 6.571429 | 2.225395 | **0.33865** |
| 14 | 施工管理费上涨 | 6 | 1.632993 | **0.27217** |
| 15 | 气候风险 | 6.571429 | 2.760262 | **0.42004** |
| 16 | 地质风险 | 6.571429 | 2.760262 | **0.42004** |
| 17 | 资源条件风险 | 6 | 1.632993 | **0.27217** |
| 18 | 项目团队技术水平 | 8.857143 | 1.069045 | 0.120699 |
| 19 | 生产工艺革新（新技术的发展） | 6 | 1.632993 | **0.27217** |

（续）

| 序号 | 指标 | 平均分值 | 标准差 | 变异系数 |
|------|------|----------|--------|----------|
| 20 | 工程项目设计风险 | 9.142857 | 1.069045 | 0.116927 |
| 21 | 工程实施变更风险 | 6.857143 | 2.267787 | **0.33072** |
| 22 | 技术规范风险 | 7.142857 | 1.573592 | 0.220303 |
| 23 | 技术难度 | 6.857143 | 1.069045 | 0.155902 |
| 24 | 技术寿命周期的不确定性 | 6 | 2 | **0.33333** |
| 25 | 技术成果的成熟度 | 6.571429 | 1.511858 | 0.230065 |
| 26 | 技术的适用度及匹配性 | 7.428571 | 2.225395 | **0.29957** |
| 27 | 设计的适用度及适应性 | 6.857143 | 2.544836 | **0.37112** |
| 28 | 技术的系统效率 | 5.142857 | 2.267787 | **0.44096** |
| 29 | 信息组织管理制度 | 7.428571 | 1.511858 | 0.203519 |
| 30 | 信息技术和系统管理 | 6.857143 | 1.573592 | **0.22948** |
| 31 | 硬件设施 | 5.714286 | 3.147183 | **0.55076** |
| 32 | 物理环境及保障 | 5.714286 | 2.13809 | **0.37417** |
| 33 | 软件设施 | 6 | 1.632993 | **0.27217** |
| 34 | 缺乏科学合理的操作程序 | 8.571429 | 0.9759 | 0.113855 |
| 35 | 管理机构（施工组织管理混乱） | 8 | 1.154701 | 0.144338 |
| 36 | 管理制度及执行 | 8 | 1.154701 | 0.144338 |
| 37 | 工作人员疏忽、缺乏职业道德 | 7.714286 | 1.380131 | 0.178906 |
| 38 | 不妥善的外包安排 | 7.142857 | 1.069045 | 0.149666 |
| 39 | 缺乏风险教育及培训 | 6.857143 | 1.573592 | 0.229482 |
| 40 | 管理人员 | 8 | 1.154701 | 0.144338 |
| 41 | 人力资源状况 | 6 | 1.632993 | **0.27217** |
| 42 | 合同施工状态变更风险 | 7.142857 | 1.069045 | 0.149666 |
| 43 | 衔接风险 | 6.285714 | 0.755929 | 0.120261 |
| 44 | 风险教育培训费及奖励基金 | 6 | 2.581989 | **0.43033** |
| 45 | 风险技术措施 | 6.571429 | 2.225395 | **0.33865** |
| 46 | 工业卫生技术措施费 | 4.285714 | 2.9277 | **0.68313** |
| 47 | 融资能力 | 4.428571 | 3.154739 | **0.71236** |
| 48 | 劳保用品费 | 4.571429 | 2.507133 | **0.54844** |

| 序号 | 指标 | 平均分值 | 标准差 | 变异系数 |
|------|------|----------|--------|----------|
| 49 | 承包商风险 | 6.285714 | 1.799471 | **0.28628** |
| 50 | 分包商风险 | 6 | 1.632993 | **0.27217** |
| 51 | 业主风险 | 5.714286 | 2.13809 | **0.37417** |
| 52 | 材料风险 | 6.285714 | 2.13809 | **0.34015** |
| 53 | 机械设备风险 | 6.857143 | 2.267787 | **0.33072** |

注：1. 平均分值是指综合所有专家对指标打分后的平均值（10分）。

2. 标准差是指专家对某一指标评分的波动程度。

3. 变异系数是指专家对某一个指标相对重要性评价的协调程度，该系数越小，则表明专家的协调性越高，一般认为变异系数小于0.25时，专家的协调性较高，平均分值的可信性较高。

4. 变异系数一列中，加粗的数字表示不满足德尔菲法对变异系数的要求，需要二次调研时重点注意，获取一致性的意见。

获取行业内专家对"大型工程项目安全风险"若干指标的重要性评分及意见，专家认为按照MECE（相互独立，完全穷尽）原则，建议整合部分指标，统计整理改进意见如下：

（1）建议将经济风险因素与市场风险因素适当进行整合，取一个更恰当的指标替代。

（2）建议将若干社会风险因素适当进行整合，因为项目实际执行过程中，其影响不是太明显。

（3）建议对市场风险因素再度斟酌，是否有必要设置子指标，并证明子指标的科学合理性。

（4）技术风险因素中"技术的成熟度"与"技术的适用度及匹配性"是否有些重复，建议合并。"技术的系统效率"较生僻，且其作用在其他指标中已有所体现，建议删除。

（5）建议将信息管理风险中的软、硬件设施合并；将物理环境及保障删除。

（6）建议将管理风险中若干风险因素进行适当整合。

（7）相关利益主体风险与质量风险均可以通过管理手段来避免，因此归根结底还是管理风险。

## 6.5  基于改进 k-means 算法的指标优化

改进 k-means 算法是一种以 DB index 为聚类有效性评价函数，从高维特征集中选择低维的最优特征集的算法，克服了 k-means 算法对 $k$ 值的依赖，使分类效果不降低。

工程安全风险特征变量是指根据工程以往经验和信息，加工得到的可以反映项目风险特征的变量，用 $f_i$ 表示，所有特征变量的集合是特征变量集，用 $F$ 表示。每个特征变量可以看成是工程安全风险指标体系的一个指标。

特征变量集覆盖项目的整体风险，然而选取所有的特征变量作为风险评价指标是不现实的，因为数据准备和计算的工作量极大，且相关性较强的特征变量间存在干扰，因此运用改进 k-means 算法对特征变量集 $F$ 进行优化，选出可以达到原始特征集的预测精度的最优特征子集。如图 6-3 所示。

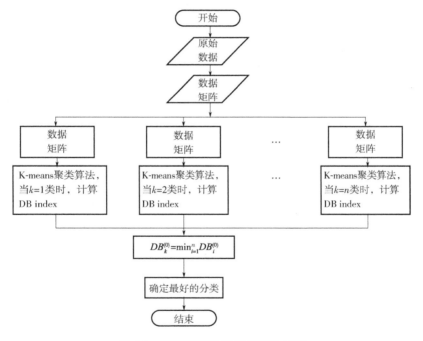

图 6-3 工程项目风险指标筛选过程

（1）通过阅读工程项目安全风险的文献和咨询行业专家的意见，初步整理出工程项目安全风险指标体系。

（2）采用德尔菲法，邀请若干位专家针对工程项目安全风险指标体系初稿，进行评价打分，经由多轮次调查专家对问卷所提问题的看法汇总成一个整体的看法，形成量化的安全风险指标并生成数据矩阵 $b$（$m*n$ 矩阵，$m$ 个样本，$n$ 个属性），安全风险预警指标的优化在其子矩阵 $b(i)$ 上进行，采用以 DB index 为聚类有效性评价函数的改进 k-means 算法。

（3）设子矩阵 $b$（$p$）包含 $p$ 个特征变量，特征变量用 $n$ 个属性测量，$x_i$ 表示矩阵 $b$（$p$）中的第 $i$ 个特征变量，$i = 1, 2, \cdots, p$。令 $t = p - 1$，count $= 1$，normal $= 0$，count 记录执行次数，normal 保存前一次选择的最优 $DB$ 值。改进 k-means 算法对子矩阵 $b$（$p$）优化过程如下：

①聚类过程：对子矩阵 $b$（$p$）应用 k-means 算法进行聚类，根据项目的实际运作状况，确定聚类次数 $k$ 的范围，每次聚类的 $k$ 值都不一样，$k = 2, 3, \cdots, p$，分别计算分类后的类中心向量、类内平均距离、类间距离，获得准则函数 $DB$（$k$）值。

②评估过程：将所得的 $DB$ 值传递给评估系统，按照"$DB$ 最小"原则，选取最小 $DB$ 值，确定相应的分类数 $k$；第一步优化过程结束。

③对选择出的特征集进行特征相关性分析，若特征变量之间相关系数大于 $\gamma$（$\gamma$ 为门限），则删除其中的一个特征。

（4）k-means 算法。k-means 算法是一种考察样本间相似性的算法，输入为 $n$ 个数据对象和聚类个数 $k$，输出是方差最小标准的 $k$ 个聚类，结果须满足同一聚类中的样本相似度较高，不同聚类之间的样本相似度较低。

①在原始的 $n$ 个数据对象中随机选择 $k$ 个作为初始聚类中心。

②分别计算 $n$ 个数据对象与 $k$ 个初始聚类中心的距离，按照最小距离重新对数据对象进行划分。

③循环步骤②，当满足一定条件时，算法终止，否则回到步骤②。

（5）特征子集的准则函数。DB index 是一种评价特征选择有效性的方法，基本思想是将原始特征变量集 $F$ 划分为多个特征子集 $F_i$，计算 DB index 值判断分类的有效性和分类数是否最优，并选择满足相关性要求的最优的特征子集。

假设将 $n$ 维原始特征集合 $F$ 划分为 $n$ 类，$F = \{F_1, F_2, \cdots, F_n\}$。DB index 评价准则是：

类内距离 $S_i$ 为

$$S_i = \frac{1}{t_i} \sqrt{\sum_{j=1}^{t_i} (X_j - A_i)^2}$$

$S_i$ 表示 $F_i$ 类的类内距离，$t_i$ 表示 $F_i$ 类中样本的个数，$X_j$ 表示 $F_i$ 类中的样本，$A_i$ 表示 $F_i$ 类的类中心。

类间距离为

$$D_{ij} = \| A_i - A_j \|$$

$D_{ij}$ 表示 $F_i$ 与 $F_j$ 类之间的距离，$A_i$、$A_j$ 分别表示两类的类中心。

DB index：

$$DB_k = \frac{1}{k} \sum_{i=1}^{k} R_i$$

式中，$R_i = \max_{j=1,2,\cdots,k,j\neq i} \dfrac{S_i + S_j}{D_{ij}}$，$DB_k$ 越小，表示原始特征集分为 $k$ 类时，类内距离越小，类间距离越大，分类效果越好。

（6）根据专家打分获得各项指标的安全风险影响和可能性分值，应用 Matlab 将原始数据转化为数据矩阵 $b$（$53 \times 2$ 矩阵），本书重点对以下五个子矩阵进行指标优化，社会环境风险因素 $b_1^{(14)}$、技术风险因素 $b_2^{(11)}$、信息管理风险因素 $b_3^{(5)}$、管理风险因素 $b_4^{(10)}$、费用风险因素 $b_5^{(5)}$。

对社会环境风险子矩阵 $b_1^{(14)}$（$14 \times 2$ 矩阵）应用 k-means 算法进行聚类，根据项目的实际情况，初步确定分类范围为 $k = 4$、5、6、7、8、9 计算当 $k = 2, 3, \cdots$，$p$ 时，聚类的类中心向量、类内平均距离、类间距离，获得准则函数 $DB$（$k$）值。根据"DB 最小"原则，选取最小 $DB$ 值，确定相应的分类数 $k$。停止计算的原则是迭代中产生空的聚类。见表 6-2 和表 6-3。如图 6-4 ~ 图 6-6 所示。

表 6-2　不同分类下的 $DB$ 值（一）

| 社会环境风险因素 | | 技术风险因素 | | 信息管理风险因素 | |
|---|---|---|---|---|---|
| 分类 $k$ | $DB$ 值 | 分类 $k$ | $DB$ 值 | 分类 $k$ | $DB$ 值 |
| 4 | 0.3017 | 2 | 0.4695 | 2 | 0.0397 |
| 5 | 0.2905 | 3 | 0.3978 | **3** | **0.034** |
| 6 | 0.2542 | 4 | 0.4223 | | |
| 7 | 0.2142 | 5 | 0.2905 | | |
| **8** | **0.1984** | **6** | **0.2577** | | |
| 9 | 0.2673 | | | | |

表 6-3　不同分类下的 $DB$ 值（二）

| 管理风险因素 | | 费用风险因素 | |
|---|---|---|---|
| 分类 $k$ | $DB$ 值 | 分类 $k$ | $DB$ 值 |
| 3 | 0.4242 | 2 | 0.1687 |
| 4 | 0.1083 | **3** | **0.1396** |
| **5** | **0.0805** | | |

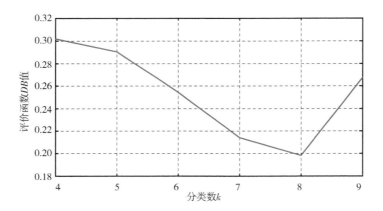

图 6-4　社会环境风险矩阵 $k$ 不同时 $DB$ 变化曲线

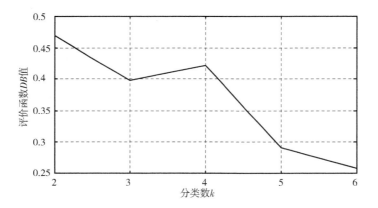

图 6-5　技术风险矩阵 $k$ 不同时 $DB$ 变化曲线

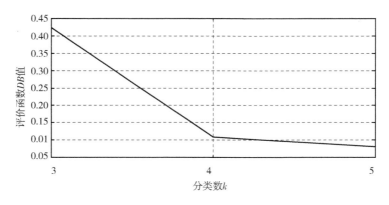

图 6-6　管理风险矩阵 $k$ 不同时 $DB$ 变化曲线

所以，按照评价函数可知，社会环境风险因素子矩阵 $b_1^{(14)}$（$14 \times 2$ 矩阵）分类数为 8 时，聚类效果可以达到最佳。当 $k = 8$ 时，指标体系优化见表 6-4。

表 6-4　社会环境风险指标优化

| 序号 | 优化前的指标 | 优化后的指标 |
|---|---|---|
| 1 | 项目造成的失业率、项目引起的居民收入变化程度 | 项目实施对附近居民就业和收入的影响 |
| 2 | 项目造成的相关服务价格上涨率、项目可能在当地引发的交通风险 | 项目实施可能引起周边服务价格上涨和交通风险事故增加 |
| 3 | 项目征迁造成民众收入损失的补偿程度、项目对水土流失及人均绿地影响度、工程移民与安置区居民的融合度 | 工程移民和项目施工对居民生活的影响 |
| 4 | 项目造成的环境噪声、辐射、粉尘影响 | 项目造成的环境噪声、辐射、粉尘影响 |
| 5 | 项目潜在的水质污染风险度、项目社会风险管理与应急制度不完善、项目社会风险问责制不完善 | 项目社会风险管理不完善（表现在应急机制和问责机制） |
| 6 | 项目影响区域大小和影响民众范围 | 项目实施影响民众范围 |
| 7 | 项目引起的流动人口增长率 | 项目实施造成流动人口增长 |
| 8 | 信息公示与公众参与制度 | 项目有关信息公示与公众参与程度 |

同理可得其他指标子矩阵的优化结果，如技术风险因素子矩阵 $b_2^{(11)}$ 分为 6 类，见表 6-5。其他指标优化见表 6-6 ~ 表 6-8。

表 6-5　技术风险指标优化

| 序号 | 优化前的指标 | 优化后的指标 |
|---|---|---|
| 1 | 项目团队技术水平 | 项目团队技术水平 |
| 2 | 生产工艺革新（新技术的发展）、技术的适用度及匹配性、技术寿命周期的不确定性、技术成果的成熟度 | 生产工艺技术的适用度及匹配性 |
| 3 | 工程项目设计风险、设计的适用度及适应性 | 工程项目设计适用度 |
| 4 | 工程实施变更风险 | 工程实施变更风险 |
| 5 | 技术规范风险 | 技术规范风险 |
| 6 | 技术的系统效率 | 技术的系统效率 |

表 6-6　管理风险指标优化

| 序号 | 优化前的指标 | 优化后的指标 |
|:---:|---|---|
| 1 | 管理机构（施工组织管理混乱）、工作人员疏忽、缺乏职业道德 | 施工组织管理和人员管理合理性 |
| 2 | 缺乏科学合理的操作程序 | 项目操作程序科学合理性 |
| 3 | 缺乏风险教育及培训、合同施工状态变更风险、衔接风险 | 施工变更和项目衔接风险 |
| 4 | 不妥善的外包安排 | 外包安排合理性 |
| 5 | 管理制度及执行 | 管理制度及执行 |

表 6-7　信息管理风险指标优化

| 序号 | 优化前的指标 | 优化后的指标 |
|:---:|---|---|
| 1 | 硬件设施、软件设施、物理环境及保障 | 信息管理硬件设施 |
| 2 | 信息技术和系统管理 | 信息技术和系统管理 |
| 3 | 信息组织管理制度 | 信息组织管理制度 |

表 6-8　费用风险指标优化

| 序号 | 优化前的指标 | 优化后的指标 |
|:---:|---|---|
| 1 | 风险技术措施 | 风险技术措施 |
| 2 | 工业卫生技术措施费、劳保用品费、风险教育培训费及奖励基金 | 风险培训费用不足和卫生用品缺乏程度 |
| 3 | 融资能力 | 融资能力 |

## 6.6　修改后的安全风险指标体系

根据德尔菲法第一次调研的数据和意见，以及基于改进 k-means 算法指标优化的结果，进行适当调整，整理出新的安全风险指标体系和体系改动说明。指标体系三级指标缩减为 29 个，将改动说明和新的指标体系再次发给各位专家，获得一致性意见和二次评分后，得出工程项目修改后的安全风险指标体系及统计结果，见表 6-9。其中，专家的权威指数均值 $\overline{C}_R = 0.82$，表明专家的评分依据相对合理且对指标较熟悉，变异系数均值 $\overline{V}_j \in (0, 0.25)$ 符合要求。

表 6-9  修改后的安全风险指标体系及统计结果

| 序号 | 指标 | 平均数 | 标准差 | 变异系数 | 权重 |
|---|---|---|---|---|---|
| 1 | 政治法律风险因素 | 4.7143 | 0.7559 | 0.1603 | 0.0239 |
| 2 | 经济风险因素（金融危机发生） | 7.7143 | 0.9512 | 0.1233 | 0.0392 |
| 3 | 市场风险因素（人、材、机费上涨） | 4.5714 | 0.7868 | 0.1721 | 0.0232 |
| 4 | 社会风险因素 | 6.5000 | 0.7071 | 0.1088 | 0.0330 |
| 5 | 气候风险 | 4.5714 | 0.7868 | 0.1721 | 0.0232 |
| 6 | 地质风险 | 3.5714 | 0.5345 | 0.1497 | 0.0181 |
| 7 | 项目团队技术水平 | 8.8571 | 1.0690 | 0.1207 | 0.0450 |
| 8 | 工程项目设计风险 | 9.1429 | 1.0690 | 0.1169 | 0.0464 |
| 9 | 工程实施变更风险 | 7.7143 | 1.3801 | 0.1789 | 0.0392 |
| 10 | 技术规范风险 | 7.7143 | 0.7559 | 0.0980 | 0.0392 |
| 11 | 技术成果的成熟度 | 6.5714 | 1.5119 | 0.2301 | 0.0334 |
| 12 | 技术的适用度及匹配性 | 8.0000 | 1.6330 | 0.2041 | 0.0406 |
| 13 | 信息组织管理制度 | 7.7143 | 1.3801 | 0.1789 | 0.0392 |
| 14 | 信息技术和系统管理 | 6.5714 | 0.9759 | 0.1485 | 0.0334 |
| 15 | 硬、软件设施 | 7.1429 | 1.0690 | 0.1497 | 0.0363 |
| 16 | 缺乏科学合理的操作程序 | 8.5714 | 0.9759 | 0.1139 | 0.0435 |
| 17 | 管理机构（施工组织管理混乱） | 8.0000 | 1.1547 | 0.1443 | 0.0406 |
| 18 | 管理制度及执行 | 8.0000 | 1.1547 | 0.1443 | 0.0406 |
| 19 | 工作人员疏忽、缺乏职业道德 | 7.7143 | 1.3801 | 0.1789 | 0.0392 |
| 20 | 不妥善的外包安排 | 8.0000 | 0.0000 | 0.0000 | 0.0406 |
| 21 | 缺乏风险教育及培训 | 7.1429 | 1.0690 | 0.1497 | 0.0363 |
| 22 | 管理人员 | 8.0000 | 1.1547 | 0.1443 | 0.0406 |
| 23 | 质量安全管理（材料、机械） | 6.5714 | 0.9759 | 0.1485 | 0.0334 |
| 24 | 利益相关者风险 | 6.7143 | 0.9512 | 0.1417 | 0.0341 |
| 25 | 衔接风险 | 6.2857 | 0.7559 | 0.1203 | 0.0319 |
| 26 | 风险教育培训费及奖励基金 | 6.8571 | 1.0690 | 0.1559 | 0.0348 |
| 27 | 风险技术措施 | 6.8571 | 1.0690 | 0.1559 | 0.0348 |
| 28 | 工业卫生技术措施费 | 2.5714 | 0.5345 | 0.2079 | 0.0131 |
| 29 | 劳保用品费 | 4.5714 | 0.7868 | 0.1721 | 0.0232 |

　　将评价指标按照权重从大到小排序：工程项目设计风险，项目团队技术水平，缺乏科学合理的操作程序，技术的适用度及匹配性，管理机构（施工组织管理混乱），管理制度及执行，不妥善的外包安排，管理人员，经济风险因素（金融危机发生），工程实施变更风险，技术规范风险，信息组织管理制度，工作人员疏忽、缺乏职业道德，硬、软件设施，缺乏风险教育及培训，风险教育培训费及奖励基金，风险技术措施，利益相关者风险，技术成果的成熟度，信息技术和系统管理，质量安全管理（材料、机械），社会风险因素，衔接风险，政治法律风险因素，市场风险因素（人、材、机费上涨），气候风险，劳保用品费，地质风险，工业卫生技术措施费；计算各指标的权重之和 $D = \sum_{i=1}^{22} D_i = 1$；继而求满足算式 $\sum_{i=1}^{m} D_i / D \geq a$ 的最小 $m$ 值 $[$ 取 $a = 0.8 \in (0.7, 1)]$。计算出 $m = 22$，确定工程项目安全风险重要性指标。

# 第7章　重大工程安全风险评价和预警模型

## 7.1　安全风险评价预警的目标和假设

### 7.1.1　安全风险评价预警的目标

工程项目尤其是大型工程是一个处于复杂动态开放环境中的巨系统，在实施过程中有众多安全风险因子影响项目目标的实现，如政治法律风险、经济风险、社会环境风险、自然风险、技术风险、管理风险等。安全风险预警以大型工程项目安全风险指标体系为基础，对工程项目实施过程中可能发生或即将发生的安全风险事故发出预警信号，为项目管理者制定防范策略提供依据，从而更有效地实现以下几个预期目标：

（1）对大型工程项目实施过程中的安全风险因素进行监测和评价，以此明确项目面临或可能面临的不利情况。

（2）找出安全风险指标体系中对大型工程项目实施过程中安全风险具有显著影响作用的关键指标，以加强大型工程项目实施过程中安全风险监管的针对性和有效性。

（3）对可能出现的问题和异常状态发出警报信号，并找出可能导致风险产生的原因，以便有针对性地制定方案和措施，实现预防、规避和化解可能出现的风险的目的。

（4）确定大型工程项目实施过程中安全风险等级，提高项目的抗风险能力，引导项目向着稳定、健康和可持续发展的目标迈进。

### 7.1.2　安全风险评价预警的假设

为便于分析大型工程项目实施过程中安全风险问题，对复杂的系统环境风险的某些属性做了一定的假设，并在此基础上展开风险分析及其预警研究，具体如下：

（1）大型工程项目实施过程中面临的安全风险是相对的，在一定条件下是可以转化的，正因为如此，研究风险预警才有实际意义。

（2）人既是造成大型工程项目实施过程中安全风险问题的主要根源之一，又是化解安全风险问题的主要力量，这就意味着人所发生的行为是可以矫正的，正因为如此，研究大型工程项目实施过程中安全风险问题预警才具有实际可操作性。

（3）大型工程项目安全风险指标体系与项目的实际风险状况具有一定的联系 $f$，即实际风险状况 $y = f$（实际输入量 $x$），但是由于受到多种不确定性因素的影响，难以确定，故采用神经网络模型实现模拟这种复杂的非线性关系，得到最优估计输出 $y$，从而输出安全风险预警值。

## 7.2 安全风险评价预警方法——BP 神经网络算法

从评价指标和工程项目安全风险预警结果之间的关系来看，它们是复杂的非线性关系，难以进行有效的综合评价，而 BP 神经网络系统是由大量神经单元构成的非线性系统，具有规模运算和自适应学习能力。在理论上，BP 神经网络模型能高精度实现函数逼近复杂的工程项目系统，帮助建立合理、可行的评价预警模型。

BP 神经网络算法根据样本数据训练，获得层与层之间的权重，并得到每一因子贡献的重要性，确定每一因素贡献或重要性的权重，从而解决模糊数学法、层次分析法等常见风险评价方法中人为设定各种因素的权重导致的决策准确性不足的问题。

此外，神经网络系统由于采用分布式存储结构，具有良好的鲁棒性和容错能力，可以处理部分缺损的信息而不影响全局性，因此应用神经网络系统研究复杂的工程项目系统时，不必把众多影响因素作为神经网络的输入变量，不仅减少耗费收集、处理数据的资源，还会降低网络复杂度，缩短运算时间。

综上所述，将采用德尔菲法作为神经网络模型的前端处理，选择重要指标作为神经网络的输入变量，有效地提高了预警模型的预测精度和效率。

在计算机信息等领域内，神经网络是指向生物神经网络学习而构造的人工神经网络，如图 7-1 为神经元功能模型，$x_i$（$i = 1, 2, \cdots, n$）为神经元的输入变量；$\omega_i$ 为连接权值，表示输入变量与神经元的连接强度；$\theta$ 为神经元的阈值；$s$ 为外部输入的控制信号，调节神经元的连接权值，确保神经元处于某一状态；$y$ 为神经元的输出变量。神经元的工作过程如下：

（1）从各输入端接收输入信号 Z。

（2）根据连接权值 $\omega_i$，可得所有输入的加权和：$\sigma = \sum_{i=1}^{n} \omega_i x_i + S - \theta$。

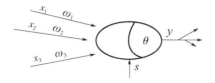

图 7-1　神经元功能模型

（3）用作用函数 $f$ 进行转换，得到输出：$y = f(\sigma) = f(\sum_{i=1}^{n} \omega_i x_i + S - \theta)$。

建立人工神经网络的一个重要环节是构造它的拓扑结构，即确定神经元之间的互联结构。应用反向传播网络（BP 网络）进行分析，图 7-2 所示为一个具有 $r$ 输入节点和一个中间层的多层结构。BP 神经网络的核心是误差反向传播法（BP 算法），BP 算法包括信息的正向传递和误差的反向传递。信息正向传播至输出层，若输出层与期望输出的误差在允许范围内，则达到期望目标；若输出值与期望值之间的误差超过允许范围，则将误差信号沿原来路径反向传回，来修改各神经元的权值直至达到目标。其工作过程为：设输入为 $X$，输入层节点有 $m$ 个，中间层节点有 $u$ 个，激活函数为 $F_1$，输出层内有 $n$ 个节点，对应的激活函数为 $F_2$，输出目标为 $Z$，期望目标为 $A$。

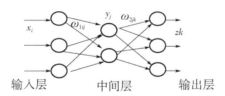

图 7-2　人工神经网络多层结构

正向传播过程如下：

① $\qquad y_j = f_1(\sum_{i=1}^{m} \omega_{1ij} x_i + \theta_j)$，$(j = 1, 2, \cdots, u)$

式中，$\theta_j$ 为中间层神经元的阈值。

$$z_k = f_2(\sum_{j=1}^{u} \omega_{2jk} y_j + s_k)，(k = 1, 2, \cdots, n)$$

式中，$s_k$ 为输出层神经元的阈值。

② 计算输出目标 $z_k$ 与期望目标 $a_k^p$ 的误差，记为 $d_k = z_k(1 - z_k)(a_k^p - z_k)$。

反向传播过程如下：

①输出层向中间层节点反向分配误差，$e_j = y_k(1 - y_k)(\sum\limits_{k=1}^{n} \omega_{2jk}d_k)$。

②修正权值及阈值。

输出层权值 $\omega_2$：$\omega_{2jk}^{p+1} = \omega_{2jk}^p + ay_jd_k (0 < a < 1)$。

阈值 $s$：$s_k^{p+1} = s_k^p + ad_k (0 < a < 1)$。

中间层权值 $\omega_1$：$\omega_{1ij}^{p+1} = \omega_{1ij}^p + ax_ie_j (0 < a < 1)$。

阈值 $\theta$：$\theta_j^{p+1} = \theta_j^p + ae_j (0 < a < 1)$。

重复上述步骤，直到误差在允许范围之内。

## 7.3 基于神经网络模型的大型工程项目安全风险预警模型

大型工程安全风险预警过程是一个动态预警过程，因为在工程项目施工过程中，气温、降水、风力等施工环境因素是不断变化的，同时，前一个工程阶段或前一道工序为后一个工程阶段或后一道工序提供施工环境，因此安全风险管理或预警是一个动态的过程。然而当前项目风险管理中的危险辨识、风险评价、控制都是阶段性的，不能有效地对工程事故的发生尤其是某个时刻的潜在危险因素的状态进行预警。

### 7.3.1 大型工程项目安全风险预警体系框架

安全风险预警模型是指通过安全风险指标体系对工程项目的施工过程风险状态进行监测和预测，预先发现潜在的安全风险问题及原因，为项目管理人员采取风险防范措施提供科学依据。如图 7-3 所示为大型工程项目安全风险预警体系框架。

预警模型一般由警义（警素和警度）、警源、警情、警兆、警限和警级构成。

其中，警义是预警系统中的关键因素，警素表示工程安全风险类型，警度表示风险程度，管理者可以通过警义定量考察工程项目施工过程中的安全风险状态，动态掌握工程实际状况。

警源是指工程项目施工过程中的安全风险源。工程项目警源分为外部宏观风险和项目内部风险。

警情是指由于工程项目所处的内外环境的变化，导致警源处于不稳定状态，当警源变动程度超过项目的限度时，表现出来的风险状态。

警兆是工程项目施工过程中，内外环境变化导致警源从稳定到不稳定状态过程中表现出来的现象，通过考察警义可以捕捉警兆，进而预先明确风险警情。

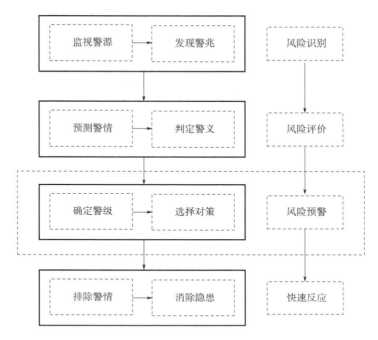

图 7-3　大型工程项目安全风险预警体系框架

警限是指警源从稳定到不稳定状态过程的风险质变的临界点。

警级是指按照工程项目施工过程中的风险状态，人为划分预警区间，以应对不同程度的风险事件。

下面对大型工程项目安全风险预警体系框架中各模块的功能进行说明。

警源是指工程项目施工过程中的安全风险源，寻找警源是风险预警体系建立的起点，也是风险预警体系建立的基础。

风险识别模块是在确定工程项目警源的基础上进行的，是大型工程项目安全风险预警过程中的关键环节。风险事件由警源转变为警情要经历四个阶段：潜伏期、爆发期、危机持续期、问题解决期。一般潜伏阶段，由于内外环境变化导致警源从稳定到不稳定状态过程中，总有一定的警兆表现出来，通过安全风险指标体系考察警义，发现警兆，进而预先明确风险警情。

具体来说，风险识别就是建立合适的风险评估指标体系，及时观察工程项目施工过程中的异常变化并采取有效措施进行处理，规避风险，化解危机。因此，风险评估指标体系的确定将直接影响大型工程项目安全风险预警的效果。

风险评价模块主要是通过风险评价指标体系定量考察工程项目施工过程中的安

全风险状态，动态掌握工程实际状况。将风险评价指标体系按系统、层次进行聚合，最后得到由子系统风险指数合成的工程项目安全风险总指数。该指数是介于 0~1 的一个数值，其值越大，表明工程项目安全风险程度越低；反之，表明工程项目安全风险程度越高。

风险预警模块主要是按照工程项目施工过程中的风险状态，确定风险预警警级，人为划分预警区间，以应对不同程度的风险事件。风险警级是指根据风险评价模块的输出量——工程项目安全风险总指数，并参照制定的大型工程项目风险预警阈值，进行风险预报。如果工程项目安全风险总指数处于正常范围内，则进行正常监控，并反馈信息；如果工程项目安全风险总指数处于有警状态，则要进行诊断分析。针对风险预警模块输出的有警数据进行分析，并提出适当的对策进行应对。

快速反应模块是指根据诊断分析结果，采取相应的风险分散、化解、规避或者转移措施，然后将信息反馈给风险来源模块，并进行调整和动态监测。

## 7.3.2　基于神经网络模型的大型工程项目安全风险预警模型

图 7-4 所示为基于神经网络模型的大型工程项目安全风险预警模型，模型由两个主要部分组成：一是工程安全风险等级部分，该部分根据风险评价模块的输出量——工程项目安全风险总指数，并参照制定的大型工程项目风险预警阈值，将工程项目安全风险水平分为三个等级，即安全等级、预警等级、应急等级；二是工程项目神经网络模型部分，由于工程项目安全风险指标体系与项目的实际风险状况之间的联系难以确定，故采用神经网络模型输出安全风险预警值。

模型中设有"比较器"，将安全风险预警值反馈给"比较器"，通过与工程项目安全风险等级的预警阈值（基准值）进行比较，考查预警指标实际测量值位于预警阈值的哪一个区间，分为以下两种情况进行分析：

（1）若测量值在安全区域范围之内，则表明工程项目实施过程是受控的、稳定的，安全预警模型中"决策控制与执行"框图进行正常监控，并反馈信息。此时，工程项目处于"工程安全风险等级"框图中的安全区域。

（2）若测量值位于预警区域或应急区域范围，则表明工程项目实施过程是不受控的、不稳定的，安全预警模型中"决策控制与执行"框图会采取干预措施。此时，预警测定值位于预警区域区间，表明工程项目处于不稳定、安全临界状态；测量值位于应急区域区间，表明系统处于不稳定、安全应急状态。

干预措施包括：诊断风险原因、制定防范措施。

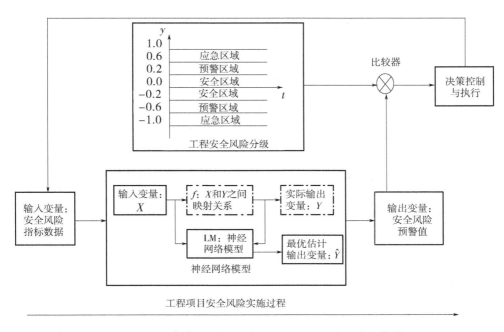

图 7-4　基于神经网络模型的大型工程项目安全风险预警模型

诊断风险原因主要是对风险预警输出的数据进行趋势规律分析，研究造成不同警级出现的具体原因，可采取逆向分析的方法追溯其成因。诊断的结果主要是为防范措施的制定提供依据。

制定防范措施主要是根据诊断分析结果，即导致工程项目出现安全风险的具体原因，提出相应的风险分散、化解、规避或者转移措施，然后将信息反馈给风险识别模块，并进行调整和动态监测。

## 7.4　神经网络模型的配置及训练

神经网络系统是由大量神经单元构成的非线性系统，具有规模运算和自适应学习能力，理论上神经网络模型能高精度地实现函数逼近复杂的工程项目系统，适于分析工程项目安全风险指标和预警结果之间的复杂非线性关系。

### 7.4.1　神经网络模型的配置

输入层：根据建立的工程项目安全风险指标体系，有 22 个末级指标，故基于神经网络的风险预警模型输入层共有 22 个输入节点，由于指标为定性指标，因此采用专家评分法按照指标因素对项目安全风险影响的重要性和指标因素发生的可能性大小进行量化，其中对项目安全风险影响的重要性按照五个维度（后果严重性小、后果严重性一般、后果严重性较大、后果严重性重大、后果严重性特大）进行评分，分值从 1 到 10 表示安全风险影响重要性的增加。指标因素发生的可能性大小按照五个维度（一年出现少于 1 次、七个月出现 1 次、五个月出现 1 次、三个月出现 1 次、一个月出现 1 次）进行评分，分值从 1 到 5 表示可能性从小到大递增。得到各因素的重要性和可能性分值后，将重要性各分值除以最高分值 10，可能性各分值除以最高分值 5，化为 [0，1] 域上的标准分值，并将重要性与可能性分值相乘，得到安全风险因素的综合评分，且满足 BP 网络值域的要求。

中间层：该层用以逼近任何有理函数，通过经验公式确定节点数 $u$ 的初步范围，即 $u \approx \sqrt{m+n} + a = 10$ ，（$m$ 为输入层节点数，$n$ 为输出层节点数，$a$ 为常数，此处取 5），经过逐步测试，选择误差最小 $u = 12$。

输出层：输出节点对应于工程项目安全风险评价结果，专家在对 22 个指标进行评估的同时，对工程项目的安全风险水平给出结论。工程项目安全风险级别设为五个等级，令工程项目安全风险水平很高的"重大级风险"的网络输出值为 [1，0，0，0，0]；风险水平较高的"高级风险"的网络输出值为 [0，1，0，0，0]；风险水平中等的"中度级风险"的网络输出值为 [0，0，1，0，0]；风险水平较低的"较低级风险"的网络输出值为 [0，0，0，1，0]；对应风险水平为很低的"低级风险"的网络输出值为 [0，0，0，0，1]。

综上所述，神经网络的配置结构为 $22 \times 12 \times 5$。

## 7.4.2  神经网络模型的训练

已知安全风险预警模型的神经网络配置为 $22 \times 12 \times 5$，以某市 14 个工程项目安全风险评价数据为训练样本和检验样本，学习精度为 0.001，调整训练次数达到误差要求。安全风险评价数据见表 7-1。

安全风险训练样本结果与实际运行结果比较见表 7-2。安全风险检验样本测试结果与实际运行结果比较见表 7-3。从表 7-2 和表 7-3 可看出，不仅全部 11 个训练样本与实际运行评估值非常接近，而且 3 个测试及仿真评价的结果也与实际运行评估值非常接近。

表 7-1　安全风险评价数据

| 样本序号 | 1 | 2 | 3 | 4 | 5 | 6 | 7 | 8 | 9 | 10 | 11 | 12 | 13 | 14 |
|---|---|---|---|---|---|---|---|---|---|---|---|---|---|---|
| | 训练样本 | | | | | | | | | | | | 检验样本 | |
| U1 | 0.124 | 0.205 | 0.278 | 0.078 | 0.469 | 0.468 | 0.218 | 0.218 | 0.218 | 0.208 | 0.416 | 0.265 | 0.427 | 0.415 |
| U2 | 0.078 | 0.437 | 0.703 | 0.119 | 0.439 | 0.445 | 0.480 | 0.408 | 0.052 | 0.042 | 0.434 | 0.107 | 0.687 | 0.838 |
| U3 | 0.289 | 0.315 | 0.476 | 0.072 | 0.285 | 0.251 | 0.034 | 0.265 | 0.211 | 0.037 | 0.224 | 0.249 | 0.447 | 0.414 |
| U4 | 0.305 | 0.280 | 0.679 | 0.279 | 0.214 | 0.245 | 0.248 | 0.267 | 0.278 | 0.158 | 0.209 | 0.270 | 0.661 | 0.425 |
| U5 | 0.076 | 0.465 | 0.424 | 0.148 | 0.451 | 0.415 | 0.108 | 0.477 | 0.435 | 0.077 | 0.477 | 0.468 | 0.644 | 0.645 |
| U6 | 0.257 | 0.508 | 0.651 | 0.099 | 0.178 | 0.437 | 0.070 | 0.212 | 0.259 | 0.129 | 0.202 | 0.045 | 0.671 | 0.677 |
| U7 | 0.288 | 0.307 | 0.418 | 0.245 | 0.265 | 0.488 | 0.214 | 0.469 | 0.418 | 0.285 | 0.262 | 0.281 | 0.466 | 0.449 |
| U8 | 0.262 | 0.459 | 0.267 | 0.286 | 0.041 | 0.502 | 0.235 | 0.212 | 0.279 | 0.051 | 0.264 | 0.255 | 0.437 | 0.414 |
| U9 | 0.118 | 0.462 | 0.477 | 0.103 | 0.419 | 0.434 | 0.044 | 0.288 | 0.265 | 0.081 | 0.408 | 0.035 | 0.677 | 0.402 |
| U10 | 0.104 | 0.224 | 0.443 | 0.117 | 0.239 | 0.216 | 0.113 | 0.253 | 0.268 | 0.113 | 0.288 | 0.295 | 0.461 | 0.289 |
| U11 | 0.246 | 0.232 | 0.257 | 0.215 | 0.254 | 0.338 | 0.244 | 0.409 | 0.221 | 0.272 | 0.238 | 0.275 | 0.612 | 0.261 |
| U12 | 0.035 | 0.519 | 0.484 | 0.072 | 0.064 | 0.455 | 0.038 | 0.471 | 0.459 | 0.143 | 0.408 | 0.037 | 0.682 | 0.407 |
| U13 | 0.247 | 0.324 | 0.606 | 0.282 | 0.046 | 0.627 | 0.107 | 0.269 | 0.237 | 0.093 | 0.278 | 0.069 | 0.632 | 0.616 |
| U14 | 0.239 | 0.475 | 0.432 | 0.218 | 0.244 | 0.247 | 0.255 | 0.288 | 0.218 | 0.278 | 0.264 | 0.247 | 0.409 | 0.425 |
| U15 | 0.275 | 0.285 | 0.208 | 0.255 | 0.224 | 0.217 | 0.288 | 0.254 | 0.486 | 0.039 | 0.248 | 0.267 | 0.664 | 0.265 |
| U16 | 0.257 | 0.298 | 0.426 | 0.235 | 0.074 | 0.290 | 0.268 | 0.257 | 0.269 | 0.245 | 0.402 | 0.267 | 0.695 | 0.208 |
| U17 | 0.075 | 0.262 | 0.276 | 0.273 | 0.245 | 0.247 | 0.225 | 0.273 | 0.256 | 0.109 | 0.248 | 0.030 | 0.637 | 0.271 |
| U18 | 0.048 | 0.373 | 0.656 | 0.286 | 0.240 | 0.660 | 0.107 | 0.269 | 0.265 | 0.278 | 0.268 | 0.265 | 0.605 | 0.254 |
| U19 | 0.085 | 0.349 | 0.638 | 0.050 | 0.113 | 0.264 | 0.239 | 0.036 | 0.207 | 0.246 | 0.281 | 0.327 | 0.628 | 0.614 |
| U20 | 0.119 | 0.512 | 0.409 | 0.432 | 0.281 | 0.475 | 0.457 | 0.455 | 0.499 | 0.018 | 0.124 | 0.115 | 0.784 | 0.469 |
| U21 | 0.305 | 0.508 | 0.687 | 0.214 | 0.105 | 0.274 | 0.262 | 0.229 | 0.277 | 0.145 | 0.271 | 0.265 | 0.607 | 0.204 |
| U22 | 0.012 | 0.507 | 0.416 | 0.083 | 0.234 | 0.419 | 0.053 | 0.446 | 0.436 | 0.126 | 0.458 | 0.101 | 0.604 | 0.454 |

输入变量

表 7-2　安全风险训练样本结果与实际运行结果比较

| 序号 | 期望输出 | 实际输出 | 风险等级 |
|---|---|---|---|
| 1 | [0, 0, 0, 0, 1] | (0.023, 0.001, 0.0127, 0.0309, 0.9576) | 低级风险 |
| 2 | [0, 0, 1, 0, 0] | (0.001, 0.0522, 0.9569, 0.0282, 0.0237) | 中度级风险 |
| 3 | [0, 1, 0, 0, 0] | (0.0012, 0.9518, 0.044, 0.0017, 0.0143) | 高级风险 |
| 4 | [0, 0, 0, 0, 1] | (0.0128, 0.001, 0.0229, 0.0500, 0.9523) | 低级风险 |
| 5 | [0, 0, 0, 1, 0] | (0.0139, 0.0062, 0.0464, 0.9604, 0.0062) | 较低级风险 |
| 6 | [0, 0, 1, 0, 0] | (0.0155, 0.0226, 0.9728, 0.0209, 0.0256) | 中度级风险 |
| 7 | [0, 0, 0, 1, 0] | (0.0108, 0.0044, 0.0350, 0.9463, 0.0533) | 较低级风险 |
| 8 | [0, 0, 1, 0, 0] | (0.0092, 0.0121, 0.9336, 0.0508, 0.0149) | 中度级风险 |
| 9 | [0, 0, 0, 1, 0] | (0.0128, 0.0344, 0.0383, 0.9371, 0.0129) | 较低级风险 |
| 10 | [0, 0, 0, 0, 1] | (0.0169, 0.0009, 0.0136, 0.0242, 0.9443) | 低级风险 |
| 11 | [0, 0, 1, 0, 0] | (0.0026, 0.0225, 0.9375, 0.0513, 0.0070) | 中度级风险 |

表 7-3　安全风险检验样本测试结果与实际运行结果比较

| 序号 | 期望输出 | 实际输出 | 风险等级 |
|---|---|---|---|
| 11 | [0, 0, 0, 1, 0] | (0.0118, 0.0148, 0.0058, 0.9578, 0.0374) | 较低级风险 |
| 12 | [0, 1, 0, 0, 0] | (0.0228, 0.9927, 0.0274, 0.0230, 0.0181) | 高级风险 |
| 13 | [0, 0, 1, 0, 0] | (0.0150, 0.0414, 0.9628, 0.0015, 0.0048) | 中度级风险 |

# 第 8 章　重大工程应急管理中的博弈关系分析

了解应急管理系统运作机理，以及突发事件演化模式与各组织实体之间博弈行为关系，掌握其发展演变规律，可以做到知己知彼，从而进一步建立适宜的模型进行优化决策。因此，本章首先介绍了工程项目应急管理系统的组成，就突发事件风险演化模式、项目应急管理系统中主体之间、客体之间、主客体之间的关系进行阐述分析，并通过系统动力学（SD）分析，利用 PLE 软件，建立系统因果关系图。

## 8.1　工程项目应急管理系统

工程项目应急管理系统是一个多阶段、多目标的综合系统，涵盖了系统监测和预警、响应、应急决策和指挥，以及善后、评估和反馈等一系列应急管理活动。总体来说，它主要包括三个子系统：应急预警系统、应急决策系统和应急善后系统，如图 8-1 所示。

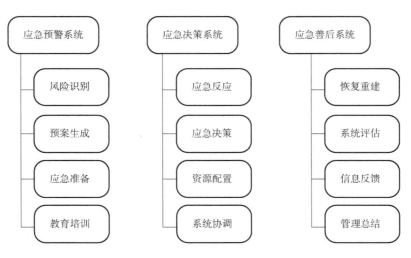

图 8-1　应急管理系统组成及职能

### 1. 应急预警系统

《中华人民共和国突发事件应对法》中指出：突发事件应对工作实行"预防为主、预防与应急相结合"的原则。预防为主，即在突发事件发生之前，工程项目按计划正常运作，此时系统属于应急准备阶段，应急预警是应急管理的前提，在此阶段首先要进行潜在危险的监测和甄别，通过监测系统和信息监测处理系统的运用，综合分析各类外界因素进行风险的预评估，从而制定有针对性的应急预案和相应的规程，同时进行物资准备、应急培训、应急演练等，有效地规避风险，防患于未然。

### 2. 应急决策系统

应急决策系统是应急管理的核心所在，突发事件发生后，由应急管理系统做出应急反应和应急决策进行风险控制和损失的规避。在此阶段首先需要对突发事件进行甄别，由专家组进行决策分析，结合项目的资源情况，对人力、物资、资金等资源进行合理的配置，并监督应急措施的实施与反馈情况，实时动态调整应急策略，达到有效且高效的应急管理，对突发事件实施有效的控制，最大限度地挽回突发事件对工程项目造成的损失。

简而言之，可将应急决策子系统的应急处理分为四个主要阶段，分别为状态检测、风险确认、应急决策、方案执行。具体执行过程如图 8-2 所示。

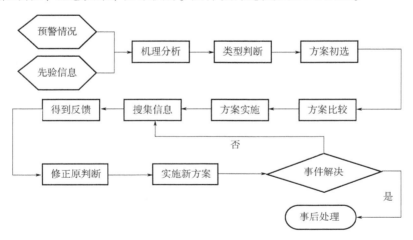

图 8-2  应急决策系统具体运行过程

### 3. 应急善后系统

应急决策系统的主要目的是对突发事件的管理进行应急决策，使系统风险得到有效的控制，然而如何弥补突发事件尤其是灾难性突发事件对项目造成的损失，如何进一步消除突发事件的影响，这些问题需要应急善后系统来解决。因此，应急善后系统的主要工作就是在应急措施实施后，制定相应的善后策略和善后措施，对系统进行恢复重建、评估和经验总结工作，使得项目在回归至正常轨道的前提下，总结管理实践和经验，从而为未来的突发事件应对做准备，以保证项目按时和保质完成。

综合上述分析，应急管理三个子系统之间相互协作、相互制约，形成了一个完整的管理体系，实现了应急管理目标，减少了项目风险损失，保障了系统质量。项目应急管理系统的运作流程如图 8-3 所示。

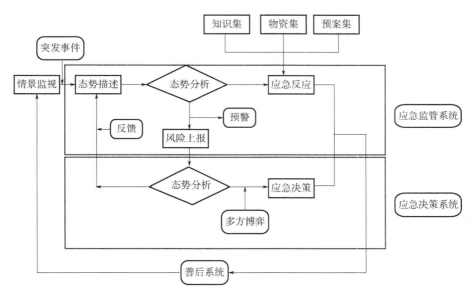

图 8-3　项目应急管理系统的运作流程

## 8.2　突发事件风险演化模式

项目实施过程中，涉及项目自身、环境因素、政治因素、施工方、监管方、决策方等各个方面的因素，各方相互作用、相互影响，因此项目实施与管理过程中存在各种不确定性；另一方面，随着项目实施时间的发展，各方因素不断发展变化，对工程项目产生时变性的影响，因此在项目管理过程中还需考虑决策的动态性。

（1）突发事件发生后，在不加控制的情况下，风险不断提升，当风险达到极限值或阈值时，系统崩溃，项目失败。

（2）在各方面因素的共同作用下，风险呈现不同的演化趋势，其中有促使风险恶化的因素，也有对风险控制起到有益影响的因素。

## 8.3　应急管理中各组织实体之间的博弈关系分析

突发事件应急管理过程中包括多元化的研究对象，以突发事件为客体，各级参与者或管理者为主体，对于博弈各方的参与者以及各方的利益动机进行深入的分析有助于决策者在冲突环境下做出正确且行之有效的决策。

突发事件应急管理过程中的博弈关系不仅体现在应急管理主客体之间，应急管理主体之间，由于追求自身利益最大化，也会产生合作与竞争并存的博弈关系；应急管理客体之间也会因为外界环境、人为因素的改变而发生转变，甚至引发其他的衍生、耦合，这实际上也可看成是突发事件之间，突发事件与外界环境之间的博弈过程，即客体之间的博弈关系。因此，在突发事件应急管理过程中三类博弈关系并存。

### 1. 主体之间博弈关系

重大突发事件的管理是一个复杂的、多元化的过程，它需要各方的同心协力、通力合作。以资源配置为例，突发事件的应急过程中往往需要从不同地区间进行数量巨大、种类繁多的应急物资配置，单一的地区与供应有时难以满足物资供应，这时就需要由众多的物流和生产企业来共同完成，同时需要一个组织与协调机构，由此形成了复杂的应急管理主体。

项目突发事件应急管理过程中，首先需要项目的现场监管者对风险做出评估，并进行应急处理，如调集物资、疏散人员等，并及时向上级主管进行汇报；作为项目的决策者，需要对风险进行综合评估，结合专家意见，做出应急决策，统筹应急管理，并反馈至项目监管者与实施者执行。因此，在项目突发事件的应急管理过程中，决策的主体涵盖方方面面。

应急管理过程中各个主体之间的博弈关系较为复杂，既存在合作关系，又存在竞争关系，既需考虑个人利益又需考虑集体利益。一方面，合作关系体现在，各决策主体需要通力合作，尽力减小项目风险，将项目风险控制在可控范围内，以降低风险损失与风险成本；另一方面，竞争关系体现在，各决策主体的目标是在共同降低风险的条件下，实现自身利益的最优化，降低自身投入。以监管者与决策者为例，两者都需要采取风险应对措施，投入一定的物资与成本进行风险控制，但是两者在应急决策过程中都倾向于采取有利于自身利益最大化的措施。因此，在动态博弈过程中，对于博弈的参与者以及各方利益的正确分析有助于在应急管理过程中做出正确的决策。

### 2. 主客体之间博弈关系

突发事件发生后，由于内因与外因的交互作用，突发事件在管理过程中不断发生演变，各相关参与者都要在管理指挥部门的整体组织协调下，根据各阶段的实际情况和演化趋势，不断动态调整自身策略的选取，进行择优决策。而相较于其他博弈关系，应急管理主体（管理者）与应急管理客体（风险事件）之间博弈和竞争过程对于系统演化影响最为显著。

突发事件应急管理主客体之间的动态博弈过程可以简要概括为以下几个阶段：突发事件风险演化、风险分析、预案形成、策略执行、策略调整、系统反馈，是一个循环往复的过程。如图8-4所示。

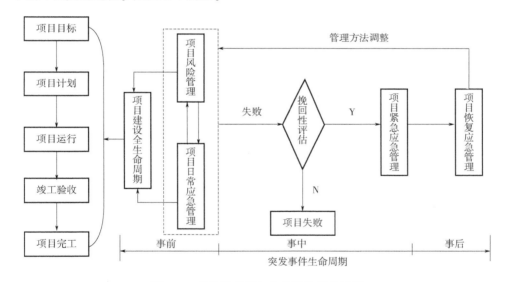

图8-4 项目管理者与突发事件博弈过程

### 3. 客体之间博弈关系

应急管理的客体主要包括突发事件本身、系统中其他突发事件、外界因素等。客体之间的相互作用，也会引起突发事件的状态改变，致使突发事件发生转化、耦合或衍生，改变突发事件的演变过程。

（1）突发事件之间的博弈关系分析。工程项目一般是一个复杂的长期过程，其中在同一阶段系统中可能同时存在多种类型的多个突发事件，而突发事件之间的相互作用又是普遍存在的。不同突发事件之间的博弈与交互影响，将会极大地影响突发事件自身的相对稳定因素，可能导致突发事件的状态发生转变，使得应急管理难度加大。因此，在进行应急决策分析的过程中，应将突发事件之间的博弈关系纳入考虑，结合相关突发事件的影响，综合分析事件的演化过程，从而进行最优决策。

（2）突发事件与外界因素之间的博弈关系分析。一方面，从起因上讲，工程建设环境的不确定性是引起各种风险的重要因素，因此在分析过程中，首先需要对工程建设环境进行较为详尽的不确定性分析，进而分析由其引发的工程项目风险。另一方面，从演变趋势上讲，影响突发事件发展演变的因素除管理主体和其他突发事件外，外界因素包括环境因素、生态因素、卫生因素及心理因素也会对突发事件的发展演化过程产生影响。突发事件与外界因素之间的相互作用，使得事件因此而不断发生改变和更迭。因此，应急管理过程中应将突发事件与外界因素之间的博弈纳入考虑。

一般而言，突发事件之间的相互结合和相互影响会造成突发事件的影响程度和范围进一步扩大，提升风险管理难度，造成更大的风险损失。因此，突发事件之间、突发事件与外界环境之间的博弈过程也是需要重点考虑和研究的。

综上所述，可以得出突发事件发展演化过程中的各类影响因素，如图 8-5 所示。其中，决策主体旨在降低突发事件的风险程度，减少风险损失，通过外力作用使得突发事件向可控方向发展；而其他的突发事件与外界环境因素，则会导致突发事件的转化、衍生或者耦合效应，使突发事件往不可控的方向发展，风险程度更高，管理难度加大。

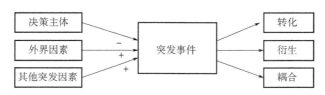

图 8-5　突发事件影响因素分析图

## 8.4　系统动力学分析（SD）

根据上述博弈分析，可以得出在突发事件发生之后，突发事件自身决定了其本质属性，但是突发事件的发展演化过程受到应急管理各个主体、其他突发事件、外界因素等不同程度、不同形式的影响。因此，在应急决策过程中，首先要掌握这些因素对突发事件应急管理系统的影响，进而结合应急管理主体之间的博弈关系，选择适宜的策略集合，以降低突发事件造成的影响。

本章对应急管理系统作如下系统动力学（SD）分析，运用 Vensim PLE 软件建立应急管理与决策的系统动力学模型，如图 8-6 所示。

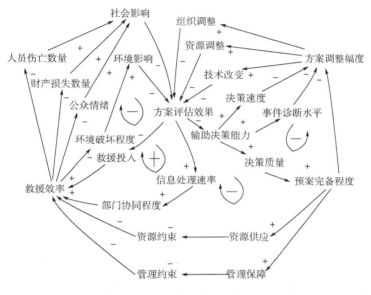

图 8-6　应急管理系统因果关系

# 第 9 章　重大工程离散模型研究

本章从离散角度，首先对工程项目的应急管理系统进行相关阐释，进一步解释各子系统的职责与协同运作机制，对监管者与决策者博弈关系进行深入分析，从而建立离散博弈模型，并通过最优化方法进行离散模型的求解，得出相关结论。

## 9.1　离散模型常用方法

### 9.1.1　决策树概述

离散决策模型的常用工具之一为决策树，它具有直观清晰的优点，能简单地将决策问题的结构表示出来，因此一般作为模型分析的基础。图 9-1 所示为简单的决策树模型示意图，其中方块代表决策点，圆圈代表状态节点，三角形代表结果节点。在一次决策过程中，从起始决策点开始，由系统的决策者从策略集 $\{a_i, i = 1, 2, \cdots, n\}$ 中选择策略分支，策略 $a_i$ 以概率 $p_{ij}$ 使得系统到达状态点 $X_j$，结合各状态点的收益和发生概率，可求得各个方案的期望效应值：$E(a_i) = \sum_{j=1}^{n} p_{ij} U(a_i, X_j)$。若存在多阶段决策过程，则根据上阶段的决策结果，将期望值较小的决策枝剪枝，以前一阶段的最优策略枝的决策节点为起点，重复上述过程。

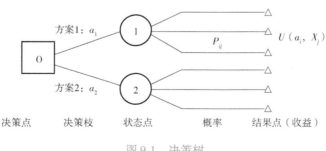

图 9-1　决策树

求得各方案的期望值后，根据决策者的风险承受程度等因素，选择决策原则，进行方案的择优与剪枝，目前较为常用的决策准则有悲观原则、乐观原则、最小化最大后悔值法等。

应急管理过程中，首先可将系统各决策主体的可选策略作为方案集，根据决策特点和顺序，做出相应的决策树，可以帮助直观了解博弈系统的运作机理。

## 9.1.2 动态规划理论概述

鉴于应急管理决策过程的动态性，使得动态规划成为应急管理科学决策的常用方法之一。动态规划方法的主要思路是降维，即将多阶段优化问题分解为多个单阶段，并逐段求解优化；其核心是贝尔曼最优化原理，表述如下：

贝尔曼最优化原理：一个策略为最优策略，则需满足无论之前状态和策略如何，对前面的决策所形成的状态，后续决策也是最优策略。换言之，即一个最优策略的任意子策略也是最优策略。

应急管理过程是一个多阶段的复杂动态过程，因此，通过动态规划方法，可以很好地将动态的决策过程分解为单阶段决策过程，再结合各个阶段的先后顺序和状态转化关系，更为便捷高效地求解出系统的最优决策。

## 9.1.3 图论方法

最短路方法是运用较为广泛、方法较为完善的图论方法之一，一般用于求解图中两点之间的最短路径，既包括求单点之间的最短路径，又包括全局最短路径。最短路径常用求解方法有 Dijkstra 算法和 Bellman-Ford 算法等。

在应急管理过程中，在已知系统的风险状态分类和转化情况，以及参与者的策略集的情况下，也可考虑最短路径方法进行模型的求解，将问题转化为求初始值到目标风险值之间的最短路径。

## 9.1.4 启发式算法简述

启发式算法，是直观或经验的构造算法，该算法在可以接受的花费（时间、空间等）下给出待解决问题的一个可行解，但是该可行解与最优解的近似程度不一定可以实现预计。即启发式算法是一类近似算法，它是在可接受的计算费用内寻找问题的最好的解，但不一定能保证解的最优性和可行性。

启发式搜索就是在状态空间中对每一个搜索的位置进行评估，得到最好的位置，再从该位置开始进行搜索直到找到目标。该算法可以省略大量无谓的搜索路径，提升搜索效率。

# 9.2 模型建立与分析

本文以项目监管者与决策者为主要研究对象，分析两者在突发事件应急管理过程中的博弈关系，建立相应模型，并进行实例分析。

决策主体：项目监管者与项目决策者；

决策对象：项目系统的风险控制；

决策目标：风险有效控制与最小化管理成本；

研究角度：突发事件的风险管理。

## 9.2.1 博弈关系描述

在项目具体实施过程中，项目监管人负责日常管理与应急管理，在突发事件发生后第一时间，收集并分析风险信息，根据风险程度及发展预测做出相应的应急预案，实施资源调配、人员疏散等应急措施，并将突发事件相关信息上报至决策者；项目决策者负责对项目的整体负责，在突发事件发生后，根据管理者上报的信息，组织专家组进行详尽的风险分析及决策分析，根据分析结果结合实际情况，进行综合部署，对物资、人力等资源进行合理配置，并将决策结果反馈给项目监管人，进行善后工作。在应急决策实施过程中，两者都需要根据突发事件的演变情况，因地制宜地动态调整应急决策，从而更好地进行应急管理。

在决策过程中两者的博弈关系体现在即存在合作关系，又存在竞争关系：

（1）合作关系。集体目标，即两者的共同目标都是实现应急决策最优化，并使风险值降至安全范围内。

（2）竞争关系。即两者都以自身利益的最大化为优先进行策略的择优，在足以实现风险控制的前提下，管理成本最低化，这是决策者与监管者的根本目标。

因此，在实际应急管理过程中，两者的目标函数值，即应急管理收益，既与突发事件风险值的控制量有关，又与应急措施的成本相关。即应急管理的收益函数，一方面与投入的资源成本相关，另一方也与减少的风险损失相关。应急管理过程中，风险值降低得越多，风险损失值相对越小，应急管理的收益也就越大；应急管理投入越大，应急管理收益越小。因此，可将上面的关系简要概括为

应急管理收益：$H = g$（风险值的降低）$- f$（应急管理投入）

式中，函数 $f$，$g$ 分别为风险值降低量与应急管理投入的函数，其具体形式与实际中突发事件类型、风险程度、应急管理者自身偏好等因素相关，在不同的突发事件，不同的应急决策模型中，函数表达式各不相同。

应急管理成本的变化趋势与应急管理收益相反，因此可进行相似的分析，只需在上式中两边取负号即可，本书不再详细叙述。

## 9.2.2　博弈关系分析

在实际的应急管理过程中，项目监管者与项目决策者的目标都为管理成本最小化或管理收益最大化。下面对此进行分析：

较多的应急物资、人力等资源的投入，能在一定程度上保障突发事件的有效管理，将风险值降至较低的值，使得项目恢复至安全状态，但此时投入的成本相对较高，应急管理收益也就相应较低；而当应急管理成本较低时，虽然一定程度上降低了成本，减少了自身的管理成本，但是突发事件得不到有效的控制，风险损失将会升高，甚至使项目风险值失控，产生严重损失，导致项目失败，因此此时应急管理收益也就相对较低。以决策人与监管人的模型进行简要分析，具体博弈情况可总结为如图 9-2 所示博弈矩阵。

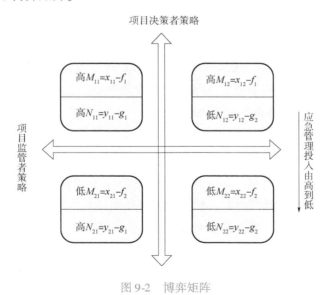

图 9-2　博弈矩阵

图 9-2 中 $M_{ij}$ 为项目决策者的收益函数，$f_i$ 为决策者的应急管理投入，下标越小投入越大；$N_{ij}$ 为项目监管者的收益函数，$g_j$ 为监管者的应急管理投入，下标越大投

入越小；$x_{ij}=x\ (f_i,\ g_j,\ \alpha,\ p_{ij})$，$y_{ij}=y\ (f_i,\ g_j,\ \beta,\ p_{ij})$ 分别为决策者和监管者的应急管理措施挽回的风险损失，它们的值不仅与自身应急管理策略的选取相关，而是由两者的策略选择及自身参数集共同决定。这是因为在一次策略选择过程中，风险的降低值与两个决策主体的策略选择均相关，同时参数集由决策主体根据各自对突发事件演化模式、外界因素影响等的分析结果及自身风险承受度进行选择，三者的共同作用形成不同的风险损失规避值。一般来说，应急管理投入越大，减少的风险损失也就越大，相当于风险收益越大。

根据如图 9-3 所示博弈矩阵，可得：

（1）策略（1，1）即当应急决策者与监管者均有较高的应急管理投入时，系统风险下降幅度最大，此时应急管理总成本较大，相应的应急管理收益较低。

（2）策略（2，2）即当决策者与监管者都有较低的应急管理投入时，系统风险控制力度较小，此时应急管理成本虽然较低，但是因为风险控制力度低可能会导致项目失败等严重后果，使得风险损失增大。总体来说，此时的应急管理收益也相对较低。

（3）策略（1，2）即当决策者采取较多的应急措施，投入较多的应急管理资源，而监管者投入力度相对较小时，此时风险也能得到一定程度的有效控制，应急管理收益相比较策略（1，1）和策略（2，2）而言有所减少，此策略为监管者这一博弈主体的最优策略。

（4）策略（2，1）即当决策者采取较少的管理投入，而监管者投入较多的成本和资源时，此时风险得到有效控制，应急管理收益相比较策略（1，1）和策略（2，2）略低，且此策略为决策者的最优策略。

综上所述，在单次的博弈过程中形成囚徒困境，无最优解同时为两者的占有策略，使得决策者和监管者同时达到自身的最优。在多次决策即重复博弈过程中，系统趋于稳定，形成纳什均衡。实际应急管理过程中，项目监管者与决策者在决策过程中，需要综合考虑上述两因素，根据突发事件的客观实际与自身的风险偏好等，选取适宜的函数与参数，建立优化决策模型进行择优决策。

## 9.3 离散模型

本章主要考虑有限长的完全信息博弈，旨在通过离散模型，深入揭示项目应急管理过程中，项目监管者与决策者的动态博弈进程，并采用启发式算法，进行模型求解和分析。

## 9.3.1　模型设定

（1）首先根据应急管理者的经验及对系统的综合分析，在应对突发事件前，对突发事件的有关状态进行分类分级（具体分类标准应视实际问题而定），按照风险状态的严重程度由高到低分别为 $X_1$，$X_2$，$\cdots X_n$ 其中 $X_n$ 为最小风险值，即目标状态；给定初始状态 $X_0$，其风险值为 $X_i$ 的概率为 $p_i$；则 $X_i$ 与 $X_n$ 之间的调控过程即为应急管理者的中间决策过程。

（2）主要考虑两个决策主体的博弈模型，即博弈的参与者为一个项目监管者与一个项目决策者，决策过程的每一阶段中，监管者与决策者同时选择自身的策略，进行资源配置和部署，并作用于系统风险。为分析之便，将两者的每一次决策转化为一个两阶段决策过程，研究系统的风险转化趋势。

具体过程描述如下：从初始点 $X_0$ 开始，从监管人的策略集 $\{U_i, i=1, 2, \cdots n\}$ 选择最优策略 $U_i^*$，使风险值转移为 $Y_{i1}$；从决策人的策略集 $\{V_i, i=1, 2, \cdots n\}$，选择最优策略 $V_i^*$，使得风险值转移至 $X_{i1}$；决策过程中，将经过两阶段决策后到达相同风险状态 $Y_{i1}$ 的决策过程合并到一起，权值取最小值。$X_{ij}$ 根据（1）中的风险评级方法进行风险分类。

（3）重复两阶段决策，做出决策树。

（4）决策终止条件。

①风险值降至目标值，即此时已达到风险目标。

②风险值未降至目标值以下，但是决策已进行 $N$ 阶段，根据有限（长）决策要求，此时决策终止，风险值仍然在正常水平以上，仍会对系统造成危害，因此会造成较大的风险损失，即项目的成本相对较大，收益较小。

（5）$X_n$ 为决策终点，若经过 $N$ 阶段决策后，系统风险未达到该安全值，则增加罚函数 $M(X_{in})$ 为 $N$ 阶段结束后系统当前风险值的函数，且风险值越大，罚函数越大。

（6）本章模型假设风险的转移过程为齐次马尔可夫过程，即风险转移符合齐次性和马尔可夫性，系统风险值从 $X_i$ 转移至 $X_j$ 的概率 $p_{ij}$ 与时间无关，且与系统之前状态无关。而且 $\{p_{ij}, i, j=1, 2, \cdots n\}$ 由先验概率给出，并且在每一阶段的决策过程中，应急管理者需要根据当前状态和竞争者的策略转变根据贝叶斯准则进行动态调整。如图 9-3 所示。

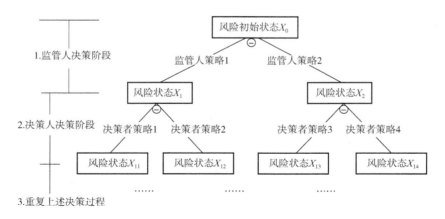

图 9-3　两阶段决策

## 9.3.2　方法步骤

本书综合运用决策树、动态规划原理及启发式算法对离散模型进行分析。

### 1. 最短路方法

（1）从初始点 $X_0$ 开始，以最短路算法为主要思想，给定一条初始路线 $X_0 - X_n$，根据两阶段决策计算该路线的最小成本。

（2）在所有的可行路径中搜索，寻找 $X_i$ 使得 $X_0 - X_i - X_n$ 的应急管理成本满足于下式：

$$\min\{[f(X_0, X_i) + g(X_0, X_i)] + [f(X_i, X_n) + g(X_i, X_n)]\} \leqslant \min[f(X_0, X_n) + g(X_0, X_n)]$$

则 $X_0 - X_i - X_n$ 为当前最短路径；调整风险转移概率矩阵，依次在策略集中选择最优策略，并进行迭代，每次增加一个节点，即路长增加 1。如图 9-4 所示。

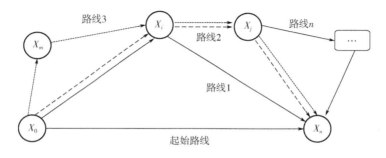

图 9-4　迭代过程简图

（3）选择准则。

$$\min_i (f+g), \ X_{ij}=Y_{i,j-1}+f, \ Y_{ij}=X_{i,j-1}+g, \ j=j+1$$

式中，$f$，$g$ 分别为监管人与决策人的效用函数。

（4）结束准则。

①$X_{ij} \leqslant p_1$ 或 $Y_{ij} \leqslant p_1$；$M = \sum\limits_{i=1}^{N} (F+G)$。

②$j=NM = \sum\limits_{i=1}^{N} (F+G) + H$，其中 $H$ 为罚函数。

## 2. 启发式算法

（1）从初始点 $X_0$ 开始，建立决策树，决策树共 $N$ 阶段。

（2）决策树每一阶段中，内含一个两阶段决策过程。在每一阶段中，利用启发式算法从各个分支中搜索最优分支，即最优决策。

（3）根据各阶段之间的先后顺序和相互联系，结合动态规划方法，利用贝尔曼最优化原理建立状态转移方程，并综合求出最优解。

# 第 10 章　重大工程动态微分博弈模型及优化求解

本章从工程项目监管者和决策者应急决策的动态性与非合作性角度出发，建立多目标的动态微分博弈模型。鉴于模型中微分边值方程直接求解的难度较大，本书从庞特里亚金极小值原理出发，通过求解均衡的必要条件，获得模型的最优数值解即博弈双方的最优策略集。进一步来讲，通过灵敏度分析，针对模型参数对系统的影响进行分析，从而对应急决策过程中的策略分析给出相应的建议。

## 10.1　动态微分博弈模型

微分博弈模型是一类常用的动态决策博弈模型，尤其适用于数理经济分析、定价分析等实践领域。其"动态性"主要表现在以下两个方面：

①系统的状态是动态变化的，它是随时间 $t$ 而变化的。

②决策者的决策是动态的，决策变量 $\mu_i$ 是关于时间 $t$ 的连续函数，它根据系统状态而随时改变。

首先对 $n$ 个主体的经典动态微分博弈模型进行建模与讨论，具体模型如下：

目标函数组：

$$\min_{u_1} J_1 = h_1\ (x\ (t_f),\ u) = h_1\ (x\ (t_f),\ t_f) + \int_{t_0}^{t_f} g_1\ (x\ (t),\ u\ (t),\ t)\ \mathrm{d}t$$

…

$$\min_{u_n} J_n = h_n\ (x\ (t_f),\ u) = h_n\ (x\ (t_f),\ t_f) + \int_{t_0}^{t_f} g_n\ (x\ (t),\ u\ (t),\ t)\ \mathrm{d}t$$

约束条件组：

$$s.\,t. \begin{cases} \dfrac{\mathrm{d}x}{\mathrm{d}t} = a\ (x\ (t),\ u_1\ (t),\ u_2\ (t),\ \cdots,\ u_n\ (t),\ t) \\[2mm] u_i\ (t)\ \in \Omega \\[2mm] t \in [0,\ T] \\[2mm] x\ (0) = x_0 \end{cases}$$

纳什均衡条件：

$J_i^*(x^*(t), u_1^*(t), u_2^*(t), \cdots, u_n^*(t), t) \leqslant J_i(x^*(t), u_1^*(t), u_2^*(t), \cdots, u_i^*(t), \cdots, u_n^*(t), \lambda^*(t), t), i = 1, 2, \cdots, n$

即最优策略集使得各博弈主体达到自身的最优，不存在任意一方或几方的策略改进，使得各主体利益不变或有所提升。

在上述模型中，竞争者 $i$ 的目标函数为 $J_i$（$i = 1, 2, \cdots, n$），目标函数中的参数值与函数形式由各个决策主体根据自身对系统的分析来确定。决策函数/控制为 $u_i(t)$（$i = 1, 2, \cdots, n$），它通常是一个可测函数，所有竞争者的决策函数被限制在同一个动态系统中，但是每个竞争者的目标都是在达到系统稳定的前提下，最优化自己的目标函数，选取自身最优策略 $u_i^*(t)$，从而可以得到系统的最优策略集为

$$(u_1^*(t), u_2^*(t), \cdots, u_n^*(t))$$

经典的非合作动态微分博弈模型的关键假设是竞争者的对称性，即所有的竞争者同时进行决策；完全信息，他们都完全知道整个动态系统的动态特征；他们都知道对方的目标函数。非合作动态微分模型的解为纳什均衡。纳什均衡通过上面不等式组定义。

纳什均衡的必要条件一般是微分代数方程（DAE）或边值问题（BVP）。而其求解一般来说是比较困难的。因此，本书模型求解从庞特里亚金极小值原理出发，将模型转化后进行微分方程求解。

## 10.2 最优性条件讨论

鉴于动态微分博弈模型数值求解的复杂性，本书主要从非合作微分动态博弈模型的纳什均衡解的必要条件出发，通过对必要条件（庞特里亚金极小值原理）的数值求解来得出博弈模型的最优控制策略。详细分析如下：

首先，考虑一个 $n$ 人的非合作微分博弈模型，根据系统内竞争者的对称性，不妨以竞争者 1 为研究对象，控制其他变量。假设其中的竞争者 2，3，$\cdots$，$n$ 都已经达到他们的最优控制策略。那么，对于竞争者 1 来说，它仅仅面对下面的最优控制问题：

目标函数：

$$\min_{u_1} J_1 = h_1(x(t_f), u) = h_1(x(t_f), t_f) + \int_{t_0}^{t_f} g_1(x(t), u(t), t) \mathrm{d}t$$

约束条件及边值条件：

$$s.t. \begin{cases} \dfrac{\mathrm{d}x}{\mathrm{d}t} = a\ (x\ (t),\ u_1\ (t),\ u_2^*\ (t),\ \cdots,\ u_n^*\ (t),\ t) \\ x\ (0)\ = x_0 \end{cases}$$

式中，$u_2^*\ (t)$，$\cdots$，$u_n^*\ (t)$ 为竞争者 2，3，$\cdots$，$n$ 的最优策略函数集，下面只需求得竞争者 1 的最优策略 $u_1(t)$。

根据上述问题描述及分析，可以得到竞争者 1 的哈密尔顿函数表示为

$$H_1 = g_1(x(t),\ u_1(t),\ u_2^*(t),\ \cdots,\ u_n^*(t),\ t) + \lambda_1^T a(x(t),$$
$$u_1(t),\ u_2^*(t),\ \cdots,\ u_n^*(t),\ t)$$

根据最优控制原理及纳什均衡条件，竞争者 1 的最优决策集 $u_1^*(t)$ 应该满足下列不等式组：

$$H_1^*(x^*(t),\ u_1^*(t),\ u_2^*(t),\ \cdots,\ u_n^*(t),\ \lambda^*(t),\ t) \leqslant$$
$$H_1(x^*(t),\ u_1(t),\ u_2^*(t),\ \cdots,\ u_n^*(t),\ \lambda^*(t),\ t)$$

其中，$u_1(t)$ 是竞争者 1 的控制函数集合。由此可以得出，竞争者 1 的庞特里亚金极小值原理表达式表示如下：

状态方程：$\dot{x}(t) = \dfrac{H_1}{\lambda}(x^*(t),\ u_1^*(t),\ u_2^*(t),\ \cdots,\ u_n^*(t),\ \lambda^*(t),\ t)$

横截条件：$\dot{\lambda}(t) = -\dfrac{H_1}{x}(x^*(t),\ u_1^*(t),\ u_2^*(t),\ \cdots,\ u_n^*(t),\ \lambda^*(t),\ t)$

耦合方程：$0 = \dfrac{H_1}{\mu_1}(x^*(t),\ u_1^*(t),\ u_2^*(t),\ \cdots,\ u_n^*(t),\ \lambda^*(t),\ t)$

边界条件：$x^*(0) = x_0$，$\lambda(t_f) = \dfrac{h_1}{x}(x^*(t_f),\ t_f)$（终端受控系统）

式中，$\lambda$ 为系统的伴随向量；边界条件根据系统的不同来确定，终端自由系统无边界条件，有边界条件的系统为终端受控系统。

鉴于所有竞争者状态的对称性，他们每个人都面对同样的最优控制问题，所以对于所有的竞争者，可以推导得出 $n$ 个最优控制函数的条件。在每个最优控制条件中，存在 $n$ 个状态，$n$ 个附属状态和 $n$ 个关于控制决策的代数方程。所以，综合所有最优控制条件，得到 $n$ 个状态方程，$2n$ 个伴随方程或协态方程和 $n$ 个关于控制决策的代数方程，共得到 $n^2 + 2n$ 个方程。进一步来讲，如果可以将最优控制显式表达为状态和附属状态变量的方程，就得到了一个 $n^2 + 2n$ 的 BVP 问题。

由于微分对策求解的复杂性，加之对于微分对策的简化往往会导致系统的病态，因此动态微分博弈模型的求解往往比较困难。实践中，出现了不少数值解法，

如梯度法、奇异摄动法、泛函分析法、逻辑扩张法、公理化方法以及神经网络方法等。本书求解主要采用最优化方法中较为常用的最优梯度法，结合 MATLAB 数值软件对模型进行数值求解并进行灵敏度分析。

## 10.3　模型建立

主要以工程项目实施过程中的突发事件应急管理为研究对象，针对项目风险的有效控制进行应急决策的选择，运用动态微分博弈模型理论，建立相应数学模型并对模型进行数值求解。

### 10.3.1　模型假设

本章考虑有限（长）的完全信息微分动态博弈，控制项目风险的决策主体有两个：项目风险监控人与项目风险决策人。一方面，这两个决策主体共同负责控制项目风险，因此其共同目标为将风险控制在可接受范围内；另一方面，在项目管理过程中，项目资源、资金有限，因此项目预算中，用于项目风险控制的资金也是有限的，这就决定了两决策主体对于项目风险控制资金的使用上，属于竞争关系。总体来说，他们的共同目标可以概括为以最小的费用最好地控制风险。

在本章中，以突发事件发生后系统的风险变量 $x$ 为主要决策对象。根据前述详细分析可以归纳出，突发事件发生后影响系统风险演化的因素主要有两个：第一个因素是系统自身的发展/进化，趋向于导致系统风险程度的快速增加；第二个因素是外力因素（各主体对风险状态的控制，其他突发事件，外界政治、经济环境等）使得风险状态发生不同方向的转移或导致系统突发事件衍生、耦合，极大地影响了系统风险的演化趋势。如图 10-1 所示。

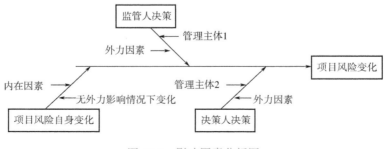

图 10-1　影响因素分析图

具体分析如下：

### 1. 系统风险自身变化趋势

首先考虑系统自身因素对于系统风险演化趋势的影响，假设在没有外界影响的情况下，突发事件发生后，系统风险遵循下列动态方程：

$$\frac{\mathrm{d}x}{\mathrm{d}t} = x(t)(t - x(t))$$

即假设系统风险变化速率与潜在风险之间满足二次关系，同时假定系统风险程度具有一个上限值，设为参数 a，后续模型求解中可对参数 a 进行赋值。一旦风险超过上限，也就意味着系统的崩溃，即项目失败，无须再对风险进行控制和规避，因此假设所讨论的系统中其风险值都在这个上限内。

通过对上述微分方程求解，得到在无外界影响下，系统风险值自身变化规律为

$$X = a \left/ \left(1 - \frac{(c - a)}{c} \mathrm{e}^{(-at)}\right)\right.$$

对参数赋值 $a = 10$，$c = 3$，可以得到系统风险无外力作用下的演化趋势图，如图 10-2 所示。

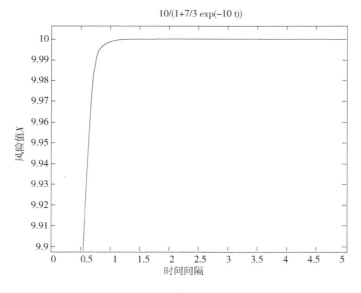

图 10-2　无外力风险演化

通过图 10-2 可以看出，在无外界影响下，突发事件发生前期，系统风险会随时间增长而增加，而且风险的增加速度较快；当风险值达到上限后，系统维持在该状态，即此时系统崩溃，项目宣告失败，项目管理者不再对其进行决策。

### 2. 系统风险控制

实际中，风险的演变受到各方外力因素的影响，除外界环境因素、政治因素、卫生因素等的影响外，系统管理者在突发事件发生后通过应急决策，采取及时有效的应急策略，以期使得风险降至可控范围内，并尽量消除风险。

## 10.3.2 模型目标函数分析

微分博弈模型为多主体的多目标模型，因为对于项目风险监控人和风险决策人的总体目标都是利用最小的资源或成本将系统风险控制在一个合理的范围内。

他们的目标之一：在项目规定时间内将系统的风险控制在一个理想值范围内，这就意味着他们需要最小化函数：$(x(T) - v_i a)^2$，其中 $v_i a$（$i = 1, 2, \cdots, n$）分别代表两决策主体可接受的风险期望值，由监管者和决策者根据自身风险承受能力及对项目的分析综合选取。

他们的目标之二：最小化自身的风险控制费用函数：$\int_0^T \mathrm{e}^{-rt} (c_i u_i^2 - q_i x^2) \, \mathrm{d}t$（$i = 1, 2, \cdots, n$）。其中，$c_i u_i^2$（$i = 1, 2, \cdots, n$）分别为决策人和监控人的应急策略产生的控制费用；$-q_i x^2$ 为风险控制收益，因为适当的风险控制将会减小系统的损失，即挽回的风险损失成本；$\mathrm{e}^{-rt}$ 为折现因子，为时间 $t$ 的函数，参数 $r$ 为利率，一般根据实际预先给定。

根据上述分析，得到项目突发事件应急管理过程中，项目管理者的目标函数可表述为下列方程组：

$$\begin{cases} \min\limits_{u_1 > 0} \mathbf{J}_1 = \omega_1 (x(T) - v_1 a)^2 + \int_0^T \mathrm{e}^{-rt}(c_1 u_1^2 - b_1 x^2) \, \mathrm{d}t \\ \min\limits_{u_2 > 0} \mathbf{J}_2 = \omega_2 (x(T) - v_2 a)^2 + \int_0^T \mathrm{e}^{-rt}(c_2 u_2^2 - b_2 x^2) \, \mathrm{d}t \end{cases}$$

式中，各参数由决策主体分别选定，决策过程中，两决策主体对竞争者的目标函数也已知晓。

## 10.3.3 模型约束条件分析

其中对于系统风险的控制，系统管理者：项目风险监控人和风险决策人的风险控制策略集分别设定为 $u_1(t)$，$u_2(t)$，通过它们各自的控制策略来降低系统风险。假设当系统的风险状态越高时，控制对降低风险的效果就越明显。所以得到下列系统动态方程：

$$\frac{\mathrm{d}x}{\mathrm{d}t} = x(t)(t - x(t)) - (q_1 u_1(t) + q_2 u_2(t)) x^2(t)$$

式中，$q_1, q_2$ 分别为监控人和决策人的控制策略对于系统风险的影响参数，策略集 $u_1(t), u_2(t)$ 为时间 $t$ 的函数，时间 $t$ 为有限时长。

对于上述微分约束方程，无法通过现有数值计算方法得到其解析解。

## 10.3.4 模型建立

综上所述，根据对模型的设定与分析，可得到应急管理系统的控制模型如下：

$$\begin{cases} \min\limits_{u_1 > 0} J_1 = \omega_1 (x(T) - \nu_1 a)^2 + \int_0^T \mathrm{e}^{-rt}(c_1 u_1^2 - b_1 x^2)\mathrm{d}t \\ \min\limits_{u_2 > 0} J_2 = \omega_2 (x(T) - \nu_2 a)^2 + \int_0^T \mathrm{e}^{-rt}(c_2 u_2^2 - b_2 x^2)\mathrm{d}t \\ s.t. \begin{cases} \dfrac{\mathrm{d}x}{\mathrm{d}t} = x(t)(t - x(t)) - (q_1 u_1(t) + q_2 u_2(t)) x^2(t) \\ x(0) = x_0 \end{cases} \end{cases}$$

模型主要参数说明：

$a$：系统可容纳风险上限；

$\nu_i$：项目风险监控人与决策人期望的风险控制目标；

$\omega_i$：竞争者在目标函数中侧重程度；

$c_i$：控制风险单位费用；

$b_i$：风险控制收益；

$q_i$：风险控制效率；

$r$：利率。

# 10.4 模型求解

## 10.4.1 模型最优条件

根据上述分析，可求得两决策主体的哈密尔顿函数和系统的庞特里亚金极小值原理表达式。

哈密尔顿函数：

$$H_1 = g_1(x(t), u_1(t), u_2^*(t), \cdots, u_n^*(t), t) + \lambda_1^T a(x(t),$$
$$u_1(t), u_2^*(t), \cdots, u_n^*(t), t)$$

庞特里亚金极小值原理表达式：

$$\dot{x}(t) = \frac{H_i}{\lambda}(x^*(t), u_1^*(t), u_2^*(t), \lambda^*(t), t)$$

$$= x(t)(t - x(t)) - (q_1 u_1(t) + q_2 u_2(t)) x^2(t)$$

$$\dot{\lambda}_i(t) = -\frac{H_i}{x}(x^*(t), u_1^*(t), u_2^*(t), \lambda^*(t), t)$$

$$= 2e^{-rt} b_i x(t) - \lambda_i [a - 2x(t) - 2(q_1 u_1(t) + q_2 u_2(t)) x(t)], \ i = 1, 2, \cdots, n$$

最优化条件：

$$\begin{cases} 0 = \dfrac{H_1}{u_1}(x^*(t), u_1^*(t), u_2^*(t), \lambda^*(t), t) = 2e^{-rt} c_1 - \lambda_1 x^2 q_1 \\ 0 = \dfrac{H_2}{u_2}(x^*(t), u_1^*(t), u_2^*(t), \lambda^*(t), t) = 2e^{-rt} c_2 - \lambda_2 x^2 q_2 \end{cases}$$

边界条件：该系统为终端受控系统，且时间有限。

$$\begin{cases} x^*(0) = x_0 \\ \lambda_i(t_f) = \dfrac{h_i}{x}(x^*(t_f), t_f) = 2\omega_i(x(T) - \nu_i a), \ i = 1, 2, \cdots, n \end{cases}$$

根据上述分析可到得：

$$u_1 = \frac{\lambda_1 x^2 q_1}{2e^{-rt} c_1}, \ u_2 = \frac{\lambda_2 x^2 q_2}{2e^{-rt} c_2}$$

## 10.4.2　数值算法概述

主要采用 4 阶龙格—库塔算法和最速下降法进行微分方程的求解。由于模型的微分约束条件无法求得解析解，因此主要求其数值解，并通过对数据的离散化进行迭代与拟合。其中，鉴于 4 阶龙格—库塔算法逆序运用的难度，对于伴随向量的逆序求解，采用精度略低的预测校正算法求解，具体步骤如下：

①任意给定初始策略集 $u_i$，令 $u_i(k) = u(k)$，$t \in (t_k, t_{k+1})$，$k = 1, 2, \cdots, N$。

②利用四阶龙格—库塔算法正向求解约束方程，结合初值条件得 $x(t_f)$。

③利用①中求得的 $x(t_f)$，结合边值条件可得到 $\lambda(t_f)$。

④根据③中求得的 $\lambda(t_f)$，逆向运用预测校正算法求解伴随状态方程，得 $\lambda(t)$。

⑤验证下式是否成立：

$$0 = \frac{H_1}{u_1}(x^*(t), u_1^*(t), u_2^*(t), \lambda^*(t), t)$$

实际操作中验证 $\left| \frac{H_1}{\mu_1}(x^*(t), u_1^*(t), u_2^*(t), \lambda^*(t), t) \right| \le \varepsilon$ 是否成立

若成立，则算法停止，得到最优解，即各主体的最优策略为 $u_i$；

若不成立，则进行下一步。

⑥利用最速下降法进行迭代：

令 $u_i(k+1) = u_i(k) - \tau_i \frac{H_i}{\mu_i}(t_k)$，$k = 1, 2, \cdots, N$

最优步长 $\tau_i$ 的确定，根据最优化准则求解。本模型的最优步长可解得为

$$\tau_i(j) = \frac{a - 2X(j)(1 + q_1 U(i) + q_2 V(i))}{2 \times (1 + q_1 U(i) + q_2 V(i))}$$

返回②，进行迭代。

## 10.4.3　模型求解与分析

根据上述模型建立与数值方法分析，结合 MATLAB 软件，对于模型进行相关求解，并对参数进行灵敏度分析，从而得出结论。

### 1. 模型参数赋值

通常，决策者的管理效率高于监管者的管理效率；决策者的风险控制收益系数高于监管者但单位费用较低；风险控制期望决策者高于监管者；应急管理过程中，决策者的侧重程度更高。根据上述原则，对系统参数进行如下赋值（表 10-1），结果如图 10-3 ~ 图 10-5 所示。

风险上限：$a = 10$；

利率：$r = 0.1$；

风险控制效率：$q_1 = 0.05$，$q_2 = 0.01$；

风险控制收益系数：$b_1 = 0.02$，$b_2 = 0.01$；

风险控制单位费用：$c_1 = 0.1$，$c_2 = 0.5$；

风险控制期望：$\nu_1 = 2$，$\nu_2 = 1$；

竞争者在竞争中侧重程度：$\omega_1 = 0.05$，$\omega_2 = 0.01$。

表 10-1　系统决策表

| 参与者 | 总策略 | 净成本 | 目标函数 |
|---|---|---|---|
| 决策者 | 8275.3 | 993.4366 | 993.2688 |
| 监管者 | 6934.7 | 3860.9 | 3860.7 |

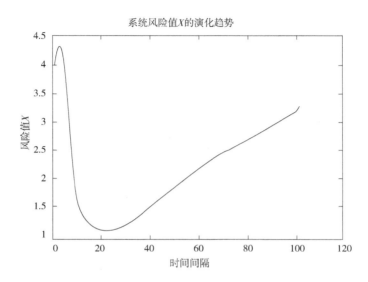

图 10-3　系统风险值演化趋势图

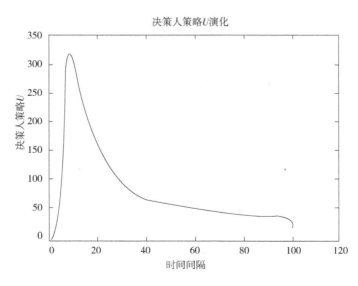

图 10-4　决策者策略分析（一）

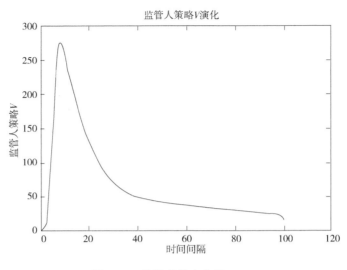

图 10-5　监管者策略分析（一）

2. 初始值设置：

初始风险值：$X_0 = 3$；

初始策略集：$u_1 = 5 \times \mathrm{ones}(1, N)$，$u_2 = 3 \times \mathrm{ones}(1, N)$。

3. 根据模型求解结果

决策者策略总和：$U = 8275.3$；

监管者策略总和：$V = 6934.7$；

管理投入与风险损失挽回的差值：$L_1 = 993.4366$，$L_2 = 3860.9$；

决策者费用合计：$J_1 = 993.2688$；

监管者费用合计：$J_2 = 3860.7$。

从上述求解可以得出以下结果：

整体来说，针对模型可将决策者和监管者的应急管理策略分为三个阶段：起始阶段，即突发事件爆发初期，系统风险值较高，需要决策者和监管者投入较多的人力、物力资源，控制系统风险的恶化，因此此时策略集 $U$、$V$ 的取值较高，即应急投入较高；中间阶段，在系统风险下降过程中，系统风险得到有效控制，资源投入量逐渐下降；平稳阶段，在此阶段系统风险值趋于平稳，因此应急管理投入也趋于稳定值，且投入量较小，旨在保持系统风险的较低水平，使得系统正常运行。

如图 10-6 所示，在决策过程中，应急管理决策者和监管者应急策略的变化趋势是基本一致的，而且决策者的投入力度相对较高，在高风险时投入较多资源和成本，在系统风险平稳后，减少自身投入，维持项目系统运作。

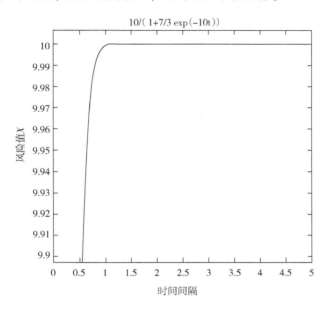

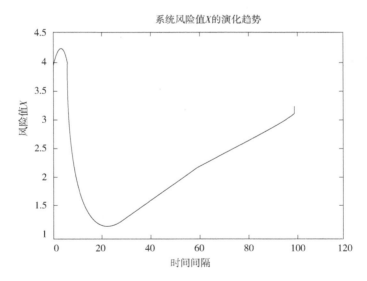

图 10-6　系统风险演化对照图

　　通过对不加应急管理的系统风险演化与当前风险演化进行对比，显而易见，在突发事件爆发后，决策者和监管者对系统风险进行应急管理，使得风险值下降后趋于稳定值，即系统达到稳定，风险威胁减低，系统恢复正常管理状态。

## 10.5 灵敏度分析

由于动态微分模型中涉及参数较多，而参数的改变将对系统的发展趋势、目标函数和优化结果等造成一定的影响，因此，本节选取三个主要影响因素进行具体的参数灵敏度分析。

### 10.5.1 应急管理侧重程度

在其他参数不变的情况下，改变监管者与决策者在风险管理中的侧重程度，即改变参数 $w_i$，使 $w_1 = 50w_2$，增大监管者与决策者之间的差距。根据模型求解可以得到，在此参数赋值下，系统的最优策略集和目标函数见表10-2，结果如图10-7 ~ 图10-9 所示。

表 10-2　应急管理侧重程度分析结果

| 参与者 | 总策略 | 成本 | 目标函数 |
|---|---|---|---|
| 决策者 | 8222.5 | 992.6130 | 992.6310 |
| 监管者 | 6741.6 | 3859.2 | 3878.2 |

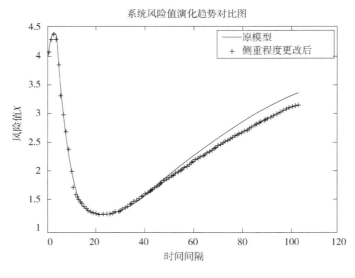

图 10-7　系统风险值演化对照（一）

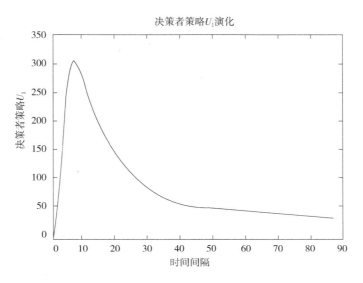

图 10-8　决策者策略分析（二）

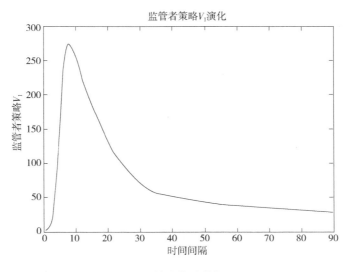

图 10-9　监管者策略分析（二）

　　通过与原模型的对比可以得出，整体而言 $\omega_i$ 对于系统的影响不是很明显，这是因为模型中两决策主体的管理侧重程度仅对各自的目标函数值有所影响，而在系统其他约束条件中无明显影响作用。因此，系统风险的演化趋势与两博弈主体的策略演化趋势基本保持不变，但是决策者的目标函数略有增加，监管者的目标函数有所下降，两者的应急管理投入都有所下降。

## 10.5.2  应急管理效率

在其他参数赋值不变的情况下，改变决策者对系统风险的管理效率，监管者不变，仅将决策者的管理效率提升 10 倍，即提升 $q_2$ 的值，模型求解结果见表 10-3。

表 10-3  应急管理效率分析结果

| 参与者 | 总策略 | 成本 | 目标函数 |
| --- | --- | --- | --- |
| 决策者 | 808.3069 | − 0.0602 | − 0.2346 |
| 监管者 | 613.0590 | 14.0876 | 14.1155 |

此时，决策者的管理投入与系统损失挽回值的差值、目标函数都出现负值，即挽回的损失值大于应急管理投入。如图 10-10 所示。

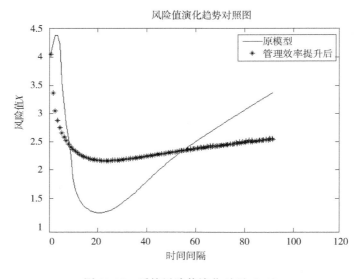

图 10-10  系统风险值演化对照（二）

在其他参数不变的条件下，当系统效率提高时，通过对比此时系统风险演化与原系统风险演化可得：系统风险及博弈策略的变化趋势整体不变，但是随着决策者管理效率的提高，各管理主体的总投入降低，循环次数减少，但是应急管理成本大大降低，风险值下降更为迅速，且降至更小，管理速率与效果均更优。值得注意的是，此时系统管理投入较低，应急管理的动态决策过程也与原系统的演化趋势不同，随着风险值的降低而逐步减少投入，使得风险稳定在较低水平。动态策略演化如图 10-11 和图 10-12 所示。

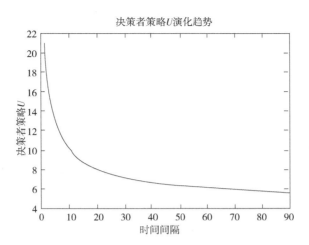

图 10-11　决策者策略分析（三）

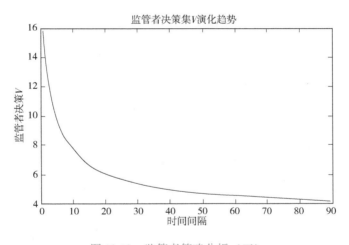

图 10-12　监管者策略分析（三）

更进一步讲，将博弈系统中两个参与者的管理效率都提高 10 倍，即 $q_1,q_2$ 的值均增大，此时系统优化结果见表 10-4。

表 10-4　参与者管理效率分析结果

| 参与者 | 总策略 | 成本 | 目标函数 |
| --- | --- | --- | --- |
| 决策者 | 722.7920 | -1.9448 | -2.1204 |
| 监管者 | 545.2920 | 9.4790 | 9.5009 |

在此赋值条件下，监管者和决策者的投入成本更低，挽回损失值更高，管理更为高效。因此，在实际管理过程中，在外界条件不变的情况下，应努力提升管理者的管理效率，从而以最低的资源成本获得较高的管理效果，以此实现对于项目突发事件的最优管理。

## 10.5.3　风险控制收益参数

在其他参数不变的情况下，改变决策者的风险管理收益，提升决策者控制收益参数，即改变参数 $b_1$ 的值，$b_2$ 保持不变，只将决策者的控制收益参数提高 10 倍，此时系统优化结果见表 10-5。

表 10-5　风险控制收益参数分析结果

| 参与者 | 总策略 | 成本 | 目标函数 |
| --- | --- | --- | --- |
| 决策者 | 8215.2 | 973.7031 | 973.5351 |
| 监管者 | 7578.4 | 4357.1 | 4357.1 |

在此情况下，当仅提高决策者的风险收益参数时，系统整体演化趋势不变，决策者的策略与目标函数都呈现下降趋势，而决策者和监管者的总策略都有所下降，成本上升较多。当决策者与监管者收益参数都同时提高时，两参与者的总策略与目标函数都降低。

综上所述，通过参数灵敏度分析，在上述博弈模型中，应急管理侧重程度 $\omega_i$ 对系统的影响主要体现在目标函数值的改变上，整体来说影响不大；风险控制收益参数 $b_i$ 的提高会使决策者的最优策略有所改变，整体呈现下降趋势；而应急管理效率对于决策者和监管者策略的选择、系统的风险走势等都会产生较大影响，管理效率越高，投入越低，风险挽回越高。因此，在实际管理过程中，应注意管理效率和决策效率的提高，优化管理组织机制与结构，形成系统化、科学化的管理模式，从而达到有效且高效的应急管理。

# 第 11 章　重大工程事故应急救援

在任何工业活动中都有可能发生事故，尤其是随着现代工业的发展，生产过程中存在巨大能量和有害物质，一旦发生重大事故，往往造成惨重的生命、财产损失和环境破坏。由于自然或人为、技术等原因，当事故或灾害不可能完全避免的时候，建立重大事故应急救援体系，组织及时有效的应急救援行动已成为抵御事故或控制灾害蔓延、降低危害后果的关键甚至是唯一手段。

## 11.1　重大事故应急救援体系

### 11.1.1　重大事故应急救援的基本任务

事故应急救援的总目标是通过有效的应急救援行动，尽可能地减轻事故的后果，包括人员伤亡、财产损失和环境破坏等。事故应急救援的基本任务包括以下几个方面：

（1）立即组织营救受害人员，组织撤离或者采取其他措施保护危害区域内的其他人员。抢救受害人员是应急救援的首要任务，在应急救援行动中，快速、有序、有效地实施现场与安全转送伤员是降低伤亡率，减少事故损失的关键。由于重大事故发生突然、扩散迅速、涉及范围广、危害大，应及时指导和组织群众采取各种措施进行自身防护，必要时迅速撤离危险区或可能受到危害的区域。在撤离过程中，应积极组织群众开展自救和互救工作。

（2）迅速控制事态，并对事故造成的危害进行检测、监测，测定事故的危害区域、危害性质及危害程度。及时控制住造成事故的危险源是应急救援工作的重要任务，只有及时地控制住危险源，防止事故的继续扩展，才能及时有效地进行救援。特别对发生在城市或人口稠密地区的化学事故，应尽快组织工程抢险队与事故单位技术人员一起及时控制事故继续扩展。

（3）消除危害后果，做好现场恢复。针对事故对人体、动植物、土壤、空气等造成的现实危害和可能的危害，迅速采取封闭、隔离、洗消、监测等措施，防止对人的继续危害和对环境的污染。及时清理废墟和恢复基本设施，将事故现场恢复至相对稳定的基本状态。

（4）查清事故原因，评估危害程度。事故发生后应及时调查事故发生的原因和事故性质，评估出事故的危害范围和危险程度，查明人员伤亡情况，做好事故调查。

## 11.1.2　重大事故应急救援的特点

重大事故往往具有发生突然、扩散迅速、危害范围广的特点，因而决定了应急救援行动必须做到迅速、准确和有效。所谓迅速，就是要求建立快速的应急响应机制，能迅速准确地传递事故信息，迅速地召集所需的应急力量和设备、物资等资源；迅速建立统一指挥与协调系统，开展救援活动。所谓有效，主要是指应急救援行动的有效性，很大程度上取决于应急准备是否充分，包括应急队伍的建设与训练，应急设备（设施）、物资的配备与维护，预案的制定与落实以及有效的外部增援机制等。

## 11.1.3　事故应急救援的相关法律法规要求

近年来，我国政府相继颁布了一系列法律法规，如《危险化学品安全管理条例》《关于特大安全事故行政责任追究的规定》《中华人民共和国安全生产法》等，对危险化学品、特大安全事故、重大危险源等应急救援工作提出了相应的规定和要求。

《危险化学品安全管理条例》第六十九条规定：县级以上地方人民政府安监部门应当会同工信、环保、公安、卫生、交通、铁路、质检等部门，根据本地区实际情况，制定危险化学品事故应急预案，报本级人民政府批准。第七十条规定：危险化学品单位应当制定本单位危险化学品事故应急预案，配备应急救援人员和必要的应急救援器材、设备，并定期组织应急救援演练。危险化学品单位应当将其危险化学品事故应急预案报所在地设区的市级人民政府安监部门备案。

《关于特大安全事故行政责任追究的规定》第七条规定：市（地、州）、县（市、区）人民政府必须制定本地区特大安全事故应急处理预案。

《中华人民共和国安全生产法》第二十一条规定：生产经营单位的主要负责人

具有组织制定并实施本单位的生产安全事故应急救援预案的职责。第四十条规定：生产经营单位对重大危险源应当登记建档，进行定期检测、评估、监控，并制定应急预案，告知从业人员和相关人员在紧急情况下应当采取的应急措施。生产经营单位应当按照国家有关规定将本单位重大危险源及有关安全措施、应急措施报有关地方人民政府应急管理部门和有关部门备案。有关地方人民政府应急管理部门和有关部门应当通过相关信息系统实现信息共享。第八十条规定：县级以上地方各级人民政府应当组织有关部门制定本行政区域内生产安全事故应急救援预案，建立应急救援体系。

《使用有毒物品作业场所劳动保护条例》第十六条规定：从事使用高毒物品作业的用人单位，应当配备应急救援人员和必要的应急救援器材、设备，制定事故应急救援预案，并根据实际情况变化对应急救援预案适时进行修订，定期组织演练。事故应急救援预案和演练记录应当报当地卫生行政部门、安全生产监督管理部门和公安部门备案。

《中华人民共和国职业病防治法》第二十条规定：用人单位应当采取职业病防治管理措施——（六）建立、健全职业病危害事故应急救援预案。

《中华人民共和国消防法》第十六条规定：机关、团体、企业、事业等单位应当履行消防安全职责：落实消防安全责任制，制定本单位的消防安全制度、消防安全操作规程，制定灭火和应急疏散预案。

## 11.1.4　重大事故的应急管理

尽管重大事故的发生具有突发性和偶然性，但重大事故的应急管理不只限于事故发生后的应急救援行动。应急管理是对重大事故的全过程管理，贯穿于事故发生前、中、后的各个过程，充分体现了"预防为主，常备不懈"的应急思想。应急管理是一个动态过程，包括预防、准备、响应和恢复四个阶段。尽管在实际情况中，这些阶段往往是交叉的，但每一个阶段都有自己明确的目标，而且每一阶段又是构筑在前一阶段的基础之上的，因而预防、准备、响应和恢复相互关联，构成了重大事故应急管理的循环过程。

### 1. 预防

在应急管理中预防有两层含义：一是事故的预防工作，即通过安全管理和安全技术等手段，尽可能地防止事故的发生，以实现本质安全；二是在假定事故必然发生的前提下，通过预先采取的预防措施，来达到降低或减缓事故的影响或后果严重程度，如加大建筑物的安全距离、减少危险物品的存量、设置防护墙以及开展公众教育等。从长远观点看，低成本高效率的预防措施是减少事故损失的关键。

### 2. 准备

应急准备是应急管理过程中一个极其关键的过程，它是针对可能发生的事故，为迅速有效地开展应急行动而预先所做的各种准备，包括应急机构的设立和职责的落实、预案的编制、应急队伍建设、应急设备（施）及物资的准备和维护、预案的演练、与外部应急力量的衔接等，其目标是保持重大事故应急救援所需的应急能力。

### 3. 响应

应急响应是在事故发生后立即采取的应急与救援行动，包括事故的报警与通报、人员的紧急疏散、急救与医疗、消防和工程抢险措施、信息收集与应急决策和外部救援等，其目标是尽可能地抢救受害人员、保护可能受威胁的人群，并尽可能控制并消除事故。

### 4. 恢复

恢复工作应在事故发生后立即进行，首先使事故影响区域恢复到相对安全的基本状态，然后逐步恢复到正常状态。要求立即进行的恢复工作包括事故损失评估、原因调查、清理废墟等。在短期恢复中应注意避免出现新的紧急情况；长期恢复包括厂区重建和受影响区域的重新规划和发展。在长期恢复工作中，应吸取事故和应急救援的经验教训，开展进一步的预防工作和减灾行动。

## 11.1.5 重大事故应急救援体系的构成

### 1. 重大事故应急救援系统的组织机构

重大事故的应急救援行动往往涉及多个部门，因此应预先明确在应急救援中承担相应任务的组织机构及其职责。比较典型的重大事故应急救援系统的机构构成包括：

（1）应急救援中心。应急救援中心是整个应急救援系统的中心，主要负责协调事故应急救援期间各个机构的运作，统筹安排整个应急救援行动，为现场应急救援提供各种信息支持；必要时迅速召集应急机构和有关部门的高级代表到应急中心，实施场外应急力量、救援装备、器材、物品等的迅速调度和增援，保证行动快速、有序、有效地进行。

（2）应急救援专家组。应急救援专家组在应急准备和应急救援中起着重要的参谋作用。包括对城市潜在重大危险的评估、应急资源的配备、事态及发展趋势的预测、应急力量的重新调整和布置、个人防护、公众疏散、抢险、监测、清消、现场恢复等行动提出决策性的建议。

（3）医疗救治。通常由医院、急救中心和军队医院组成。主要负责设立现场医疗急救站，对伤员进行现场分类和急救处理，并及时合理转送医院治疗。对现场救援人员进行医学监护。

（4）消防与抢险。主要由公安消防队、专业抢险队、有关工程建筑公司组织的工程抢险队、军队防化兵和工程兵等组成。其重要职责是尽可能、尽快地控制并消除事故，营救受害人员。

（5）监测组织。主要由环保监测站、卫生防疫站、军队防化侦察分队、气象部门等组成，主要负责迅速测定事故的危害区域范围及危害性质，监测空气、水、食物、设备（施）的污染情况以及气象情况等。

（6）公众疏散组织。主要由公安、民政部门和街道居民组织抽调力量组成。必要时可吸收工厂、学校中的骨干力量参加，或请求军队支援。主要负责根据现场指挥部发布的警报和防护措施，指导部分高层住宅居民实施隐蔽；引导必须撤离的居民有秩序地撤至安全区或安置区，组织好特殊人群的疏散安置工作；引导受污染的人员前往洗 消去污点；维护安全区或安置区内的秩序和治安。

（7）警戒与治安组织。通常由公安部门、武警、军队、联防等组成。主要负责对危害区外转的交通路口实施定向、定时封锁，阻止事故危害区外的公众进入；指挥、调度撤出危害区的人员和使车辆顺利地通过，及时疏散交通阻塞；对重要目标实施保护，维护社会治安。

（8）洗消去污组织。主要由公安消防队伍、环卫队伍、军队防化部队组成。其主要职责有：开设洗消站（点），对受污染的人员或设备、器材等进行消毒；组织地面洗消队实施地面消毒，开辟通道或对建筑物表面进行消毒；临时组成喷雾分队降低有毒有害物的空气浓度，减少扩散范围。

（9）后勤保障组织。主要涉及计划部门、交通部门、电力部门、通信部门、市政部门、民政部门、物资供应企业等，主要负责应急救援所需的各种设施、设备、物资以及生活、医药等的后勤保障。

（10）信息发布中心。主要由宣传部门、新闻媒体、广播电视等组成。负责事故和救援信息的统一发布，以及及时准确地向公众发布有关保护措施的紧急公告等。

### 2. 重大事故应急救援体系的支持保障系统

为保障重大事故应急救援工作有效开展，应建立重大事故应急救援体系的支持保障系统，主要包括：

（1）法律法规保障体系。重大事故应急救援体系的建立与应急救援工作的开展必须有相应法律法规作为支撑和保障，以明确应急救援的方针与原则，规定有关部门在应急救援工作中的职责，划分响应级别，明确应急预案编制和演练要求、资源和经费保障、索赔和补偿、法律责任等。

（2）通信系统。通信系统是保障应急救援工作正常开展的关键。应急救援体系必须有可靠的通信保障系统，保证整个应急救援过程中救援组织内部，以及内部与外部之间通畅的通信网络，并设立备用通信系统。

（3）警报系统。应建立和维护可靠的重大事故警报系统，及时向受事故影响的人群发出警报和紧急公告，准确传达事故信息和防护措施。

（4）技术与信息支持系统。重大事故的应急救援工作离不开技术与信息的支持，应建立应急救援信息平台，开发应急救援信息数据库群和决策支持系统，建立应急救援专家组，为现场应急救援决策提供所需的各类信息和技术支持。

（5）宣传、教育和培训体系。在充分利用已有资源的基础上，建立起应急救援的宣传、教育和培训体系，一是通过各种形式和活动，加强对公众的应急知识教育，提高社会应急意识，如应急救援政策，基本防护知识，自救与互救基本常识等；二是为全面提高应急救援队伍的作战能力和专业水平，设立应急救援培训基地，对各级应急指挥人员、技术人员、监测人员和应急队员进行强化培训和训练，如基础培训、专业培训、战术培训等。

### 3. 重大事故应急救援体系响应机制

重大事故应急救援体系应根据事故的性质、严重程度、事态发展趋势实行分级响应机制，对不同的响应级别，相应地明确事故的通报范围、应急中心的启动程度、应急力量的出动和设备及物资的调集规模、疏散的范围、应急总指挥的职位等。典型的响应级别通常可划分为三级，具体如下：

（1）一级紧急情况。能被一个部门正常可利用的资源处理的紧急情况。正常可利用的资源是指在该部门权力范围内通常可利用的应急资源，包括人力和物力等。必要时，该部门可以建立一个现场指挥部，所需的后勤支持、人员或其他资源增援由本部门负责解决。

（2）二级紧急情况。需要两个或更多部门响应的紧急情况。该事故的救援需要有关部门的协作，并且提供人员、设备或其他资源。该级响应需要成立现场指挥部来统一指挥现场的应急救援行动。

（3）三级紧急情况。必须利用城市所有有关部门及一切资源的紧急情况，或者需要城市的各个部门同城市以外的机构联合起来处理各种紧急情况，通常政府要宣布进入紧急状态。在该级别中，做出主要决定的职责通常是紧急事务管理部门。现场指挥部可在现场做出保护生命和财产以及控制事态所需的各种决定。解决整个紧急事件的决定，应该由紧急事务管理部门负责。

### 4. 事故应急救援体系的响应程序

事故应急救援系统的应急响应程序按过程可分为接警、响应级别确定、应急启动、救援行动、应急恢复和应急结束等几个过程。重大事故应急救援体系响应程序如图 11-1 所示。

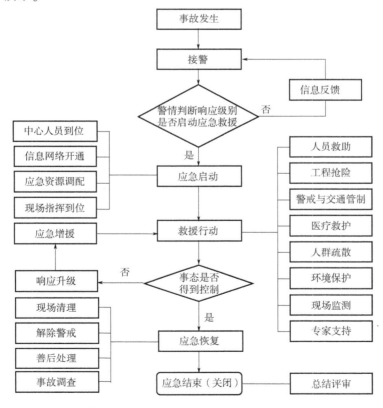

图 11-1　重大事故应急救援体系响应程序

（1）警情与响应级别确定。接到事故报警后，按照工作程序，对警情做出判断，初步确定相应的响应级别。如果事故不足以启动应急救援体系的最低响应级别，响应关闭。

（2）应急启动。应急响应级别确定后，按所确定的响应组织启动应急程序，如通知应急中心有关人员到位、开通信息与通信网络、通知调配救援所需的应急资源（包括应急队伍和物资、装备等）、成立现场指挥部等。

（3）救援行动。有关应急队伍进入事故现场后，迅速开展事故侦测、警戒、疏散、人员救助、工程抢险等有关应急救援工作。专家组为救援决策提供建议和技术支持。当事态超出响应级别，无法得到有效控制时，应向应急中心请求实施更高级别的应急响应。

（4）应急恢复。救援行动结束后，进入临时应急恢复阶段。包括现场清理、人员清点和撤离、警戒解除、善后处理和事故调查等。

（5）应急结束。执行应急关闭程序，由事故总指挥宣布应急结束。

## 11.2 重大事故应急预案的策划与编制

### 11.2.1 编制事故应急预案的作用

应急预案在应急系统中起着关键作用，它明确在突发事故发生之前、发生过程中以及刚刚结束之后，谁负责做什么，何时做，相应的策略和资源准备等。它是针对可能发生的重大事故及其影响和后果严重程度，为应急准备和应急响应的各个方面所预先做出的详细安排，是开展及时、有序和有效事故应急救援工作的行动指南。

应急预案在应急救援中的重要作用和地位体现在以下几点：

（1）应急预案明确了应急救援的范围和体系，使应急准备和应急管理不再是无据可依、无章可循，尤其是培训和演习工作的开展。

（2）制定应急预案有利于做出及时的应急响应，降低事故后果。

（3）成为各类突发重大事故的应急基础。通过编制基本应急预案，可保证应急预案足够的灵活性，对那些事先无法预料到的突发事件或事故，也可以起到基本的应急指导作用，成为开展应急救援的"底线"。在此基础上，可以针对特定危害编制专项应急预案，有针对性地制定应急措施、进行专项应急准备和演习。

（4）当发生超过应急能力的重大事故时，便于与上级应急部门协调。

（5）有利于提高全社会的风险防范意识。

应急预案应合理，做到重点突出，反映本地区的重大事故风险，并避免预案相互孤立、交叉和矛盾。在对重大事故应急预案进行策划时应充分考虑下列因素：

1）本地区重大危险源普查的结果，包括重大危险源的数量、种类及颁布情况，重大事故隐患情况等。

2）本地区土质、气象、水文等不利的自然条件（地震、洪水、台风等）及其影响。

3）本地区以及国家和上级机构已制定的应急预案的情况。

4）本地区以往灾难事故的发生情况。

5）本地区行政区域划分及工业区、功能区布置情况。

6）周边地区重大危险对本地区的可能影响。

7）国家及地方相关法律法规的要求。

## 11.2.2　重大事故应急预案的层次

基于可能面临多种类型的突发事故或灾害，为保证各种类型预案之间的整体协调性，并实现共性与个性、通用性与特殊性的结合，对应急预案合理地划分层次是将各种类型应急预案有机组合在一起的有效方法，应急预案可分为三个层次，如图 11-2 所示。

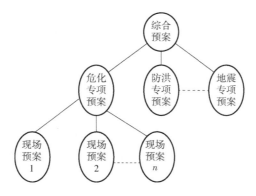

图 11-2　事故应急预案的层次

1. 综合预案

综合预案是城市的整体预案，从总体上阐述城市的应急方针、政策、应急组织结构及相应的职责，应急行动的总体思路等。通过综合预案可以很清晰地了解城市的应急体系及预案的文件体系，更重要的是可以作为城市应急救援工作的基础和"底线"，即使对那些没有预料的紧急情况也能起到一般的应急指导作用。

### 2. 专项预案

专项预案是针对某种特定类型的紧急情况，例如危险物质泄漏、火灾、某一自然灾害等的应急而制定的预案。

专项预案是在综合预案的基础上充分考虑了特定危险的特点，对应急的形式、组织机构、应急活动等进行更具体的阐述，具有较强的针对性。

### 3. 现场预案

现场预案是在专项预案的基础上，根据具体情况需要而编制的。它是针对特定的具体场所（以现场为目标），通常是该类型事故风险较大的场所或重要的防护区域等所制定的预案。例如，危险化学品事故专项预案下编制的某重大危险源的场外应急预案，防洪专项预案下的洪区预案等。现场应急预案的特点是针对某一具体现场的该类特殊危险及周边环境情况，在详细分析的基础上，对应急救援中的各个方面做出具体、周密而细致的安排，因而现场预案具有更强的针对性和对现场具体救援活动的指导性。

## 11.2.3 应急预案的文件体系

从广义上来说，应急预案是一个由各级文件构成的文件体系，它不仅包括预案本身，也包括针对某个特定的应急任务或功能所制定的工作程序等。一个完整的应急预案的文件体系应包括预案、程序、指导书、记录等，是一个四级文件体系。

（1）一级文件——预案。它包含了对紧急情况的管理政策、应急预案的目标、应急组织和责任等内容，由一系列为实现应急管理政策和目标而制定的紧急情况管理程序组成，包括对紧急情况的应急准备、现场应急、恢复以及训练等。

（2）二级文件——程序。说明某个行动的目的和范围。程序内容十分具体，比如该做什么、由谁去做、什么时间和什么地点等。它的目的是为应急行动提供信息参考和行动指导，但同时要求程序格式简洁明了，以确保应急队员在执行应急步骤时不会产生误解，格式可以是文件叙述、流程图表或是所有形式的组合等，应根据每个应急组织的具体情况选用最适合本组织的程序格式。

（3）三级文件——指导书。对程序中的特定任务及某些行动细节进行说明，供应急组织内部人员或其他人使用，例如应急队员职责说明书、应急过程检测设备使用说明书等。

（4）四级文件——应急行动的记录。包括在应急行动期间所做的通信记录、应急队员同事故危险区的记录、向政府部门提交的报告记录、每一步应急行动的记录等。

从记录到预案，层层递进，组成一个完善的预案文件体系，从管理角度而言，可以根据上述四类预案文件等级分别进行归类管理，既保持了预案文件的完整性，又因其清晰的条理性方便后期查阅和调用。

实际上，预案和程序之间的差别并不是十分显著，尽管如此，应避免在应急预案中提及不必要的细节。基本标准是应急预案的全体人员需要知道什么。只有某个人或某个部门才需要的信息和指导方法可以留给部门的标准工作程序进行描述，这些信息可作为应急预案的附录或引用文献。

## 11.2.4　应急预案的编制过程

城市应急预案的完整编制过程应包括以下几个过程：

（1）成立由各有关部门组成的预案编制小组，指定负责人。

（2）参阅现有的应急预案。这是防止预案相互交叉和矛盾、获取相关资料的有效办法，有利于促进所制定的预案与其他应急预案的协调。

（3）危险分析。包括危险识别、脆弱性分析和风险分析。

（4）应急准备和应急能力的评估。确认现有的预防措施和应急处理能力，并对其充分性进行评估。

（5）完成应急预案编制。提出应急所需的人员、设备和程序。

（6）预案的批准、实施和维护。提出预案的管理与更新、培训和演练计划。

## 11.2.5　重大事故应急预案核心要素及编制要求

### 1. 应急预案核心内容

应急预案是针对可能发生的重大事故所需的应急准备和应急响应行动而制定的指导性文件，其核心内容应包括下列内容：

（1）对紧急情况或事故及其后果的预测、辨识、评价。

（2）规定应急救援各方组织的详细职责。

（3）应急救援行动的指挥协调。

（4）应急救援中可用的人员、设备、设施、物资、经费保障和其他资源，包括社会和外部资源等。

（5）在紧急情况或事故灾害发生时保护生命和财产、环境安全的措施。

（6）现场恢复。

（7）其他，如应急培训和演练、法律法规的要求等。

应急预案是整个应急管理体系的反映，它的内容不仅限于事故发生过程中的应急响应和救援措施，还应包括事故发生前的各种应急准备和事故发生后的紧急恢复以及预案的管理与更新等。因此，一个完善的应急预案按相应的过程可分为六个一级关键要素，包括：方针与原则、应急策划、应急准备、应急响应、现场恢复、预案管理与评审改进。这六个一级要素之间既相对独立，又紧密联系，从应急的方针与原则、策划、准备、响应、恢复到预案的管理与评审改进，形成了一个有机联系并持续改进的体系结构。根据一级要素中所包括的任务和功能，其中，应急策划、应急准备和应急响应三个一级关键要素可进一步划分成若干个二级小要素，所有这些要素构成了城市重大事故应急预案的核心要素。在实际编制时，可根据职能部门的设置和职责分配等具体情况，将要素进行合并或增加，以便于预案的内容组织和编写。

## 2. 方针与原则

应急救援体系首先应有明确的方针和原则来作为指导应急救援工作的纲领。方针与原则反映了应急救援工作的优先方向、政策、范围和总体目标，如保护人员安全优先，防止和控制事故蔓延优先，保护环境优先。此外，方针与原则还应体现事故损失控制、预防为主、常备不懈、统一指挥、高效协调以及待续改进的思想。

## 3. 应急策划

应急预案是有针对性的，具有明确的对象，其对象可能是针对某一类或多类可能的重大事故类型。应急预案的制定必须基于对所针对的潜在事故类型有一个全面系统的认识和评价，识别出重要的潜在事故类型、性质、区域、分布及事故后果。同时，根据危险分析的结果，分析城市应急救援的应急力量和可用资源情况，为所需的应急资源的准备提供建设性意见。在进行应急策划时，应当列出国家、地方相关的法律法规，作为预案的制定、应急工作的依据和授权。应急策划包括危险分析、资源分析以及法律法规要求三个二级要素。

（1）危险分析。危险分析的最终目的是要明确应急的对象（存在哪些可能的重大事故）、事故的性质及其影响范围、后果严重程度等，为应急准备、应急响应和减灾措施提供决策和指导依据。危险分析包括危险识别、脆弱性分析和风险分析。危险分析应依据国家和地方有关法律法规要求，结合城市的具体情况来进行。危险分析的结果应能提供以下内容：

①地理、人文（包括人口分布）、地质、气象等信息。

②城市功能布局（包括重要保护目标）及交通情况。

③重大危险源分布情况及主要危险物质种类、数量及理化、消防等特性。

④可能发生的重大事故种类及对周边影响的后果分析。

⑤特定的时段（例如，人群高峰时间、度假季节、大型活动）。

⑥可能影响应急救援的不利因素。

（2）资源分析。针对危险分析所确定的主要危险，应明确应急所需的资源，列出可用的应急力量和资源，包括：

①城市的各类应急力量的组成及分布情况。

②各种重要应急设备、物资的准备情况。

③上级救援机构或相邻城市可用的应急资源。

通过分析已有能力的不足，为应急资源的规划与配备、与相邻地区签订互助协议和预案编制提供指导。

（3）法律法规要求。应急救援有关法律法规是开展应急救援工作的重要前提保障。应列出国家、省、地方涉及应急各部门职责要求以及应急预案、应急准备和应急救援有关的法律法规文件，以作为预案编制和应急救援的依据和授权。

### 4. 应急准备

应急预案能否在应急救援中成功地起到作用，不仅取决于应急预案自身的完善程度，还取决于应急准备的充分与否。应急准备应当依据应急策划的开展，包括各应急组织及其职责权限的明确、应急资源的准备、公众教育、应急人员培训、预案演练和互助协议的签署等。

（1）机构与职责。为保证应急救援工作的反应迅速、协调有序，必须建立完善的应急机构组织体系，包括城市应急管理的领导机构、应急响应中心以及各有关机构部门等。对应急救援中承担任务的所有应急组织明确相应的职责、负责人、候补人及联络方式。

（2）教育、训练与演练。为全面提高应急能力，应对公众教育、应急训练和演习做出相应的规定，包括其内容、计划、组织与准备、效果评估等。

公众意识和自我保护能力是减少重大事故发生不可忽视的一个重要方面。作为应急准备的一项内容，应对公众的日常教育做出规定，尤其是位于重大危险源周边的人员，使其了解潜在危险的性质和健康危害，掌握必要的自救知识，了解预先指定的主要及备用疏散线路和集合地点，了解各种警报的含义和应急救援工作的有关要求。

应急训练的基本内容包括基础培训与训练、专业训练、战术训练及其他训练等。基础培训与训练的目的是保证应急人员具备良好的体能、战斗意志和作风，明确各自的职责，熟悉城市潜在重大危险的性质、救援的基本程序和要领，熟练掌握个人防护和通信的使用等；专业训练关系到应急队伍的实战能力，主要包括专业常识、救援技术、抢运及清消和现场急救等技术；战术训练是各项专业技术的综合运用，使各级指挥员和救援人员具备良好的组织指挥能力和应变能力；其他训练应根据实际情况，选择开展如防化、气象、侦检技术、综合等项目的训练，以进一步提高救援队伍的救援水平。

预案演练是对应急能力的一个综合检验，应以多种形式进行应急演练，包括桌面演习和实战模拟演习。实战模拟演习是组织由应急各方参加的预案训练和演习，使应急人员进入"实战"状态，熟悉各类应急处理和整个应急行动和程序，明确自身的职责提高协同作战的能力。同时，应对演练结果进行评估，分析应急预案存在的不足，并予以改进和完善。

（3）互助协议。当有关的应急力量与资源相对薄弱时，应事先寻求与邻近的城市或地区建立正式的协议，并做好相应的安排，以便在应急救援中及时得到外部救援力量和资源的援助。此外，还可以与社会专业技术服务机构、物资供应企业等签署相应的互助协议。

### 5. 应急响应

应急响应包括应急救援过程中一系列需要明确并实施的核心应急功能和任务，这些核心功能具有一定的独立性，但相互之间又是密切联系的，构成了应急响应的有机整体。应急响应的核心功能和任务包括：接警与通知、指挥与控制、警报和紧急公告、通信、事态监测与评估、警戒与治安、人群疏散与安置、医疗与卫生、公共关系、应急人员安全、消防和抢险、泄漏物控制。

（1）接警与通知。准确了解事故的发生和规模等初始信息是决定启动应急救援的关键，接警作为应急响应的第一步，必须对接警要求做出明确的规定，保证迅速、准确地向报警人员询问事故现场的重要信息。接警人员接受报警后，应按预先确定的通报程序规定，迅速向有关应急机构、政府及上级部门发出事故通知，以采取相应的行动。

（2）指挥与控制。城市重大事故的应急救援往往不涉及多个救援机构，因此，对应急行动的统一指挥和协调是应急救援有效开展的关键。应规定建立分级响应、统一指挥、协调和决策的程序，以对事故进行初始评估，迅速有效地进行应急响应决策，建立现场工作区域，确定重点区域和应急行动，指挥和协调各救援队伍进行救援行动，合理高效地调配和使用应急资源等。

（3）警报和紧急公告。当事故可能影响到周边地区，对周边地区的公众可能造成威胁时，应及时启动警报系统，向公众发出警报，同时通过各种途径向公众发出紧急公告，告知事故性质、对健康的影响、自我保护措施、注意事项等，以保证公众能够做出及时自我防护响应。决定实施疏散时，应通过紧急公告确保公众了解疏散的有关信息，如疏散时间、路线、随身携带物、交通工具及目的地等。

该部分应明确在发生重大事故时，如何向受影响的公众发出警报，包括什么时候，谁有权决定启动警报系统，各种警报信号的不同含义，警报系统的协调使用，可使用的警报装置的类型和位置，以及警报装置覆盖的地理区域。如果可能，应指定备用措施。

（4）通信。通信是应急指挥、协调和与外界联系的重要保障，在现场指挥部、应急中心、各应急救援组织、新闻媒体、医院、上级政府和外部救援机构等之间，必须建立畅通的应急通信网络。该部分应说明主要通信系统的来源、使用、维护以及应急组织通信需要的详细情况等，并充分考虑紧急状态的通信能力和保障，建立备用的通信系统。

（5）事态监测与评估。事态监测与评估在应急救援和应急恢复的行动决策中具有关键的支持作用。在应急救援过程中必须对事故的发展势态及影响及时进行动态的监测，建立对事故现场及场外进行监测和评估的程序。包括：由谁来负责监测与评估活动；监测仪器设备及监测方法；实验室化验及检验支持；监测点的设置及现场工作；报告程序等。

可能的监测活动包括：事故影响边界、气象条件，对食物、饮用水、卫生以及水体、土壤、农作物等的污染，可能的二次反应有害物、爆炸危险性和受损建筑垮塌危险性以及污染物质滞留区等。

（6）警戒与治安。为保障现场应急救援工作的顺利开展，在事故现场周围建立警戒区域，实施交通管制，维护现场治安秩序是十分必要的，其目的是要防止与救援无关人员进入事故现场，保障救援队伍、物资运输和人群体疏散等的交通畅通，并避免发生不必要的伤亡。此外，警戒与治安还应该协助发出警报、现场紧急疏散、人员清点、传达紧急信息、执行指挥机构的通告、协助事故调查等。对危险物质事故，必须列出警戒人员有关个体防护的准备。

（7）人群疏散与安置。人群疏散是减少人员伤亡扩大的关键，也是最彻底的应急响应。应当对疏散的紧急情况和决策、预防性疏散准备、疏散区域、疏散距离、疏散路线、疏散运输工具、安全蔽护场所以及回迁等做出细致的规定和准备，应考虑疏散人群的数量、所需要的时间和可利用的时间、风向等条件变化以及老弱病残等特殊人群的疏散等问题。对已实施临时疏散的人群，要做好临时生活安置，保障必要的水、电、卫生等基本条件。

（8）医疗与卫生。对受伤人员采取及时有效的现场急救以及合理地转送医院进行治疗，是减少事故现场人员伤亡的关键。在该部分明确针对城市可能的重大事故，为现场急救、伤员运送、治疗及健康监测等所做的准备和安排，包括：可用的急救资源列表，如急救中心、救护车和现场急救人员的数量；医院、职业中毒治疗医院及烧伤等专科医院的列表，如数量、分布、可用病床、治疗能力等，抢救药品、医疗器械、消毒药品、解毒药品等的城市内外来源和供给；医疗人员必须了解城市内主要危险对人群造成的伤害的类型，并经过相应的培训，掌握对危险化学品受伤害人员进行正确消毒和治疗的方法。

（9）公共关系。重大事故发生后，不可避免地会引起新闻媒体和公众的关注。应将有关事故的信息、影响、救援工作的进展等情况及时向媒体和公众进行统一发布，以消除公众的恐慌心理，控制谣言，避免公众的猜疑和不满。该部分应明确信息发布的审核和批准程序，保证发布信息的统一性；指定新闻发言人，适时举行新闻发布会，准确发布事故信息，澄清事故传言；为公众咨询、接待、安抚受害人员家属做出安排。

（10）应急人员安全。城市重大事故尤其是涉及危险物质的重大事故的应急救援工作危险性极大，必须对应急人员自身的安全问题进行周密的考虑，包括安全预防措施、个体防护等级、现场安全监测等，明确应急人员的进出现场和紧急撤离的条件和程序，保证应急人员的安全。

（11）消防和抢险。消防和抢险是应急救援工作的核心内容之一，其目的是尽快地控制事故的发展，防止事故的蔓延和进一步扩大，从而最终控制事故，并积极营救事故现场的受害人员，尤其是涉及危险物质的泄漏、火灾事故，其消防和抢险工作的难度和危险十分巨大。该部分应对消防抢险工作的组织，相关消除抢险设施、器材和物资，人员的培训，行动方案以及现场指挥等做好周密的安排和准备。

（12）泄漏物控制。危险物质的泄漏以及灭火用的水，由于溶解了有毒蒸气都可能对环境造成重大影响，同时也会给现场救援工作带来更大的危险，因此必须对危险物质的泄漏物进行控制。该部分应明确可用的收容装备（泵、容器、吸附材料等）、洗消设备（包括喷雾洒水车辆）及洗消物资，并进行清消和妥善处置。

### 6. 现场恢复

现场恢复也称为紧急恢复，是指事故被控制住后进行的短期恢复，从应急过程来说意味着应急救援工作的结束，进入到另一个工作阶段，即将现场恢复到一个基本稳定的状态。大量的经验教训表明，现成恢复的过程中往往仍存在潜在的危险，如余烬复燃、受损建筑倒塌等，所以应充分考虑现场恢复过程中可能的危险。在现场恢复中也应当为长期恢复提供指导和建议，该部分主要内容应包括宣布应急结束的程序；撤点、撤离和交接程序；恢复正常状态的程序；现场清理和受影响区域的连续检测；事故调查与后果评价等。

### 7. 预案管理与评审改进

应急预案是应急救援工作的指导文件，同时又具有法规权威性。应当对预案的制定、更新、批准和发布做出明确的管理规定，并保证定期或在应急演习、应急救援后对应急预案进行评审，针对城市实际情况的变化以及预案中所暴露出的缺陷，不断地更新、完善和改进应急预案文件体系。

## 11.3　应急演练的组织与实施

应急演练是检验、评价和保持应急能力的一个重要手段。其重要作用突出地体现在：可在事故真正发生前暴露预案和程序的缺陷；发现应急资源的不足（包括人力和设备等）；改善各应急部门、机构、人员之间的协调；增强公众应对突发重大事故救援的信心和应急意识；提高应急人员的熟练程度和技术水平；进一步明确各自的岗位与职责；提高各级预案之间的协调性；提高整体应急反应能力。

### 11.3.1　演练类型

对应急预案的完整性和周密性进行评估，可采用多种应急演练方法，如桌面演练、功能演练和全面演练等。

#### 1. 桌面演练

桌面演练是指由应急组织的代表或关键岗位人员参加的，按照应急预案及其标准工作程序讨论紧急情况时应采取行动的演练活动。桌面演练的主要特点是对演练情景进行口头演练，一般是在会议室内举行。主要目的是锻炼参演人员解决问题的能力，以及解决应急组织相互协作和职责划分的问题。

桌面演练一般仅限于有限的应急响应和内部协调活动，应急人员主要来自本地应急组织，事后一般采取口头评论形式收集参演人员的建议，并提交一份简短的书面报告，总结演练活动和提出有关改进应急响应工作的建议。桌面演练方法成本较低，主要用于为功能演练和全面演练做准备。

### 2. 功能演练

功能演练是指针对某项应急响应功能或其中某些应急响应行动举行的演练活动。功能演练一般在应急指挥中心举行，并可同时开展现场演练，主要目的是针对应急响应功能，检验应急人员以及应急体系的策划和响应能力。例如，指挥和控制功能的演练，其目的是检测、评价多个政府部门在紧急状态下实现集权式的运行和响应能力，演练地点主要集中在若干个应急指挥中心或现场指挥部举行，并开展有限的现场活动，调用有限的外部资源。

功能演练比桌面演练规模要大，需动员更多的应急人员和机构，因而协调工作的难度也随着更多应急响应组织的参与而加大。演练完成后，除采取口头评论形式外，还应向地方提交有关演练活动的书面汇报，提出改进建议。

### 3. 全面演练

全面演练是指针对应急预案中全部或大部分应急响应功能，检验、评价应急组织应急运行能力的演练活动。全面演练一般要求持续几个小时，采取交互式方式进行，演练过程要求尽量真实，调用更多的应急人员和资源，并开展人员、设备及其他资源的实战性演练，以检验相互协调的应急响应能力。与功能演练类似，演练完成后，除采取口头评论、书面汇报外，还应提交正式的书面报告。

应急演练的组织者或策划者在确定采取哪种类型的演练方法时，应考虑以下因素：

（1）应急预案和响应程序制定工作的进展情况。

（2）本辖区面临风险的性质和大小。

（3）本辖区现有应急响应能力。

（4）应急演练成本及资金筹措状况。

（5）有关政府部门对应急演练工作的态度。

（6）应急组织投入的资源状况。

（7）国家及地方政府部门颁布的有关应急演练的规定。

无论选择何种演练方法，应急演练方案必须与辖区重大事故应急管理的需求和资源条件相适应。

## 11.3.2　演练的参与人员

应急演练的参与人员包括参演人员、控制人员、模拟人员、评价人员和观摩人员，这五类人员在演练过程中都有着重要的作用，并且在演练过程中都应佩带能表明其身份的识别符。

### 1. 参演人员

参演人员是指在应急组织中承担具体任务，并在演练过程中尽可能对演练情况或模拟事件做出真实情况不可能采取的响应行动的人员，相当于通常所说的演员。参演人员所承担的具体任务主要包括：

（1）救助伤员或被困人员。

（2）保护财产或公众健康。

（3）获取并管理各类应急资源。

（4）与其他应急人员共同处理重大事件或紧急事件。

### 2. 控制人员

控制人员是指根据演练情景，控制演练时间进度的人员。控制人员根据演练方案及演练计划的要求，引导参演人员按响应程序行动，并不断给出情况或消息，供参演的指挥人员进行判断、提出对策。其主要任务包括：

（1）确保规定的演练项目得到充分的演练，以利于评价工作的开展。

（2）确保演练活动的任务量和挑战性。

（3）确保演练的进度。

（4）解答参演人员的疑问，解决演练过程中出现的问题。

（5）保障演练过程的安全。

### 3. 模拟人员

模拟人员是指演练过程中扮演、代替某些应急组织和服务部门的人员，或模拟紧急事件、事态发展的人员。其主要任务包括：

（1）扮演、替代正常情况或响应实际紧急事件时应与应急指挥中心、现场应急指挥所相互作用的机构或服务部门。由于各方面的原因，这些机构或服务部门并不参与此次演练。

（2）模拟事故的发生过程，如释放烟雾、模拟气象条件、模拟泄漏等。

（3）模拟受害或受影响人员。

### 4. 评价人员

评价人员是指负责观察演练进展情况并予记录的人员。主要任务包括：

（1）观察参演人员的应急行动，并记录其观察结果。

（2）在不干扰参演人员工作的情况下，协助控制人员确保演练按计划进行。

5. 观摩人员

观摩人员是指来自有关部门、外部机构以及旁观演练过程的观众。

## 11.3.3　演练实施的基本过程

由于应急演练是由许多机构和组织共同参与的一系列行为和活动，因此应急演练的组织与实施是一项非常复杂的任务，建立应急演练策划小组（或领导小组）是成功组织开展应急演练工作的关键。策划小组应由多种专业人员组成，包括来自消防、公安、医疗急救、应急管理、市政、学校、气象部门的人员，以及新闻媒体、企业、交通运输单位的代表等，必要时，军队、核事故应急组织或机构也可派出人员参与策划小组。为确保演练的成功，参演人员不得参与策划小组，更不能参与演练方案的设计。

综合性应急演练的过程可划分为演练准备、演练实施和演练总结三个阶段，各阶段的基本任务如图11-3所示。

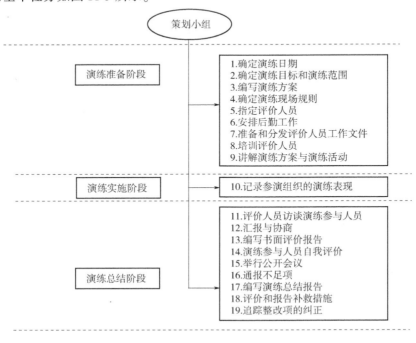

图 11-3　综合性应急演练实施的基本过程

## 11.3.4　演练结果评价

应急演练结束后应对演练的效果做出评价，提交演练报告，并详细说明演练过程中发现的问题。按对应急救援工作及时有效性的影响程度，演练过程中发现的问题可划分为不足项、整改项和改进项。

### 1.　不足项

不足项是指演练过程中观察或识别出的应急准备缺陷，可能导致在紧急事件发生时，不能确保应急组织或应急救援体系有能力采取合理应对措施，保护公众的安全与健康。不足项应在规定的时间内予以纠正。演练过程中发现的问题确定为不足项时，策划小组负责人应对该不足项进行详细说明，并给出应采取的纠正措施和完成时限。最有可能导致不足项的应急预案编制要素包括：职责分配，应急资源，警报、通报方法与程序，通信，事态评估，公众教育与公共信息，保护措施，应急人员安全和紧急医疗服务等。

### 2.　整改项

整改项是指演练过程中观察或识别出的，单独不可能在应急救援中对公众的安全与健康造成不良影响的应急准备缺陷。整改项应在下次演练前予以纠正。两种情况下，整改项可列为不足项：一是某个应急组织中存在两个以上整改项，共同作用可影响保护公众安全与健康能力的；二是某个应急组织在多次演练过程中，反复出现前次演练发现的整改项问题的。

### 3.　改进项

改进项是指应急准备过程中应予改善的问题。改进项不同于不足项和整改项，它不会对人员的生命安全、健康产生严重的影响，视情况予以改进，不必一定要求予以纠正。

# 第 12 章　重大工程应急快速精准决策平台

重大工程应急管理快速精准决策的"应急智脑"大应急数据平台是实现重大工程应急防控快速精准感知数据信息，提升其精准感知体系和能力水平示范应用的关键环节和关键技术。

## 12.1　重大工程应急管理快速精准决策平台

基于多源数据整合的重大工程应急防控精准决策平台具有如下功能：

（1）重大工程应急防控精准感知数据信息平台总体技术体系框架研究。

（2）重大工程应急防控精准感知分析多源数据的整合机制和开放机制。

（3）基于重大工程应急防控精准感知的跨域多源数据融合方法。

（4）重大工程应急防控精准感知的领域知识图谱构建方法。

（5）模型、度量与计算分析的新方法。各研究模块之间的逻辑关系如图 12-1 所示。

### 12.1.1　重大工程应急数据平台总体技术体系架构

重大工程应急防控中枢——"应急智脑"大应急数据平台总体技术体系架构，将大数据相关技术集成为应急防控精准感知数字支持平台架构。"应急智脑"大应急数据系统平台是基于 Hadoop、Spark 开源框架，并融合大数据集成处理、分析技术，结合深入学习、机器学习、语义计算等理论与技术，应急防控数字精准感知理论模型和创新方法支撑的多源异构项目内、外大数据融合处理分析一体化大应急数据系统平台。如图 12-2 所示。

基于应急防控精准感知数字信息的研究需求，利用 Hadoop 分布式系统基础架构进行程序开发，对采集到大数据构建统一的云存储、云计算平台、云存储模型，采用 HDFS、HBASE 等技术实现对结构化、半结构化、非结构化海量数据进行存储和管理；云计算框架搭建基础 Spark 开源框架，提供计算的并行化操作。

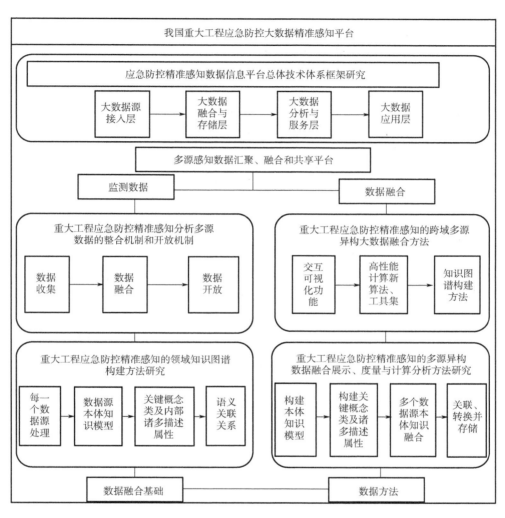

图 12-1　重大工程应急管理精准感知决策平台

Spark 框架提供了优秀的、目前被普遍认可和使用的大数据统计分析、并行图计算、即席查询、机器学习程序开发子框架。两者结合实现数据资源、存储资源、计算资源的统一化管理和使用，进而建立支撑应急防控数字精准感知的大数据资源融合与分析共享决策平台。基于统一的多源异构大数据云接入、存储功能平台，将基于本体理论与技术实现多源信息融合；基于 Spark 开源框架研发五类共性的大数据并行分析算法工具集。平台 UI 将基于 B/S 架构采用 SSH 框架技术进行开发。

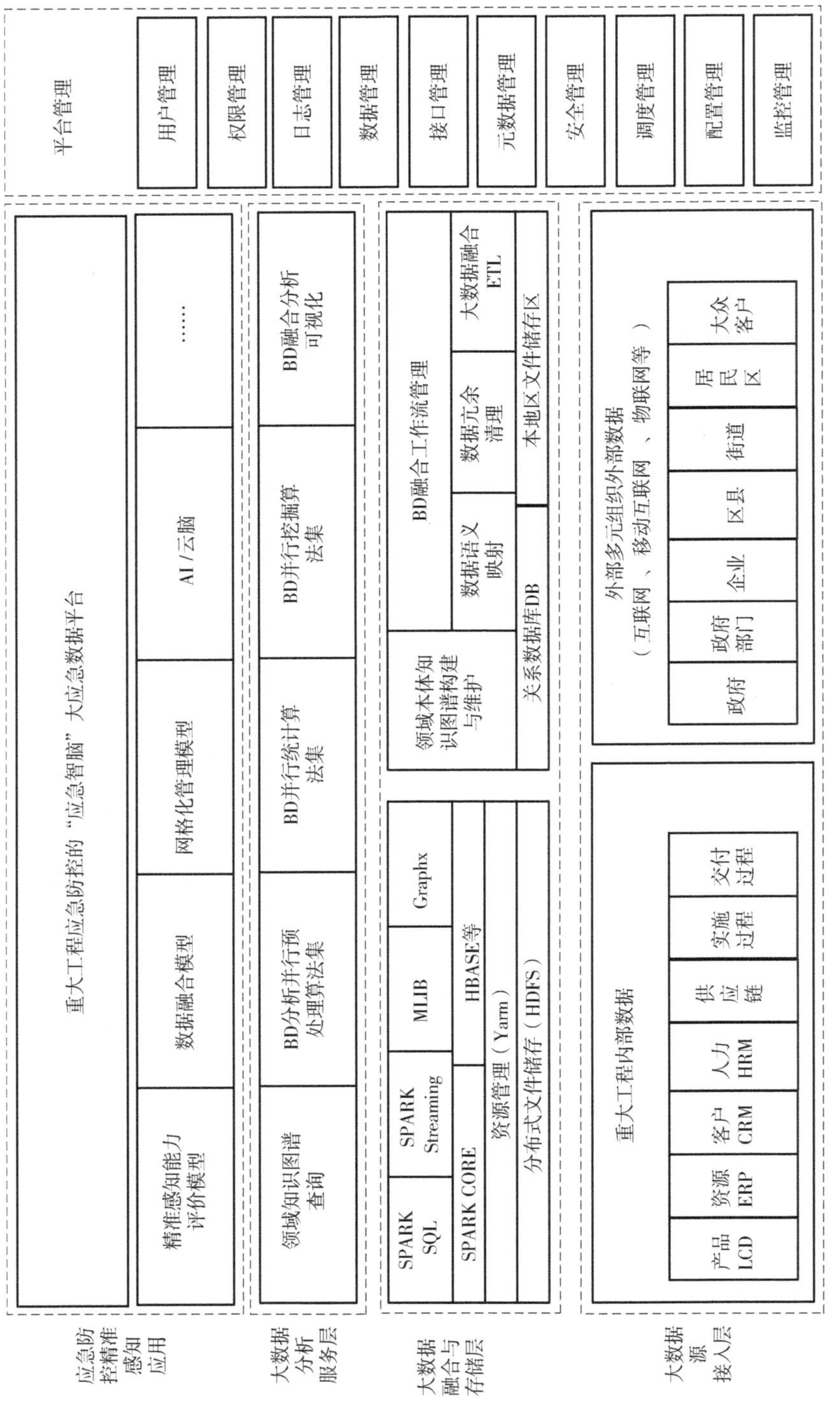


图12-2 重大工程应急防控"应急智脑"大应急数据平台功能图

基于大数据技术框架，构建技术协同的多源数据采集接入层、融合与存储层、共性计算服务层等核心功能模块的设计；对项目所涉及的 Hadoop、Spark 开发技术、多源异构大数据融合技术调研，提出 BD-PMDS 技术实现详细方案。

## 12.1.2 重大工程应急数据整合和开放机制

重大工程应急防控精准感知的多源主体涉及政府、政府部门、甲乙丙方多元主体等，首先，应急防控精准感知监测就是收集、融合、整合其中的多元主体的多源数据信息；其次，依据多源数据信息权限向社会开放，进而使多元主体应用这些开放数据参与应急防控，而其开放过程要关注多元主体的风险和隐私问题。因此，主要关注重大工程应急防控精准感知多源数据的整合机制、综合数据开放机制、多源数据开放的风险和隐私研究。具体内容如下：

（1）重大工程应急防控精准感知的多源数据的整合机制研究。主要研究来自多元主体等多源数据信息的整合方法和整合模型，提出具体的可操作性的建议和对策。

（2）应急防控精准感知多源数据开放机制研究。基于多元主体在开放数据中数据安全性等要求，研究应急防控精准感知多源数据的开放方法和开放政策保障。

（3）应急防控精准感知多源数据开放的风险和隐私。主要是指多元主体的多源数据的风险和隐私问题，然后给出对策性的建议。

## 12.1.3 重大工程应急防控精准感知的跨域多源大数据融合方法

主要针对重大工程应急防控的"应急智脑"大应急数据平台中精准感知能力评价、态势感知监测、态势感知理解、态势感知响应、态势感知决策等的研究需求，以及应急防控数字精准感知的网格化多元区域中各个业务领域融合的需求，研究基于语义网本体理论与技术，提出知识融合形式化建模方法；研究基于建模方法半自动建立多源数据融合本体知识库，为大数据集成提供知识引导；研究基于本体知识库，提出多源数据的跨域语义集成及映射关联的实时并行查询方法。

## 12.1.4 重大工程应急防控精准感知的领域知识图谱构建方法

知识图谱是目前知识组织的一种重要方式。选用重大工程应急防控典型案例，研究面向精准感知的知识图谱构建方法。依据总体设计，将以重大工程应急防控为应用背景，并针对此领域的精准感知能力评价、应急防控态势感知监测、态势感知理解、态势感知响应、态势感知决策等急需解决的具体方向，研究面向应急防控支持的特定领域知识图谱构建方法。如目前每个区县核算检查安全可靠性和检测工作耗时长，同时成本高，特别使用率影响较大。其中，有一个主要因素是检测过程依靠操作者的经验较多，缺少有效的精准感知支持系统。而另一方面，一个应急防控平台从数据监测、风险预警、应急响应、应急施策、应急处置等产生着海量的实际档案，这些资料并没有得到有效利用。这些资料既有结构化数据，也有大量非结构化数据，完成每个部分中领域本体知识图谱构建与维护模块的研究，将重大工程应急防控数据和人工经验通过知识获取并组织管理起来是其应急防控精准感知支持系统的核心问题之一。

## 12.1.5 重大工程应急防控精准感知的模型、度量与计算分析的新方法

在跨域知识融合本体指导下，基于大数据实时内存计算框架，针对实时动态精准感知数据知识需求，研究精准感知能力评价、应急防控态势感知监测、态势感知理解、态势感知响应、态势感知决策等的创新方法的共性异构海量数据融合展示、度量与计算分析的新方法；研发大数据进行过滤转换、统计、机器学习、关联分析、聚类分析、文本挖掘、评价数据情感倾向挖掘，以及分析结果可视化展现的高性能计算新算法、工具集；研究大数据进行融合的并行化预处理算法集；研究多源数据融合的预测算法与决策模型；研究精准感知能力评价、应急防控态势感知监测、态势感知理解、态势感知响应、态势感知决策模型进行对接。

此外，应对海量数据，单机的本体构建方法显得力不从心，将现有单机的本体构建算法改造为基于 MapReduce 计算模型的并行的本体构建算法，可以使传统本体方在现今数据分析处理中焕发生机。并行环境下的本体构建于单机环境中的整体步骤相同，但由于涉及大数据的处理，单机环境中将数据全部装载如内存的方法无法在大数据环境下实现，因此需要对数据进行划分处理，然后将数据进行分片，由各个 Map 节点根据分配到的数据进行小规模的本体构建，然后交由 Reduce 节点进行多个小本体的汇总。并行本体构造能适应大数据时代，更快速并且适应性更高。

## 12.2 重大工程应急管理快速精准感知技术方法

### 1. 系统分析与仿真模拟方法

利用程序语言开发原型系统，建立典型案例实时监测、识别、预警与防控模

型，利用系统分析与仿真模拟方法，对风险传播、演化、防控模型仿真系统进行设计和模拟试验，以提高应急防控精准感知风险数据信息模型和应对策略的准确性和可靠性。

### 2. 深度学习

深度学习是机器学习的一个分支，其试图使用包含复杂结构或由多重非线性变换构成的多个处理层对数据进行高层抽象的算法，是机器学习中一种基于对数据进行表征学习的方法。观测值可以使用多种方式来表示，如每个像素强度值的矢量，或者更抽象地表示成一系列边、特定形状的区域等。而使用某些特定的表示方法更容易从实际案例中学习任务。深度学习的好处是用非监督式或半监督式的特征学习和分层特征提取高效算法来替代手工获取特征。

### 3. Hadoop、Spark 开源架构

Hadoop 是一个分布式系统基础架构，可实现一个分布式文件系统；Spark 是基础开源框架，可提供计算的并行化操作。Spark 框架提供了优秀的、目前被普遍认可和使用的大数据统计分析、并行图计算、即席查询、机器学习程序开发子框架。

### 4. 本体知识库

本体知识库就是在知识库中引入的 Ontology 本体，可以通过概念或者专业术语将知识清晰地表达出来，并揭示知识之间相互存在的内在关系。基于本体知识库系统所建立的知识，可以通过纵向进行属性归纳和分类；同时，依照对本体所进行的联想加以关联和组织，再让推理机构合理利用这些知识，对知识库加以总结推理，最终使得知识库能够满足用户检索的需求。

### 5. 知识图谱方法

知识图谱是一种特殊的语义网络，利用实体、关系、属性这些基本单位，以符号的形式描述了物理世界中不同的概念和概念之间的相互关系，是目前知识组织的一种重要方式。

### 6. 聚类分析方法

聚类分析是对于统计数据分析的技术，在许多领域受到广泛应用，包括机器学习、数据挖掘、模式识别、图像分析以及生物信息。聚类是把相似的对象通过静态分类的方法分成不同的组别或者更多的子集，这样让在同一个子集中的成员对象都有相似的一些属性。

# 第13章　重大工程应急管理数智化转型升级

## 13.1　重大工程应急管理数据监测

应急管理数据监测主要包括监测指标体系构建、监测方案制定、监测实施、监测数据质量评估和监测数据存储五个过程。其监测目标是采用不同方法和工具对不同类型的风险事件产生的数据进行跟踪和采集。唯有及时、准确地快速精准感知获取风险事件的状态数据，才能快速精准有效地控制风险。

应急管理数据监测就是对风险监测目标的状态数据进行采集，并对数据进行评估、存储的过程。风险监测主要包括：一是选择监测数据的指标体系并制定风险数据监测方案，该过程的主要内容是构建科学的指标体系和实施方案；二是对数据进行采集、评估、存储，该过程主要是依托大数据、人工智能等技术手段。各方法需要参考专业书籍进行学习，本书只是介绍一些经常使用的方法。

### 13.1.1　风险监测指标体系构建

构建可监测的风险数据指标体系就是选择对当前风险管理有参考价值的统计数据，是使得风险可描述、可度量、可拆解的重要过程，依据数据指标体系采集数据，为风险识别、评估等过程提供数据支持。构建风险监测指标体系应该开始于风险监测的构思阶段，实则开始于风险管理目标确定后。

#### 1. 监测对象

明确监测对象，确定风险监测目标和风险监测范围，资料文件还需要监测对象的典型风险因素和风险特点；国内外权威的数据指标体系以及标准；不同行业部门根据自身管理、运行的需求，建立的风险指标库；现有的科学文献提出的指标体系。

#### 2. 工具与技术

（1）专家分析法。基于历史经验和专家经验，推理各种风险因素，以及通过发散性思维方式采用头脑风暴法或德尔菲专家调查法将风险数据指标广泛汇总。也包括情景分析法建立风险数据源图。

（2）层次分析法。是在深入分析实际问题的基础上，将有关各个风险因素按照不同属性自上而下地分解成若干层次，从层次结构模型的第 2 层起，构造成对对比矩阵。接着对每一成对比较阵计算最大特征根及对应特征向量，并做一致性检验。最后计算组合权向量并做组合一致性检验。

（3）主成分分析法。是考察多个风险指标间相关性的一种多元统计方法，研究如何通过少数几个主成分来揭示多个指标间的内部结构，即从原始指标中导出少数几个主指标，使它们尽可能多地保留原始指标的信息，且彼此间互不相关。通常数学上的处理就是将原来 $P$ 个指标线性组合，作为新的综合指标。

（4）因子分析法。是从指标内部相关的依赖关系出发，把一些具有错综复杂关系的指标归结为少数几个综合因子的一种多变量统计分析方法。其基本思想是将指标进行分类，将相关性较高即联系比较紧密的分在同一类中，而不同类指标之间的相关性则较低，那么每一类指标实际上就代表了一个基本结构，即公共因子。

（5）多方法结合筛选指标。多方法结合一定程度上弥补了单一方法的缺陷。如运用聚类分析对通航风险影响因素进行分类，并结合结构方程模型建立风险演变指标体系。

构建风险监测指标体系：筛选能够代表风险事件状态的指标，依托指标体系，可以进行数据获取与计量分析，对风险识别与评估具有一定的指导意义。

## 13.1.2　风险监测方案制订

风险监测方案制订是基于风险监测指标体系，确定如何实施风险监测活动的过程。本过程的主要作用是确定风险监测采集的目标数据与风险监测指标体系相匹配。

风险监测方案制订过程开始于确定了风险监测指标体系，在风险监测早期完成。在风险监测后期，可能根据实际情况有必要重新开展其过程，如实际获取数据的情况发生变化时或者后续对风险监测的有效性进行审查且确定需要调整风险监测过程时。

### 1. 风险监测方案制订依据

（1）风险监测指标体系。遵循目的性、可行性、全面性、无冗余的四大原则，选取能反映风险事件的数据指标，并构建递阶层次结构图。

（2）风险监测资源。风险监测方案的制定依赖于可利用的资源，主要包括数据源、计算硬件、软件、存储、资金、人力资源和政策等。

2. 工具与技术

（1）专家判断。应考虑具备以下专业知识或接受过相关培训的个人或小组的意见：

①熟悉组织所采取的风险管理的方法，包括该方法所适用的风险管理体系。

②精简风险管理以适应应急的具体需求。

③在相同领域的应急管理上可能遇到的风险类型。

（2）数据分析。适用于本过程的数据分析技术包括（但不限于）：

①相关方分析：相关方分析会产生相关方清单和关于相关方的各种信息，例如，在智慧应急管理中的角色、与应急管理的利害关系、期望、态度。相关方的利害关系可包括（但不限于）以下各条的组合：

a. 兴趣：个人或群体会受到与风险管理有关的决策或成果的影响。

b. 权利：国家的法律框架可能已就相关方的合法权利做出规定，如个人隐私保护等。

c. 所有权：人员或群体对数据资产拥有的法定所有权。

d. 知识：专业知识有助于更有效地达成风险监测目标，或有助于了解风险管理涉及的各方组织结构，从而有益于风险监测。

e. 贡献：提供资金或其他资源，包括人力资源，或者以无形方式为应急风险监测提供支持。

②文件分析：评估现有应急风险文件及以往应急风险管理的经验教训，以识别相关方和其他支持性信息。

（3）会议。风险监测方案制订可以是风险管理会议上的一项工作，或者可以通过举办专门的规划会议来编制。参会者可能包括项目经理、指定项目团队成员、关键相关方，或负责管理应急风险监测过程的团队成员；如果需要，也可邀请其他外部人员参加，包括客户和监管机构等。熟练的会议引导者能够帮助参会者专注于会议事项，就风险监测方案的关键方面达成共识，识别和克服偏见，以及解决任何可能出现的分歧。

3. 风险监测方案制订结果

风险监测方案描述如何安排与实施风险监测活动。风险监测方案可包括以下几部分或全部内容：

（1）方法论。确定风险监测的数据来源，并确定数据采集、数据质量评估、数据存储的具体方法。

（2）角色与职责。确定每项风险监测活动的领导者和团队成员，并明确他们的职责。

（3）资金。确定开展风险监测活动所需的资金。

（4）时间安排。确定在风险管理周期实施风险监测的时间和频率。

（5）风险分类。确定风险监测中风险进行分类的方式，并找到每类风险对应的风险源。

（6）相关方风险偏好。应在风险监测方案中记录关键相关方的风险偏好，其风险偏好会影响制定风险监测方案过程的细节。

（7）跟踪。跟踪是确定将如何记录风险监测活动，以及将如何审计风险监测的管理过程。

## 13.1.3　风险监测实施

风险监测实施是执行风险监测方案的过程。其主要作用是确定按计划通过各种技术手段，获得风险监测数据。随着网络、传感器技术的发展，各行业都有自主可控的大数据发展需求，也在逐步打造大数据平台。因此，在风险监测过程，依托大数据搜索与挖掘、人工智能等技术可以更好地帮助人们获得多格式、多维度、覆盖面更全的风险监测数据。

风险监测实施过程要在风险监测方案制定完成后开展，风险监测责任人应该适当关注实施风险监测方案的过程，确定方案措施得到实际执行。

### 1. 风险监测实施的依据

风险监测方案列明了与风险监测相关的组织团队成员和其他相关方的角色和职责。风险监测方案还会定义对数据源的具体监测方法以及负责数据采集的技术人员职责。

### 2. 工具与技术

（1）专家判断。在确认或修改（如必要）风险监测措施，以及决定如何以最有效率和最有效果的方式加以实施时，应征求具备相应专业知识的个人或小组的意见。

（2）人际关系与团队技能。适用于风险监测实施过程的人际关系与团队技能包括（但不限于）影响力。有些风险监测措施可能由直属项目团队以外的人员去执行，或由存在其他竞争性需求的人员去执行。这种情况下，负责引导风险管理过程的人员就需要施展影响力，去鼓励指定的风险责任人采取所需的监测行动。

（3）互联网数据采集技术。通过网络爬虫或网站公开 API 等方式从网站获取风险数据信息，并从中抽取风险监测所需要的属性内容。技术点包括互联网文本数据采集、互联网视频数据采集、互联网图像技术采集等子技术。

（4）信息系统数据采集。信息系统数据采集主要用于实现对数据库表、系统运行状态等数据的分布式抓取，技术点包括面向采集的数据服务封装、异构数据访问、采集监控与调度等子技术。

（5）传感器数据采集。传感器数据采集主要用于实现对异构传感器数据流的实时接入，技术点包括异构传感设备实时接入、异构传感数据分布式缓冲、异构传感数据解析与抽取等子技术。

3. 风险监测实施结果

风险监测实施过程输出的是对数据源进行数据采集后的风险监测数据，包括各类风险的信息。各个数据源主要包括应急管理整个生命周期所涉及的数据采样、第三方机构数据、媒体等。后续可根据风险监测数据进行定性或定量分析。

## 13.1.4 风险监测数据质量评估

风险监测数据质量评估是对所采集的风险监测数据的可用性进行评估，包括对数据的完备性、及时性、有效性、一致性、完整性进行评估。也可以定义数据质量指标，指导数据质量评估过程。该过程的主要作用是可以通过数据质量评估筛选出高质量数据，从而在风险管理过程中高效识别风险点，及时做出应对。

本过程是在获得风险监测数据后开展的，某些情况下，质量评估需要尽快完成，为下一步工作开展做好准备，可以借助大数据等技术手段完成大规模数据质量评估。

数据质量评估可以通过不同的方式完成，从简单的定性评估，到详细的定量测量。评估可以基于尝试、指导原则或具体标准进行。数据可以在大致内容的宏观层面、在特定字段或微观层面上进行评估。

1. 风险监测数据质量评估依据

风险监测数据能够通过风险监测方案实施采集到源数据，同时也应包括元数据，即数据的格式、字段大小、数据类型等"关于数据的数据"。

2. 工具与技术

（1）数据完备性评估。数据完备性是指当数据集含有所需的属性和足够数量的记录，且这些属性填充的程度符合风险管理的期望。

评估完备性就是测量数据环境的质量，元数据提供了核心数据使用所需的上下文环境，所以元数据的质量评估是完备性测量的重要部分。

元数据评估首先测试存在性和完整性，例如已定义表的百分比、已定义列的百分比等。再测试定义的清晰度和质量（清晰、易懂、明确、语法上正确等）和表示的一致性（以相同的方式定义相同字段的内容）。

该评估过程需要从一个元数据储存库或数据字典中得到一个可用形式的输出，如电子表格或者可以查询的数据库，以便进行比较。

（2）数据一致性评估。数据一致性评估包括以下内容：

①评估一个字段内的列属性和数据格式的一致性，格式一致性的评估应该与其他列级评估相结合进行。该评估所使用的元数据来自确定数据类型的模型，并来自定义格式化规则的规范。规则本身的一致性也必须被检查，然后将检查结果与规则相比较。

②评估一个字段内默认值使用的一致性，对可以分配默认值的每个字段评估列属性和数据的默认值。

③评估跨表的默认值使用的一致性，对整个数据库中数据类型相同的字段评估列属性和数据默认值的一致性。

④一致性列剖析，将值的记录数分布（列剖析）与过去填充相同字段的数据实例作比较。

⑤数据集内容的一致性，所表示的实体的不重复计数和记录数比率，将一个数据集内表示实体的不重复值（例如客户编号）的计数与阈值、历史记录或总记录数作比较。

⑥数据集内容的一致性，两个所表示的实体不重复计数的比率，把重要的字段/实体（例如客户/销售办事处，索赔/被保险人）的不重复计数之间的比率与阈值或历史比率作比较。

⑦一致性多列剖析，将跨多个字段的值的记录数分布与历史百分比作比较，以测试业务规则。

⑧表内时序与业务规则的一致性，将日期值与时序的业务规则作比较。

⑨用时一致性，与过去填充相同字段数据的实例比较用时的一致性。

⑩数额字段跨二级字段计算结果的一致性，将数额列的计算结果、数额总和、占总额的百分比，以及跨二级字段的平均数额与历史计数和百分比作比较，用限定符来缩小结果范围。

⑪按聚合日期汇总的记录数的一致性，将某个聚合日期（如一个月、一个季度或一年）相关联的记录数和记录数的百分比，与历史记录数和百分比作比较。

⑫按聚合日期汇总的数额字段数据的一致性，将按日期（月、季、年）汇总的数额字段数据（总额、总额的百分比）与历史总计和百分比作比较。

⑬跨表的多列一致性剖析，将跨相关的表的列值的记录数分布与历史百分比作比较，以测试对业务规则的遵守情况。

⑭跨表的时序与业务规则的一致性，基于相关表的时序业务规则的跨表合理性测量。

⑮跨表数额列计算结果的一致性，对相关表的汇总数额的计算结果（总数、占总数的百分比等）作比较。

⑯按聚合日期汇总的跨表数额列的一致性，对相关表中与某个日期（月、季、年）相关的数额字段数据（总数、占总额的百分比）作比较。

⑰与外部基准比较的一致性，将数据质量测量结果与一套基准，如外部行业或国家为类似的数据建立的度量作比较。

（3）数据及时性评估。

数据及时性评估包括以下内容：

①用于处理的数据的交付及时性，将数据交付的实际时间与计划交付时间作比较。

②数据处理同时，将数据处理用时与计划或历史的处理用时作比较。

（4）数据完整性评估。

数据完整性评估包括以下内容：

①重复数据删除，找出并删除重复数据。

②重复记录的合理性检查，将一个数据集中重复记录占总记录数的比例与数据集的过去实例中的比例作比较。

③父/子参照完整性，确定表之间记录级（父/子）的参照完整性，以确定无父记录的子记录。

④子/父参照完整性，确定表之间记录级（子/父）的参照完整性，以确定无子记录的父记录。

（5）数据有效性评估。数据有效性评估包括以下内容：

①单字段的详细结果，将传入数据的值与既定的域（参照表、范围或数学规则）中的有效值作比较。

②卷积汇总，将有效/无效值的卷积计数和百分比与历史水平作比较。

③表内多列的详细结果，将同一个表中的相关列值与一个映射关系或业务规则中的值作比较。

④跨表的详细结果，跨表比较映射或业务规则关系中的值，以确保数据一致地相关。

### 3. 风险监测数据质量评估结果

（1）风险监测数据质量评估报告。报告包括对数据质量（一致性、及时性、完整性、有效性）和监测流程有效性的总结，对通过测量发现的任何数据质量问题的回应以及对改进机会的确定结果。此外，还应包括对测量本身有效性的评估，对特定测量的改进建议。

（2）筛选出的有效监测数据。对评估过程中发现的数据错误应尽可能予以纠正，当发现的错误不能予以纠正，或者有些数据不符合监测的要求而又无法弥补时，就需要对数据进行筛选。数据筛选包括两方面的内容：一是将某些不符合要求的数据或有明显错误的数据予以剔除；二是将符合某种特定条件的数据筛选出来，对不符合特定条件的数据予以剔除。

## 13.1.5　风险监测数据存储

风险监测数据存储是将有效的风险监测数据存储到高性能的存储器中，方便数据使用者进行访问。大数据时代，风险监测数据的存储有海量、异构、非结构化等特点。通过优化存储基础设施和提供高性能、高吞吐量、大容量的数据存储方案，可以解决大规模风险监测数据的存储问题，为大规模风险数据的分析提供支撑。

传统的关系型数据库以及电子文件主要用于一般数据量的结构化数据存储，技术相对成熟，但其在大数据的存储效率、灵活性和可拓展性等方面存在一定的不足。大数据存储主要包括分布式文件系统、分布式内存数据库、列式存储数据库、键值存储数据库、图形数据库 5 个子类。其中，分布式文件系统和列式存储数据库为大数据存储解决方案的核心技术。

### 1. 风险监测数据存储依据

有效风险监测数据：源数据经过数据质量评估后被筛选出的即为有效监测数据。

### 2. 工具与技术

（1）分布式文件系统。分布式文件系统面向海量数据的存储访问与共享需求，提供基于多存储节点的高性能、高可靠和可伸缩的分布式文件存储与访问能力，实现分布存储节点上多用户文件存储的访问与共享。技术点包括分布式元数据管理、多层级存储管理、数据一致性保障、高并行读写优化、分布式散列与动态均衡、存储高可用、海量小文件高性能存储访问等。

（2）分布式内存数据库。分布式内存数据库面向实时数据存储与访问需求，提供基于分布式内存的高性能数据存储与访问功能，将分布式和内存访问结合在一起，兼具可扩展性和高速访问特点，相对于传统集中式的数据库具有良好的灵活性与可扩展性，在处理海量数据时在性能和可靠性上有着更大的优势。分布式内存数据库的技术点包括数据分层存储调度、数据版本管理、分布式内存节点管理等子技术。

（3）列式存储数据库。列式存储数据库用于提供高性能的结构化数据存储与访问。以列相关存储架构进行数据存储的数据库，主要适合于批量数据处理和即时查询，其优势在于复杂查询的效率高，读磁盘少，存储空间少等。其技术点包含轻量级配置管理，表元数据管理，分区数据管理等子技术。

（4）键值存储数据库。键值存储数据库提供了基于 Key-Value（键值对）方式的数据存储，通过高性能索引构建和检索技术，支持快速数据检索与查询。它相比传统的关系数据库有着极高的查询速度，具备大容量数据存储和高并发、灵活动态扩容等特点。

（5）图形数据库。图形数据库是一种非关系数据库，它应用图形理论存储实体之间的关系信息，用来提供高效的方法来查询数据项之间、模式之间的关系，或多个数据项之间的相互作用。通过应用图形理论来表达和存储实体及实体之间的关系信息，这是最接近高性能的一种用于存储数据的数据结构方式之一。与关系数据库相比，图形数据库更直观、更简单、语义更丰富并且搜索效率更高，且更能适应大数据的存储和检索。一般包含图形信息管理、图形信息存储等技术点。

### 3. 风险监测数据存储结果

通过风险监测获得的数据要依托风险监测数据载体进行储存，风险监测数据的存储载体就是支持存储和访问需求的存储器。

## 13.2 应急管理数智化转型升级的智慧逻辑过程

### 13.2.1 感知数据

感知数据是指运用先进、稳定和高效的工具和技术对智慧风险监测、智慧风险识别、智慧风险评估、智慧风险预警、智慧应急响应、智慧应急防控、智慧应急体制、智慧应急机制、智慧应急法制等各种结构类型数据的采集获取和规范治理，形成原始库、资源库、主题库及专题库数据，为交互信息及洞察分析提供支撑。图 13-1 所示为该过程的输入、工具与技术和输出。图 13-2 所示为该过程的数据流向图。

图 13-1　感知数据：输入、工具与技术和输出

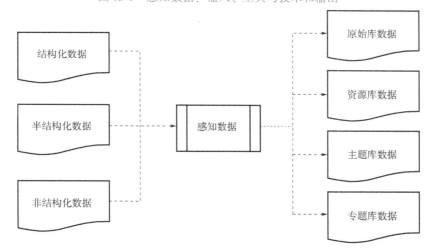

图 13-2　感知数据：数据流向图

应急业务数据源数据具备"多源"与"异构"的特性。其中，"多源"是指数据源多样。应急业务产生的数据，横向上涉及不同机关单位、政府部门、社会单位及团体等，数据范围囊括了风险监测、识别、评估、预警、响应、防控、体制、机制、法制政务管理等各业务域的数据；纵向上数据从国家、省、市级数据中心向上级数据中心汇聚，部、省级数据中心可以将数据资源根据共享范围按需推送到下级数据中心。"异构"是指来源数据结构和对接系统的差异性，数据涉及结构化、

半结构化和非结构化各类数据，以及不同类型各种业务系统与平台。

### 1. 感知数据依据

（1）结构化数据。应急业务相关的结构化数据主要是指以二维表结构来逻辑表达和实现的数据，包括关系数据库表、对象数据库表等数据。

（2）半结构化数据。应急业务相关的半结构化数据一般是指日志文件、XML文档、JSON文档等数据。

（3）非结构化数据。应急业务相关的非结构化数据一般是指图像、音频、视频等数据。

### 2. 工具与技术

（1）实时数据接入。实时数据接入主要是指针对应急业务中产生的实时数据，如物联网实时感知预警数据等，通过实时分布式消息技术、实时流计算技术、DPI/DFI探针技术等进行实时的采集获取。

（2）非实时数据接入。非实时数据接入主要是指针对应急业务中产生的普通数据、历史数据，通过各类采集工具与技术，如 ETL、API 接口等，进行全量、增量、定时的采集获取。

（3）大数据技术。应急业务在感知数据过程中涉及海量数据的采集接入与存储，采集数据的治理，大数据技术可以解决各类复杂来源，不同类型数据的实时和非实时采集接入、有效存储与利用、采集数据治理、数据质量提升等问题。

（4）数据治理技术。应急数据治理以应急海量数据为基础，在确保数据安全的前提下，运用大数据技术建立数据接入、数据处理、数据管控、数据资源池、数据服务、数据共享交换、数据安全等功能体系，生成高质量标准化基础数据。

（5）数据安全技术。数据安全技术是以数据为中心，综合运用诸如云计算技术、大数据技术、密码技术、人工智能技术、流量检测技术等各种先进技术与工具，保障数据全生命周期各阶段，包括数据采集、数据传输、数据存储、数据处理、数据交换和数据销毁的数据安全，保障数据完整性、可用性和机密性的技术集合。

运用加密、授权、校验、清理、转换等工具与技术，保障数据采集的完整性、一致性和可用性等，保障数据采集安全。

运用身份鉴别和认证、安全通道、可信通道、加密传输等工具与技术，防止数据被泄露和篡改等，保障数据传输安全。

运用身份鉴别和认证、加密算法与密钥、访问控制、数据复制、备份、恢复、归档等工具与技术，保障数据存储的完整性、一致性、可用性、时效性等，保障数据存储安全。

运用身份鉴别和认证、数据加密、数据脱敏、数字水印、数据库审计、数据库防火墙等工具与技术，风险监控，数据溯源及非法分析操作阻断，防止处理过程中数据泄露、未授权访问等，保障数据处理安全。

运用身份鉴别和认证、安全通道、数据加密、数据脱敏、数字水印、数据库审计、数据库防火墙等工具与技术，共享交换操作监控与预警，非法操作阻断，防止数据滥用、数据泄露等，保障数据交换安全。

运用物理摧毁、消磁设备等工具与技术，确保以不可逆方式销毁数据及副本内容，防止因介质丢失、被窃或未授权物理访问导致介质中数据泄露，保障数据销毁安全。

### 3. 感知数据结果

（1）原始库数据。应急业务多源异构数据以实时、定时、全量、增量等方式完整安全接入大数据原始库中，包括应急管理部门的内部数据、其他部门的共享数据、社会团体及互联网数据、各类系统感知数据等各类型数据，并在不影响应急业务数据使用分析基础上，利用数据安全技术，进行数据的分级、加密、脱敏、审计、授权管理等数据安全防护。原始库保留了原始数据，原则上要求数据内容与源数据保持一致，反映原始业务场景，半结构化、非结构化数据经过处理后接入大数据原始库中。

（2）资源库数据。资源库是运用大数据及数据治理技术对原始库数据基于一定规则与标准进行提取、清洗、转换等处理而形成的标准化数据集合，如监督管理数据、政务管理数据、监测预警数据、指挥救援数据等，并在不影响应急业务数据使用分析基础上，利用数据安全技术，进行数据的分级、加密、脱敏、审计、授权管理等数据安全防护。

（3）主题库数据。主题库是运用大数据和数据治理技术对资源库等数据进行融合等处理，常用模型技术，如 LDA 主题模型等，形成多种维度的主题信息的公共数据集合，如灾害事故主题、应急管理对象主题、应急环境主题、救援资源主题等各种主题库，并在不影响应急业务数据使用分析基础上，利用数据安全技术，进行数据的分级、加密、脱敏、审计、授权管理等数据安全防护。

（4）专题库数据。专题库是运用大数据和数据治理技术对资源库、主题库等数据进行关联、融合、标识、汇总等处理形成的业务领域维度的数据集合，如自然灾害监测专题、安全生产监管专题、火灾事故监测专题、地质灾害监测专题等，并在不影响应急业务数据使用分析基础上，利用数据安全技术进行数据的分级、加密、脱敏、审计、授权管理等数据安全防护。

## 13.2.2 交互信息

交互信息是指运用先进、稳定和高效的工具和技术，在横向和纵向上对资源库、主题库、专题库等数据信息进行数据共享交换及安全防护的过程，为应急业务的洞察分析提供支撑。图 13-3 所示为该过程的输入、工具与技术和输出。图 13-4 所示为该过程的数据流向图。

图 13-3 交互信息：输入、工具与技术和输出

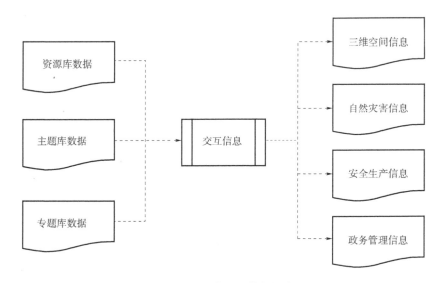

图 13-4 交互信息：数据流向图

（1）交互信息依据。主要包括资源库数据、主题库数据、专题库数据。

（2）工具与技术。主要包括大数据技术、数据治理技术、数据安全技术。

（3）交互信息结果。

①三维空间信息。应急业务要处理大量以三维立体为特征的空间基础信息，包括基础空间信息、空间遥感信息和国土空间信息等信息数据。

②自然灾害信息。自然灾害信息包括地震灾害、地质灾害、防汛抗旱等领域的监测、预警、突发事件、现场处置和事后处理等信息数据。

③安全生产信息。安全生产信息包括矿山（煤矿和非煤矿山）生产、危险化学品安全生产、烟花爆竹安全监管、国家油气输送监管等领域的监测、预警、突发事件、现场处置和事后处理等信息数据。

④政务管理信息。政务管理信息包括行政管理信息、党建管理信息、政策法规信息、财务管理信息、人事管理信息和救援队伍管理信息等信息数据。

## 13.2.3　洞察分析

洞察分析是指运用先进、稳定的工具和技术，将三维空间、自然灾害、安全生产、疫情防控、城市安全和政务管理等方面积累的大量基础数据，经过分析处理，形成直观、可供决策的信息，为应急业务的决策行动提供支撑。图 13-5 所示为该过程的输入、工具与技术和输出。图 13-6 所示为该过程的数据流向图。

应急信息化建设经过多年发展，在三维空间、自然灾害、安全生产和政务管理等领域积累了大量的基础数据，数据类型包括业务数据、音视频数据、矢量空间数据、电子档案数据、办公公文数据以及物联感知数据，这些数据中蕴含着大量有效信息，常规的统计分析难以应对大数据的复杂度。

图 13-5　洞察分析：输入、工具与技术和输出

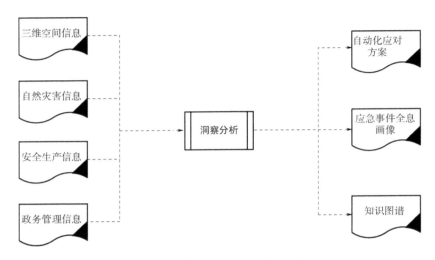

图 13-6　洞察分析：数据流向图

**1. 洞察分析依据**

（1）三维空间信息。应急业务要处理大量以三维立体为特征的空间基础信息，包括基础空间信息、空间遥感信息和国土空间信息等信息数据。

（2）自然灾害信息。自然灾害信息包括地震灾害、地质灾害、防汛抗旱等领域的监测、预警、突发事件、现场处置和事后处理等信息数据。

（3）安全生产信息。安全生产信息包括非煤矿山生产、危险化学品安全生产、烟花爆竹安全监管、国家油气输送监管等领域的监测、预警、突发事件、现场处置和事后处理等信息数据。

（4）政务管理信息。政务管理信息包括行政管理信息、党建管理信息、政策法规信息、财务管理信息、人事管理信息和救援队伍管理信息等信息数据。

**2. 工具与技术**

（1）数据治理。应急数据来源于多种渠道，每种渠道的数据都具有不同的数据标准和表现形式，如果不能实现数据在应急体系内部的标准化和统一化，就无法保证数据质量，也无法为大数据等技术的运用提供保障，无法充分发挥数据价值，也就无法对分析决策提供有效支持。

数据治理是对采集和交互而来的数据在全生命周期中进行管理，实现数据的标准化和统一化，确保其符合应用质量和完整性标准。通过建立数据标准、管控数据质量、保证数据安全、规划数据架构，再配以相应的政策制度、组织架构、管理流程和技术手段，保证数据治理的正常实施。

若要体现"智慧应急"中的"智慧"二字，必须充分发挥数据的内在逻辑价值，必须有明确的数据战略和数据标准。在数据战略方面，要明确应急管理的主要职责，在深入调查的基础上进行业务分析，理解业务流程，建立应急业务模型，理清应急数据资产，明确数据治理的重点。在数据标准方面，应急数据来源于多种渠道，数据往往存在于具体的独立应用之中，但这些应用中的数据彼此间存在一定的关联关系，数据治理就是要通过制定统一的应急数据标准和规范、数据管理规则，定义统一的数据模型，找到这些关联关系，为实现应急数据集成、数据共享、业务协同奠定基础。

（2）大数据技术。应急业务需要处理和分析大量的基础空间数据、自然灾害数据、安全生产数据和政务管理数据。大数据技术可以解决诸如地方数据、外部各类复杂来源的数据和部级数据的有效融合问题，以便为更丰富的分析和可视化服务提供支撑。大数据技术在洞察分析中主要使用了数据挖掘和联机分析处理等方法发现数据的内在价值和规律。

通过数据挖掘技术，分析经过信息交互的规范化数据，从中找出其规律，为应急预案编制、应急事件预防、处置和调度提供方法支撑。数据挖掘主要包括以下几步：首先，明确目的，也就是到底想干什么，比如"提高应急事件预测水平"；其次，对经过治理的数据进行合并与整合，构建元数据，加载数据挖掘库；然后，先利用部分数据建立模型，利用剩余数据对模型进行验证，建立模型的方法需要用到复杂的数学知识，例如神经网络方法、遗传算法、决策树方法、粗集方法、覆盖正例排斥反例方法、统计分析方法、模糊集方法等；最后，利用模型进行应急事件的分析与预测。

联系分析处理的本质是为用户展示多维视图，维度是人们观察数据的特定角度，如时间维度、地点维度、组织维度等。通过对多维视图进行切片、切块、钻取等操作，观察数据在特定维度的度量值，分析数据的内在规律。切片是在维度上做二维投影操作，受限于人类的思维能力，很难对四维以上的空间结构进行分析，所以在多维空间中选择两个特定的维度进行分析是很有必要的。切块则是做三维投影操作。钻取有向下钻取和向上钻取操作。其中，向下钻取是使用户在多层数据中展现渐增的细节层次，获得更多的细节性数据；向上钻取则以渐增概括方式汇总数据（例如，从周到季度，再到年度）。利用联机分析处理技术，可对现有数据进行有效整合，快速准确地提供报表并提出决策依据。

（3）人工智能。人工智能是一门综合学科，融合了 IT、信息理论、自动控制理论等多学科领域，以计算机为物理基础，对人的思维过程进行模拟的技术方法。人工智能通过运用机器学习、模式识别等技术方法，使计算机通过学习训练后实现对人类思维过程的模拟，进而实现人类拥有的认知、推理、分析和决策等功能。人工智能技术包括过程和决策两个维度。过程维度是指通过计算机系统模拟人的动作、意识和思维的过程，例如机器人、语言识别、图像识别、自然语言处理和专家系统等。决策维度是指对计算机系统赋予只有人类智慧才能完成的研究和决策，例如视觉判断、在不确定条件下做出的应急决策、学习和语言翻译等。

如今没有统一的原理或范式指导人工智能研究，在许多问题上研究者都存在争论，但可以肯定的是，人工智能技术的应用，已经对社会经济的发展形成了积极的影响，在一度被认为计算机根本无法与人类抗衡的围棋领域，阿尔法狗已经战胜了世界冠军，并且将差距越拉越大，在最考验智力和决策力的即时战略游戏领域，人工智能已经可以与人类并驾齐驱。

我国是一个自然灾害频发的国家，且往往伴随次生灾害，给应急救援带来了严峻的挑战。在应急救援中，由于受到主观经验的影响和客观环境的限制，无法掌握应急事件的全部信息，无法预测应急事件的发展，导致对应急处置无法决策。在应急救援中应用人工智能技术，可以在灾情预测、应急情况追踪、救援地点定位、高危作业、辅助决策和应急处置效果评估等方面发挥积极作用，与人工救援产生合力。人工智能技术可对海量灾害信息进行自发性学习，在海量数据中发现有价值的信息，建立认知模型，实现更加精准的预测；学习目标特征，按照一定规则识别应急对象，建立应急对象间的相互联系，实现救援地点的准确定位；通过智能机器人进入高危地点实施灾情探测和灾情救援，降低人工救援的风险，有效处理救援作业。因此，在涉及应急处理的规划、决策、预测、评估等应急工作过程中，通过人工智能技术的应用，必将有助于实现更加快捷、高效和准确的应急实践。

## 3. 洞察分析结果

（1）自动化应对方案。大数据技术具有强大的海量数据分析能力，人工智能技术则支持在警情触发阈值的情况下，自动为应急决策者提供即时应对方案，支持复杂度较高的突发性决策。现在的应急决策往往是综合性决策，而作为个人的决策者所熟悉的领域则比较单一，为使决策者突破这一瓶颈，可以通过人机智能接口，将应急领域专家、数据分析员和最终决策者等多元决策者进行整合，实现协同决策，从而提升决策的智能化和科学化水平。即时应对方案还包括应急事件的指挥协调方案及相应的数据服务，如组织人员和物资装备的统筹调配，人员疏散、现场处置、财产保护的具体措施等，以及配置气象数据接入、地理信息系统（简称 GIS）等外部系统接口服务。

（2）应急事件全息画像。应急事件全息画像是建立应急事件的各个组成要素及相关要素的关联，从组成和时间维度进行形象化展现。组成维度展现是指针对不同类别应急事件各项特征要素，结合应急大数据资源体系相关的灾害类型、事故类型、组织机构、救援人员、灾害等级、次生灾害、应急预案、调度指挥、环境信息及事后评估结果等包含内容的描述、属性、层次等概念和定义，确定应急事件组成要素间及应急事件之间的隶属关系。时间维度是指对应急事件发生的全过程进行动态描述，同时包括对应急事件管理的预防、准备、响应和恢复等阶段的全景展示。

（3）应急知识图谱。知识图谱是将数据进行结构化并和已有的结构化数据进行关联，是一种比较通用的语义知识的形式化描述框架，它用节点表示语义符号，用边表示符号之间的语义关系。

应急知识图谱存储和管理应急实体、实体属性和实体间关系。每个实体形成一个独立节点，每个实体有相关的属性信息进行描述，实体和实体之间通过关系链接，形成网状接口，并通过知识学习不断完善和优化。应急知识图谱通过知识输入、知识推理和知识发现，对语义进行解析、判断及转写。这里的实体可以是组织机构、物资装备和救援人员，也可以是环境信息、应急预案、指挥调度信息等。

知识图谱实现了数据、知识、专家经验的汇集，通过综合的分析计算、研判和预测，完成了知识的提取、图谱的构建和图谱上知识的推理，建立知识和知识之间的关联关系、实体和实体间关系以及实体属性和关系的属性，形成体系化的知识网络结构。通过场景化的图谱构建，形成针对性的知识图谱能力，为业务应用提供深层次、体系化的能力支撑。

## 13.2.4　决策行动

决策是人们为达到一定目的而进行的有意识的、有选择的行动。在一定的人力、设备、材料、技术、资金和时间因素约束下，人们为了实现特定目标从多种可供选择的策略中作出判断，以求得最优或者较好效果的过程就是决策。图 13-7 所示为该过程的输入、工具与技术和输出。图 13-8 所示为该过程的数据流向图。

决策是领导者的基本职能，尤其在社会公共安全等方面尤为重要。科学的决策是保证社会、政治、经济、文化、社会、科技、教育、卫生等领域工作顺利发展的重要条件，也是领导水平的重要标志。

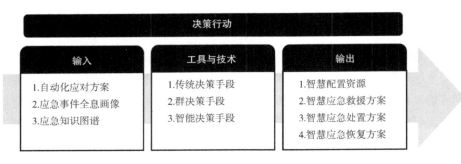

图 13-7　决策行动：输入、工具与技术和输出

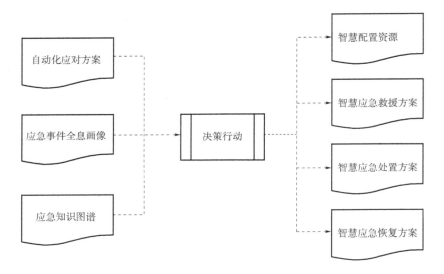

图 13-8　决策行动：数据流向图

决策是随着人类社会活动的发展而产生的。长期以来，决策主要是依靠人的经验，属于经验决策的范畴。随着科学技术的迅速发展，领导者单凭个人的知识、经验、智慧和胆量来进行决策，难免出现重大失误。在这种形势下，经验决策逐步被科学决策所替代。

信息是决策的基础与依据，决策是信息积累的结果。对决策问题的有关信息掌握得越具体，越有助于做出正确的、明智的决策。在现代科技的发展下，更好地结合大数据、人工智能等新兴技术有利于决策的制定。

1. 决策行动依据

（1）自动化应对方案。

（2）应急事件全息画像。

（3）应急知识图谱。

## 2. 工具与技术

（1）传统决策手段。

①投票。投票是一种为达成某种期望结果，而对多个未来行动方案进行评估的集体决策技术和过程，用于生成、归类和排序产品需求。投票技术示例如下：

a. 一致同意。每个人都同意某个行动方案。

b. 大多数同意。获得群体中超过 50% 人员的支持，就能做出决策。把参与决策的小组人数定为奇数，可防止因平局而无法达成决策。

c. 相对多数同意。根据群体中相对多数人的意见做出决策，即便未能获得大多数人的支持。通常在候选项超过两个时使用。

d. 拳五法是从投票方法衍生出来的一种形式，经常用于敏捷项目中。采用这种技术时，负责人会让团队成员针对某个决定示意支持程度，举拳头表示不支持，伸五个手指表示完全支持，伸出三个以下手指的团队成员有机会与团队讨论其反对意见。会不断进行举手表决，直到整个团队达成共识（所有人都伸出三个以上手指）或同意进入下一个决定。

②独裁型决策制定。采用这种决策技术，将由一个人负责为整个集体制定决策。

③多标准决策分析。多标准决策分析工具（如优先矩阵）可用于识别关键事项和合适的备选方案，并通过一系列决策排列出备选方案的优先顺序。先对标准排序和加权，再应用于所有备选方案，计算出各个备选方案的数学得分，然后根据得分对备选方案排序。它有助于排定质量测量指标的优先顺序。

④优先级排序或分级。应该对相关方需求以及相关方本身进行优先级排序或分级。具有最大利益和最高影响的相关方，通常应该排在优先级清单的最前面。

（2）群决策手段。

①头脑风暴法。参与决策的人无拘无束地提意见，再将提出的意见公开为大家提供启发，鼓励结合他人的想法提出新的构想，参与者不分职位高低，都是团队成员，平等议事，不允许在点子汇集阶段评价某个点子的好坏，也不允许反驳别人的意见。

②德尔菲法。让专家以匿名群众的身份参与问题的解决，有专门的工作小组通过信函的方式进行交流，避免大家面对面讨论带来消极的影响。使用德尔菲法进行决策，需要先由工作小组确定问题的内容，并设计一系列征询解决问题调查表，然

后专家根据调查表填写相关内容，在此期间，专家彼此不沟通，专家填写完毕后，工作小组根据专家们填写的调查表，整理出专家意见的共同点和各种意见的统计分析情况，将统计结果返还给专家，专家结合他人意见完善自己的建议并说明原因；将以上过程往复几次，将最终得到一份满意的决策结果。

③名义群体法。这种决策技术是指在群体决策时对群体成员之间的讨论和人际沟通进行限制，群体成员召开一个会议进行决策时，他们必须首先进行个体决策，分别充分表达自己的意见，再进行群体的讨论。

④阶梯法。该方法也是用于群体决策的一种方法，也是为了避免群体成员迫于群体压力不愿直接表达自己的观点而采取的一种方法。该方法中，首先由两位成员提出自己的想法，在这两位成员的意见达成一致后，再加入一名成员，该成员发表意见后，应与前两位成员进行沟通，意见达到一致后，再加入一名成员进行讨论，重复以上过程，直至所有成员都加入到讨论中。在阶梯法中，群体的决策是由每个群体成员的意见不断叠加进去而形成的。这种方法使得群体中的每个成员都有独立决策的机会，每个人都不会受到别人的干扰。但是，该方法只适合在较小规模的群体中使用，如果群体规模较大，将会浪费很多时间。

⑤异地思考法。该方法就是让决策团队离开原来的工作环境，不受日常事务的干扰，到另外的地方进行专门研究。该方法使得参与决策的人员摆脱工作环境中上下级界限，隔离复杂事情的干扰，更容易让大家畅所欲言，思维活跃，进而做出高水平的决策。

⑥思路转换法。该方法是突破旧的思维模式进行变革的一种决策方式，具体是指有意识地变换常规的思维方法，从不同的角度，甚至相反方向来探索一个新的方案。

（3）智能决策手段。

①互联网技术。为了利用网络上的潜在机会，发现网络信息需要使用 Web 挖掘，可以分为 Web 使用挖掘、Web 内容挖掘和 Web 结构挖掘。

联机分析处理技术。联机分析处理技术将决策系统带入更高的层次。该分析处理技术从企业的数据集合中搜集信息，并运用了数学运算和数据处理技术。一般来讲，它以数据仓库为基础对数据进行多维化和预综合分析，构建面向分析的多维数据模型，再使用多维分析方法从多个不同角度对多维数据进行分析、比较，找出它们之间的内在联系。

②数据库技术。数据库是信息的来源，数据库管理系统是管理数据库中数据的

软件。

a. 数据仓库。数据仓库的功能是查询分析数据，这里的数据是指事务数据，适用于信息分析和决策支持领域。其中的数据具有集成性、时变性和非易失性。对于小型的本地化数据，称为数据集市，由不同的部门创建，以提供自己的决策支持活动。

b. 知识存储库。创建的知识必须存储起来，以便将来在组织中使用和共享。它们是内部和外部知识的集合，并寻求捕获隐形或显性知识。

③数据挖掘技术。数据挖掘又称为数据库中的知识发现。可以将数据库中的知识发现定义为从数据库中提取隐含的、以前未知的、可能有用的信息。融合了多个学科的知识，如统计、数学、数据库、并行计算等。

多维数据分析。即在线分析处理，可以创建各种视图，使用户从不同维度提取和查看数据。

④人工智能技术。在知识工程、隐性知识向显性知识转移、知识识别、理解和传播等领域进行了大量工作。人工智能技术包括很多方面，如神经网络、遗传算法、数据挖掘、专家系统、基于案例的推理、模糊逻辑和智能代理等。

人工智能的使用使组织能够有效地从其专有业务数据中提取见解，以进行准确、及时的决策。当然，组织必须首先采用自动化来生成此数据。例如，通过对实时数据进行准确的预测，自动化和分析结果数据可以提高流程的效率。

同时，减少重复性任务使人能够专注于更具价值和意义的战略和创造性工作。人工智能通过增强知识工作者的能力使工作更令人愉快和充实。

人工智能处理大量数据并提取见解的能力至关重要。它可以帮助人们摆脱混乱，弄清楚应将注意力集中在哪里，以增强战略思维和决策能力。

a. Agent 技术。Agent 是指驻留在某一特定环境下能感知环境并能自主运行以代表其设计者或使用者实现一系列目标的计算实体。多 Agent 系统由一组具有一定资源和能力、相对独立且相互作用的 Agent 组成。多 Agent 协同支持工作原理为 DSS 的数据获取、辅助建模和交互模式展现出新的前景。同时，面向 Agent 的编程方法也为新一代 DSS 的构成与软集成提供了实现基础。

b. 归纳学习。利用决策树作为知识表示形式的智能决策系统不仅可以用于分类预测，还可以通过分析各种决策方案及其可能出现的状态，来比较各种决策方案的优劣，从而做出较好的判断。决策问题的结构、决策人可能采取的方案、环境因素、随机要素以及可能出现的后果之间的关系都可以用决策树来直观、形象地表示出来。因而，在 IDSS 中用决策树技术作为决策分析的一种图形化分析手段，既直观又大方。

c. 神经网络。神经网络是由大量的、简单的神经元广泛地相互连接而形成的复杂网络系统，是一个具有高度非线性的超大规模连续时间动力系统，其最主要的特征为网络的全局作用、大规模并行分布处理能力、高度的鲁棒性和学习联想能力，同时它又具有一般非线性系统的共性，即吸引性、耗散性、非平衡性、不可逆性、高维性、广泛联结性和自适应性。因而，结合神经网络的智能决策支持系统研究极具理论和实用价值，成为决策支持系统的研究前沿之一。

d. 机器学习。机器学习是指通过对数据、观察和以往问题求解经验进行分析，推导出关于求解新问题的知识。机器学习包括学习的计算理论和构造学习系统。人工智能的相关技术为智能决策支持系统提供了强大的技术支持。

⑤数据驱动技术。相比过去的流程驱动，数据驱动能够利用海量、多维度的数据建立起更加全面的评估体系，或通过不断优化低效、问题环节提升效率。

⑥知识图谱技术。知识图谱又称为知识域可视化或知识领域映射地图，是显示知识发展进程与结构关系的一系列各种不同的图形，用可视化技术描述知识资源及其载体，挖掘、分析、构建、绘制和显示知识及它们之间的相互联系。

⑦脑科学技术。脑科学是研究生物大脑结构、功能和运行机制的科学，如大脑是如何处理信息、做出决策以及环境交互的。

⑧区块链技术。区块链是一个信息技术领域的术语。从本质上讲，它是一个共享数据库，存储于其中的数据或信息，具有"不可伪造""全程留痕""可以追溯""公开透明""集体维护"等特征。基于这些特征，区块链技术奠定了坚实的"信任"基础，创造了可靠的"合作"机制，具有广阔的运用前景。

⑨物联网技术。物联网是指通过各种信息传感器、射频识别技术、全球定位系统、红外感应器、激光扫描器等各种装置与技术，实时采集任何需要监控、连接、互动的物体或过程，采集其声、光、热、电、力学、化学、生物、位置等各种需要的信息，通过各类可能的网络接入，实现物与物、物与人的泛在连接，实现对物品和过程的智能化感知、识别和管理。物联网是一个基于互联网、传统电信网等的信息承载体，它让所有能够被独立寻址的普通物理对象形成互联互通的网络。

（4）决策行动结果。

①智慧配置资源。也可称配置资源，是指对相对稀缺的资源，在各种不同用途上加以比较做出的选择。资源是指社会经济活动中人力、物力和财力的总和，是社

会经济发展的基本物质条件。在社会经济发展的一定阶段上，相对于人们的需求而言，资源总是表现出相对的稀缺性，从而要求人们对有限的、相对稀缺的资源进行合理配置，以便用最少的资源耗费，生产出最适用的商品和劳务，获取最佳的效益。资源配置合理与否，对一个国家经济发展的成败有着极其重要的影响。通过上述决策行动手段，可以让配置资源的过程和结果更加合理，更加满足需求。

②智慧应急救援方案。其包括人员营救方案等。

③智慧应急处置方案。其包括人员安置方案等。

④智慧应急恢复方案。详见前面相关内容。

# 附 录

## 附录 A　工程项目安全风险指标调查问卷（一）

问卷说明：

（1）问卷调研目的。通过各位专家的经验判断与数据统计分析，选择出科学、合理的安全风险预警指标。

（2）调研方法。采用德尔菲法向各位专家咨询。

（3）工作。请各位专家对问卷的维度、条目及条目的具体内涵提出删改建议，并给予条目重要性评价。

（4）指标体系说明。安全风险预警指标体系从外部风险因素与内部风险因素两方面分别进行考虑。

| 一级指标 | 二级指标 | 三级指标 | 左边指标对项目安全风险影响的重要性 | 左边指标发生的可能性大小 | 判断的依据（打√即可） | 您对左边指标的熟悉程度 | 评价及修改意见 |
|---|---|---|---|---|---|---|---|
| 外部风险因素分析 | 政治法律风险因素 | | | | | | |
| | 经济风险因素 | 项目造成的失业率 | | | | | |
| | | 经济利益 | 项目引起的居民收入变化程度 | | | | | |
| | | | 项目造成的相关服务价格上涨率 | | | | | |
| | | 矛盾 | 项目征过造成民众收入损失的补偿程度 | | | | | |
| | | 生态环境风险 | 项目对水土流失及人均绿地影响度 | | | | | |
| | | | 项目造成的环境噪声、辐射、粉尘影响 | | | | | |
| | | | 项目潜在的水质污染风险度 | | | | | |
| | | 社会风险 | 项目影响区域大小和民众范围 | | | | | |
| | | | 项目可能在当地引发的交通风险 | | | | | |
| | | | 项目引起的流动人口增长率 | | | | | |
| | | | 工程移民与安置区居民的融合度 | | | | | |
| | | 制度完善程度 | 信息公示与公众参与制度 | | | | | |
| | | | 项目社会风险管理与应急制度完善度 | | | | | |
| | | | 项目社会风险问责制度完善度 | | | | | |

| | | | | | | | |
|---|---|---|---|---|---|---|---|
| 外部风险因素分析 | 文化环境风险因素 | （民族风俗习惯和宗教）文化差异 | | | | | |
| | | 项目对当地人文景观破坏环度 | | | | | |
| | 市场风险因素 | 人工费、材料费、机械费上涨 | | | | | |
| | | 施工管理费上涨 | | | | | |
| | 自然风险因素 | 气候风险 | | | | | |
| | | 地质风险 | | | | | |
| | | 资源条件风险 | | | | | |
| 内部风险因素分析 | 技术风险 | 项目团队技术水平 | | | | | |
| | | 生产工艺革新（新技术的发展） | | | | | |
| | | 工程项目设计风险 | | | | | |
| | | 工程实施变更风险 | | | | | |
| | | 技术规范风险 | | | | | |
| | | 技术难度 | | | | | |
| | | 技术寿命周期的不确定性 | | | | | |
| | | 技术成果的成熟度 | | | | | |
| | | 技术的适用度及匹配性 | | | | | |
| | | 设计的适用度及适应性 | | | | | |
| | | 技术的系统效率 | | | | | |
| | 信息管理风险 | 信息组织管理制度 | | | | | |
| | | 信息技术和系统管理 | | | | | |
| | | 硬件设施 | | | | | |
| | | 物理环境及保障 | | | | | |
| | | 软件设施 | | | | | |

（续）

| 一级指标 | 二级指标 | 三级指标 | 左边指标对项目安全风险影响的重要性 | 左边指标发生的可能性大小 | 判断的依据（打√即可） | 您对左边指标的熟悉程度 | 评价及修改意见 |
|---|---|---|---|---|---|---|---|
| 内部风险因素分析 | 管理风险 | 缺乏科学合理的操作程序 | | | | | |
| | | 管理机构（施工组织管理混乱） | | | | | |
| | | 管理制度及执行 | | | | | |
| | | 工作人员疏忽、缺乏职业道德 | | | | | |
| | | 不完善的外包安排 | | | | | |
| | | 缺乏风险教育及培训 | | | | | |
| | | 管理人员 | | | | | |
| | | 人力资源状况 | | | | | |
| | | 合同施工状态变更风险 | | | | | |
| | | 衔接风险 | | | | | |
| | 费用风险 | 风险教育培训费及奖励基金 | | | | | |
| | | 风险技术措施费 | | | | | |
| | | 工业卫生技术措施费 | | | | | |
| | | 融资能力 | | | | | |
| | | 劳保用品费 | | | | | |
| | 相关利益 | 承包商风险 | | | | | |
| | | 分包商风险 | | | | | |
| | 主体风险 | 业主风险 | | | | | |
| | 质量风险 | 材料风险 | | | | | |
| | | 机械设备风险 | | | | | |

# 附录 B　工程项目安全风险指标调查问卷（二）

问卷说明：

（1）调查对象是影响工程项目安全的风险因素，示例 1 针对社会环境风险因素，通过问卷填写获取数据。

（2）为了保证调查评分的准确性，问卷采用"二级细化"的方式进行评分。

（3）为了节约您的宝贵时间和问卷的有效性，请认真阅读问卷，请见问卷填写示例。

示例 1　调查问卷填写示例

见表示例 1，认为"信息组织管理制度"对安全风险影响大小为"后果严重性较大"，且在"后果严重性较大"一项中认为比较严重，选择 6。

同理，认为"信息组织管理制度"出现问题的"可能性"是"可能发生"，故选择 4。

| 三级指标 | 对安全风险影响大小 | | | | | | | | | | 发生的可能性大小 | | | | | |
|---|---|---|---|---|---|---|---|---|---|---|---|---|---|---|---|---|
| | 后果严重性小 | | 后果严重性一般 | | 后果严重性较大 | | 后果严重性重大 | | 后果严重性特大 | | 一年出现少于 1 次 不可能发生—1 | 七个月出现一次 可能性极小—2 | 五个月出现一次 偶然发生—3 | 三个月出现一次 可能发生—4 | 一个月出现一次 经常发生—5 |
| | 1 | 2 | 3 | 4 | 5 | 6 | 7 | 8 | 9 | 10 | | | | | |
| 信息组织管理制度 | | | | | | √ | | | | | | | | √ | |

问卷现在开始

表附录 B-1 关于社会环境风险因素的调查问卷

| 四级指标 | 对安全风险影响大小 | | | | | | | | | | 发生的可能性大小 | | | | |
|---|---|---|---|---|---|---|---|---|---|---|---|---|---|---|---|
| | 后果严重性小 | | 后果严重性一般 | | 后果严重性较大 | | 后果严重性重大 | | 后果严重性特大 | | 一年出现少于1次<br>不可能发生—1 | 七个月出现一次<br>可能性极小—2 | 五个月出现一次<br>偶然发生—3 | 三个月出现一次<br>可能发生—4 | 一个月出现一次<br>经常发生—5 |
| | 1 | 2 | 3 | 4 | 5 | 6 | 7 | 8 | 9 | 10 | | | | | |
| 项目造成的失业率 | | | | | | | | | | | | | | | |
| 项目引起的居民收入变化程度 | | | | | | | | | | | | | | | |
| 项目造成的相关服务价格上涨率 | | | | | | | | | | | | | | | |
| 项目征江造成民众收入损失的补偿程度 | | | | | | | | | | | | | | | |
| 项目对水土流失及人均绿地影响程度 | | | | | | | | | | | | | | | |
| 项目造成的环境噪声、辐射、粉尘影响 | | | | | | | | | | | | | | | |
| 项目潜在的水质污染风险度 | | | | | | | | | | | | | | | |
| 项目影响地区域大小和民众范围 | | | | | | | | | | | | | | | |
| 项目可能在当地引发的交通风险 | | | | | | | | | | | | | | | |
| 项目引起的流动人口增长率 | | | | | | | | | | | | | | | |
| 工程移民与安置区居民的融合度 | | | | | | | | | | | | | | | |
| 信息公示与公众参与制度 | | | | | | | | | | | | | | | |
| 项目社会风险应急管理与应急制度完善度 | | | | | | | | | | | | | | | |
| 项目社会风险问责制完善度 | | | | | | | | | | | | | | | |

表附录 B-2 关于技术风险因素的调查问卷

| 三级指标 | 对安全风险影响大小 | | | | | | | | | | 发生的可能性大小 | | | | |
|---|---|---|---|---|---|---|---|---|---|---|---|---|---|---|---|
| | 后果严重性小 | | 后果严重性一般 | | 后果严重性较大 | | 后果严重性重大 | | 后果严重性特大 | | 一年出现少于1次 不可能发生—1 | 七个月出现一次 可能性极小—2 | 五个月出现一次 偶然发生—3 | 三个月出现一次 可能发生—4 | 一个月出现一次 经常发生—5 |
| | 1 | 2 | 3 | 4 | 5 | 6 | 7 | 8 | 9 | 10 | | | | | |
| 项目团队技术水平 | | | | | | | | | | | | | | | |
| 生产工艺革新（新技术的发展） | | | | | | | | | | | | | | | |
| 工程项目设计风险 | | | | | | | | | | | | | | | |
| 工程实施变更风险 | | | | | | | | | | | | | | | |
| 技术规范风险 | | | | | | | | | | | | | | | |
| 技术难度 | | | | | | | | | | | | | | | |
| 技术寿命周期的不确定性 | | | | | | | | | | | | | | | |
| 技术成果的成熟度 | | | | | | | | | | | | | | | |
| 技术的适用度及匹配性 | | | | | | | | | | | | | | | |
| 设计的适用度及适应性 | | | | | | | | | | | | | | | |
| 技术的系统效率 | | | | | | | | | | | | | | | |

表附录 B-3 关于信息管理风险因素的调查问卷

| 三级指标 | 对安全风险影响大小 | | | | | | | | | | 发生的可能性大小 | | | | |
|---|---|---|---|---|---|---|---|---|---|---|---|---|---|---|---|
| | 后果严重性小 | | 后果严重性一般 | | 后果严重性较大 | | 后果严重性重大 | | 后果严重性特大 | | 一年出现少于1次 不可能发生—1 | 七个月出现一次 可能性极小—2 | 五个月出现一次 偶然发生—3 | 三个月出现一次 可能发生—4 | 一个月出现一次 经常发生—5 |
| | 1 | 2 | 3 | 4 | 5 | 6 | 7 | 8 | 9 | 10 | | | | | |
| 信息组织管理制度 | | | | | | | | | | | | | | | |
| 信息技术和系统管理 | | | | | | | | | | | | | | | |
| 硬件设施 | | | | | | | | | | | | | | | |
| 物理环境及保障 | | | | | | | | | | | | | | | |
| 软件设施 | | | | | | | | | | | | | | | |

表附录 B-4 关于管理风险因素的调查问卷

| 三级指标 | 对安全风险影响大小 | | | | | | | | | | 发生的可能性大小 | | | | |
|---|---|---|---|---|---|---|---|---|---|---|---|---|---|---|---|
| | 后果严重性小 | | 后果严重性一般 | | 后果严重性较大 | | 后果严重性重大 | | 后果严重性特大 | | 一年出现少于1次 不可能发生—1 | 七个月出现一次 可能性极小—2 | 五个月出现一次 偶然发生—3 | 三个月出现一次 可能发生—4 | 一个月出现一次 经常发生—5 |
| | 1 | 2 | 3 | 4 | 5 | 6 | 7 | 8 | 9 | 10 | | | | | |
| 缺乏科学合理的操作程序 | | | | | | | | | | | | | | | |
| 管理机构(施工组织管理混乱) | | | | | | | | | | | | | | | |
| 管理制度及执行 | | | | | | | | | | | | | | | |
| 工作人员疏忽、缺乏职业道德 | | | | | | | | | | | | | | | |

(续)

| 三级指标 | 对安全风险影响大小 | | | | | | | | | | 发生的可能性大小 | | | | |
|---|---|---|---|---|---|---|---|---|---|---|---|---|---|---|---|
| | 后果严重性小 | | 后果严重性一般 | | 后果严重性较大 | | 后果严重性重大 | | 后果严重性特大 | | 一年出现少于1次 | 七个月出现一次 | 五个月出现一次 | 三个月出现一次 | 一个月出现一次 |
| | 1 | 2 | 3 | 4 | 5 | 6 | 7 | 8 | 9 | 10 | 不可能发生—1 | 可能性极小—2 | 偶然发生—3 | 可能发生—4 | 经常发生—5 |
| 不妥善的外包安排 | | | | | | | | | | | | | | | |
| 缺乏风险教育及培训 | | | | | | | | | | | | | | | |
| 管理人员 | | | | | | | | | | | | | | | |
| 人力资源状况 | | | | | | | | | | | | | | | |
| 合同施工状态变更风险 | | | | | | | | | | | | | | | |
| 衔接风险 | | | | | | | | | | | | | | | |
| 风险教育与培训 | | | | | | | | | | | | | | | |

表附录 B-5 关于财务风险因素的调查问卷

| 三级指标 | 对安全风险影响大小 | | | | | | | | | | 发生的可能性大小 | | | | |
|---|---|---|---|---|---|---|---|---|---|---|---|---|---|---|---|
| | 后果严重性小 | | 后果严重性一般 | | 后果严重性较大 | | 后果严重性重大 | | 后果严重性特大 | | 一年出现少于1次 | 七个月出现一次 | 五个月出现一次 | 三个月出现一次 | 一个月出现一次 |
| | 1 | 2 | 3 | 4 | 5 | 6 | 7 | 8 | 9 | 10 | 不可能发生—1 | 可能性极小—2 | 偶然发生—3 | 可能发生—4 | 经常发生—5 |
| 风险教育培训费及奖励基金 | | | | | | | | | | | | | | | |
| 风险技术措施 | | | | | | | | | | | | | | | |
| 工业卫生技术措施费 | | | | | | | | | | | | | | | |
| 融资能力 | | | | | | | | | | | | | | | |
| 劳保用品费 | | | | | | | | | | | | | | | |

表附录 B-6　关于其他安全风险因素的调查问卷

| 三级指标 | 对安全风险影响大小 | | | | | | | | | | 发生的可能性大小 | | | | |
|---|---|---|---|---|---|---|---|---|---|---|---|---|---|---|---|
| | 后果严重性小 | | 后果严重性一般 | | 后果严重性较大 | | 后果严重性重大 重大 | | 后果严重性特大 特大 | | 一年出现少于1次 不可能发生-1 | 七个月出现一次 可能性极小-2 | 五个月出现一次 偶然发生-3 | 三个月出现一次 可能发生-4 | 一个月出现一次 经常发生-5 |
| | 1 | 2 | 3 | 4 | 5 | 6 | 7 | 8 | 9 | 10 | | | | | |
| （民族风俗习惯和宗教）文化差异 | | | | | | | | | | | | | | | |
| 项目对当地人文景观破坏度 | | | | | | | | | | | | | | | |
| 人工费、材料费、机械费上涨 | | | | | | | | | | | | | | | |
| 施工管理费上涨 | | | | | | | | | | | | | | | |
| 气候风险 | | | | | | | | | | | | | | | |
| 地质风险 | | | | | | | | | | | | | | | |
| 资源条件风险 | | | | | | | | | | | | | | | |
| 承包商风险 | | | | | | | | | | | | | | | |
| 分包商风险 | | | | | | | | | | | | | | | |
| 业主风险 | | | | | | | | | | | | | | | |
| 材料风险 | | | | | | | | | | | | | | | |
| 机械设备风险 | | | | | | | | | | | | | | | |

# 参 考 文 献

[1] 张超，裴玉起，邱华. 国内外数字化应急预案技术发展现状与趋势 [J]. 中国安全生产科学技术，2010（05）：156-160.

[2] 赵挺生，刘显智，唐菁菁. 工程建设安全风险动态跟踪监控实证研究 [J]. 施工技术，2012，22：90-94.

[3] 李兵，张顶立，房倩，等. 海底隧道建设全过程核心安全风险分析 [J]. 北京工业大学学报，2010，04：463-468.

[4] 吕峰. 山岭地区大断面公路隧道施工风险预警研究 [D]. 重庆：重庆交通大学，2010.

[5] 王震. 风险预警系统在西部工程项目中的应用研究 [D]. 济南：山东大学，2013.

[6] 刘建军. 高速公路项目运营风险预警与控制研究 [D]. 武汉：武汉理工大学，2010.

[7] 韩媛媛. 基于 BP 神经网络的人力资源管理风险预警管控研究 [D]. 赣州：江西理工大学，2011.

[8] 杨震邦. 基于人工神经网络的公路工程项目建设风险预警研究 [D]. 兰州：兰州交通大学，2012.

[9] 王长峰，重大研发（R&D）项目过程管理综合集成与过程风险管理模式研究 [D]，合肥：中国科学技术大学，2004.

[10] 钱学森，于景元，戴汝为. 一个科学新领域——开放的复杂巨系统及其方法论 [J]. 自然，1990（1）：3-10.

[11] 王长峰，满颖. 基于动态博弈理论的重大工程应急管理决策研究 [J]. 中国管理科学，2013（S1）：172-176.

[12] 康青春，郑儒欣. 非常规突发事件现场应急指挥平台设计与实现 [J]. 中国安全科学学报，2010，20（3）：161-165.

[13] 韩智勇，翁文国，张维，等. 重大研究计划"非常规突发事件应急管理研究"的科学背景、目标与组织管理 [J]. 中国科学基金，2009. 23（4）：215-220.

[14] 王长峰，张星明，池宏，等. 智慧应急管理知识体系指南 [M]. 北京：电子工业出版社，2022.

[15] 王长峰. 现代项目风险管理 [M]. 北京：机械工业出版社，2008.

[16] 庄文英. 基于动态微分博弈理论的工程应急决策研究 [D]. 济南：山东大学，2014.

[17] 史志武. 大型工程安全风险预警指标体系构建和评价模型研究 [D]. 北京：北京邮电

大学, 2014.

[18] 涂扬举, 郑小华, 何仲辉, 等. 智慧企业——框架与实践 [M]. 北京: 经济日报出版社, 2016.

[19] 彭俊松. 智慧企业工业互联网平台开发与创新 [M]. 北京: 机械工业出版社, 2019.

[20] 刘学洪. 基于马尔科夫挖掘算法的突发事件决策方法 [J]. 计算机仿真, 2012, 29 (12): 262-265.

[21] 张英菊, 全传军. 基于项目管理办法的突发事件应急管理驱动机制研究 [J]. 理论与改革, 2013 (3): 115-117.

[22] 李丹阳. 大数据背景下的中国应急管理体制改革初探 [J]. 江海学刊, 2014 (02): 118-123.

[23] 刘德海, 于倩, 马晓南, 等. 基于最小偏差组合权重的突发事件应急能力评价模型 [J]. 中国管理科学, 2014, 22 (11): 79-86.

[24] 李勇建, 乔晓娇, 孙晓晨, 等. 基于系统动力学的突发事件演化模型 [J]. 系统工程学报, 2015 (03): 20-32.

[25] 马奔, 毛庆铎. 大数据在应急管理中的应用 [J]. 中国行政管理, 2015 (03): 136-141.

[26] 袁媛, 刘洋, 樊治平. 考虑后悔规避的突发事件应急响应的风险决策方法 [J]. 系统工程理论与实践, 2015, 35 (10): 2630-2636.

[27] 刘社堂, 段仓熊, 刘伟. 矿区地质环境治理施工危险因素分析及安全管理 [J]. 技术与创新管理, 2016, 37 (06): 687-692.

[28] 岳向华, 林毓铭, 许明辉. 大数据在政府应急管理中的应用 [J]. 电子政务, 2016 (10): 88-96.

[29] 储节旺, 陈善姗. 大数据背景下中美日政府应对突发事件管理机制创新的比较研究 [J]. 情报理论与实践, 2017, 40 (10): 123-129.

[30] 王长峰, 庄文英. 基于动态微分博弈理论的工程应急决策研究 [J]. 中国管理科学, 2017, 25 (10): 179-186.

[31] 吴志敏. 大数据与城市应急管理: 态势、挑战与展望 [J]. 管理世界, 2017 (09): 170-171.

[32] 曾宇航. 大数据背景下的政府应急管理协同机制构建 [J]. 中国行政管理, 2017 (10): 157-159.

[33] 张磊, 王延章. 考虑知识模糊性的应急决策知识融合方法 [J]. 系统工程理论与实践, 2017, 37 (12): 3235-3243.

[34] 张磊, 王延章. 基于知识元的应急决策知识表示与生成方法 [J]. 系统工程理论与实践, 2017, 37 (11): 2918-2928.

[35] 韩春梅, 乔桐. 基于风险因素识别的应急警务保障措施 [J]. 中国人民公安大学学报

（社会科学版），2018，34（01）：104-111.

[36] 李琦．大数据视域下的应急管理思维转变［J］．学习与探索，2018（02）：69-75.

[37] 王薇，曹亚．基于BP神经网络的政府突发事件应急管理能力评价［J］．科技管理研究，2018，38（19）：82-88.

[38] 王喜芳，刘霞．以风险防控预警为导向的新型应急预案体系研究及其构建方法［J］．上海交通大学学报（哲学社会科学版），2018，26（06）：67-74.

[39] 周芳检．大数据时代城市公共危机跨部门协同治理研究［D］．湘潭：湘潭大学，2018.

[40] 黎枫，刘欣然．粗糙集理论在旅游突发事件应急响应中的应用［J］．技术经济，2019，38（03）：81-90.

[41] 李路军，丁鹏塈，房鑫炎，等．基于权重自适应的电力应急预案指标评价方法［J］．电力系统保护与控制，2019，47（16）：27-33.

[42] 徐选华，杨玉珊，陈晓红．基于决策者风险偏好大数据分析的大群体应急决策方法［J］．运筹与管理，2019，28（07）：1-10.

[43] 王静茹，宋绍成，徐慧．基于深度学习框架下的多模态情报智能挖掘研究［J］．情报科学，2019，37（12）：159-165.

[44] 杨乐．互联网时代应急决策的理念与策略探析［J］．领导科学，2019（18）：40-42.

[45] 周洁，许丽佳．基于大数据的城市突发事件监测预警系统研究［J］．信息通信，2019，193（01）：206-207.

[46] 朱晓鑫，张广海，孙佰清，等．人工智能时代我国政府开放应急管理数据的应用研究［J］．图书馆理论与实践，2019（06）：61-67.

[47] 彭俊松．智慧企业工业互联网平台开发与创新［M］．北京：机械工业出版社，2019.

[48] 涂杨举，等．智慧企业——框架与实践［M］．2版.北京：经济日报出版社，2018.

[49] 刘兴堂，梁炳成，刘力，等．复杂系统建模理论、方法与技术［M］．北京：科学出版社，2011.

[50] 张晓冬，王福林，周康渠．系统工程［M］．北京：科学出版社，2010.

[51] 中国通信企业学会通信工程建设分会．通信工程施工企业安全生产管理人员培训教材［M］．北京：人民邮电出版社，2016.